中国钢铁工业发展报告

China Steel Annual Development Report

2021

中国钢铁工业协会

北　京

冶金工业出版社

2021

图书在版编目(CIP)数据

中国钢铁工业发展报告.2021/中国钢铁工业协会编.
—北京:冶金工业出版社,2021.9
ISBN 978-7-5024-8873-4

Ⅰ.①中… Ⅱ.①中… Ⅲ.①钢铁工业—经济发展—
研究报告—中国—2021 Ⅳ.①F426.31

中国版本图书馆 CIP 数据核字 (2021) 第 140141 号

审图号:GS(2021)4346 号

出 版 人 苏长永
地 址 北京市东城区嵩祝院北巷 39 号 邮编 100009 电话 (010)64027926
网 址 www.cnmip.com.cn 电子信箱 yjcbs@cnmip.com.cn
责任编辑 曾 媛 美术编辑 彭子赫 版式设计 郑小利 孙跃红
责任校对 李 娜 责任印制 李玉山
ISBN 978-7-5024-8873-4
冶金工业出版社出版发行;各地新华书店经销;北京捷迅佳彩印刷有限公司印刷
2021 年 9 月第 1 版,2021 年 9 月第 1 次印刷
787mm×1092mm 1/16;14 印张;339 千字;218 页
300.00 元

冶金工业出版社 投稿电话 (010)64027932 投稿信箱 tougao@cnmip.com.cn
冶金工业出版社营销中心 电话 (010)64044283 传真 (010)64027893
冶金工业出版社天猫旗舰店 yjgycbs.tmall.com
(本书如有印装质量问题,本社营销中心负责退换)

前　言

　　《中国钢铁工业发展报告》自2005年起已连续编印了17年。17年来，《中国钢铁工业发展报告》详细记述了中国钢铁工业所走过的历程，见证了中国钢铁工业发生的深刻变化。《中国钢铁工业发展报告2021》记述了中国钢铁工业在极为特殊的2020年中所取得的进步。

　　2020年，面对严峻复杂的国际形势、艰巨繁重的国内改革发展稳定任务，特别是新冠肺炎疫情的严重冲击，党中央精心谋划、科学决策，举国上下同心协力，使中国成为全球唯一实现正增长的主要经济体，这为钢铁工业改革发展提供了难得机遇。习近平总书记先后视察太钢、马钢两家钢铁企业，并对钢铁工业的重要作用和钢铁行业改革发展成绩给予充分肯定，使全体钢铁人倍感振奋、备受鼓舞，倍增干劲，更加坚定了全行业迎难而上的信心。在党中央的坚强领导和亲切关怀下，广大钢铁企业攻坚克难、勇攀高峰，各项工作取得新成绩，高质量发展迈上新台阶。

　　这一年，钢铁行业在抗疫中实现稳定运行，并以其强大的产业规模、组织动员能力和生产供应能力为下游用钢行业复工复产创造了条件。特别是在国内疫情最严重的时期，钢铁工业成为开工率最高的工业行业，对国民经济平稳运行起到了重要的托底作用。疫情缓解后，随着钢铁需求逐步恢复，钢铁产能得到充分释放，全年钢产量达到10.65亿吨，从而充分满足了建筑业、制造业用钢总量增长和结构变化，特别是高端装备制造业快速发展对钢铁产品的需求，为国家经济建设做出了突出贡献。

　　这一年，钢铁工业增加值实现较高增长，促使国民经济实现正增长。从反映钢铁行业对国内生产总值贡献的指标看，黑色金属冶炼和压延加工业增加值1-2月份在主要行业中同比降幅最小，一季度率先转正，此后一直保持正增长并不断向好。钢铁行业作为少数几个增长较高的行业之一，有力地支撑了国民经济快速恢复并实现正增长，为促使中国成为全球唯一实现正增长的主要经济体做出了突出贡献。

这一年，面对复杂多变的市场形势，承受铁矿石等原燃料价格上涨的压力，中国钢铁工业协会会员企业积极采取有效措施，通过"对标挖潜"消化减利因素，经济效益逐步向好，会员企业资产负债率、财务费用均低于上年水平，债务结构和资金状况进一步优化，行业运行质量有效提升。

这一年，钢铁行业坚持绿色发展理念，环境治理成效显著，超低排放改造取得突出进展，科技创新、智能制造等许多领域也取得丰硕成果。

这一年，钢铁行业充分发挥产业链相对完整、市场化程度相对较高、技术自主性较强的产业优势，经受住了疫情的考验，抗风险能力明显增强。钢铁行业用实际行动再次证明，危难时刻、紧要关头，钢铁工业是国民经济的中坚力量，是国民经济平稳运行的"稳定器"和"压舱石"。

内容详实的《中国钢铁工业发展报告》首次由冶金工业出版社正式出版，就是希望能有更多的人关注中国钢铁，了解中国钢铁，认识中国钢铁，并记住中国钢铁。

目　　录

第 1 章
2020 年钢铁行业总体运行情况

2020 年，面对严峻复杂的国际形势，艰巨繁重的国内改革发展稳定任务，特别是新冠肺炎疫情的严重冲击，党中央精心谋划、科学决策，举国上下同心协力，经济运行持续稳定恢复，使中国成为全球唯一实现正增长的主要经济体，经济总量迈上百万亿元新台阶，为钢铁工业发展提供了难得机遇。在党中央的坚强领导下，在需求拉动和多方努力下，广大企业攻坚克难、勇攀高峰，各项工作取得新成绩，行业稳健运行，钢材产销两旺，钢材价格及钢铁企业效益持续回升，呈现出相对良好的运行态势，发展质量进一步提高。

一、牢记初心使命，全力以赴同心抗疫

面对新冠肺炎疫情考验，全国钢铁行业听党指挥，迅速行动，全力以赴，在应急保供、医疗援助、复工复产、稳定产业链供应链等方面发挥了重要作用。

中国宝武、鞍钢集团、中国五矿、建龙集团、新兴际华、荣程集团、方大集团、普阳钢铁、日照钢铁、柳钢、敬业集团、津西钢铁等第一时间向湖北捐出大额善款，太钢、鞍钢、包钢、本钢、酒钢、山钢、河钢、安钢、首钢、重钢、新钢等第一时间派遣医护人员支援抗疫最前线。身处战疫"主战场"的武钢、鄂城钢铁、大冶特钢等抗疫保产、勇担社会责任"两不误"，紧急驰援火神山、雷神山医院建设，全力保证当地医院供氧和居民生活用电。据不完全统计，钢铁行业累计向湖北捐款超过16.3 亿元，捐助口罩超过 205 万个，防护服超过 22 万件，钢材超过 1.1 万吨；派出 7 支医疗队，医护人员 111 人。

当疫情在全球蔓延，中国钢铁企业第一时间支援海外伙伴。河钢援助塞尔维亚，德信钢铁援助印尼，建龙马来西亚东钢援助当地政府，敬业集团援助英钢，荣程集团援助意大利、日本等，南钢援助韩国、西班牙等合作伙伴，马钢援助法国瓦顿公司，建邦集团援助达涅利集团，十一冶将抗疫经验带给巴基斯坦……中国钢铁行业与世界同行风雨同舟，携手前行，谱写了一曲曲健康无界、大爱无疆的国际抗疫合作赞歌。

二、经济总量超百万亿元，钢材需求创新高

2020 年，面对复杂形势，我国统筹疫情防控和经济社会发展，经济运行持续稳

定恢复，国内生产总值一季度同比下降6.8%，二、三、四季度分别同比增长3.2%、4.9%、6.5%，全年达到101.6万亿元，首次迈上百万亿元大台阶，比上年增长2.3%。同时，经济结构发生较大变化，与钢铁消费密切相关的经济指标持续好转，推动了钢材消费量增长。

工业增速逐季回升。12月份，规模以上工业增加值同比增长7.3%，较11月加快0.3个百分点，高于上年同期0.4个百分点。2020年，全国规模以上工业增加值比上年增长2.8%，较上年同期回落2.9个百分点。

分季度看，一季度下降8.4%，二、三、四季度分别增长4.4%、5.8%、7.1%，呈现逐季稳步回升态势。分门类看，采矿业、制造业以及电力、热力、燃气及水生产和供应业增加值比上年分别增长0.5%、3.4%、2.0%，三大门类全年均实现增长。其中，装备制造业增加值比上年增长6.6%，增速与上年基本持平，高于全部规模以上工业平均水平3.8个百分点，对全部规模以上工业增长贡献率达70.6%。从产能释放看，全国工业产能利用率为74.5%，其中四季度达78.0%，为2013年以来高点。

固定资产投资稳步回升。2020年，全国固定资产投资比上年增长2.9%。分阶段看，1-2月份投资下降24.5%，自3月起逐步回升，至前三季度增速实现由负转正，四季度继续回升。从三大投资领域看，基础设施投资比上年增长0.9%；制造业投资比上年下降2.2%；房地产开发投资比上年增长7.0%。

2020年，房地产开发投资累计完成额141442.95亿元（占固定资产投资完成额比重为27.26%，占比较上年同期上升3.29个百分点），同比增长7.00%，较上年同期回落2.90个百分点。房地产开发实际投资累计完成额96991.07亿元，同比增长7.15%，增速较上年同期回落0.77个百分点。房地产开发名义投资累计同比增速呈加速上升态势。

钢材消费创出新高。经济增长特别是重点用钢行业的快速回升，促进了钢材需求增长。据测算，2020年，主要用钢行业钢材实际消费9.72亿吨，比上年增长7%，其中建筑业增长10%，制造业增长4%。全国钢材消费折合粗钢表观消费量10.36亿吨，比上年增长9.1%。

三、粗钢产量超 10 亿吨，集中度有所提高

在国内疫情最严重时期，钢铁工业是开工率最高的工业行业，粗钢产量仅3月份同比下降1.7%，对国民经济平稳运行起到了重要的托底作用。疫情缓解后，钢铁需求逐步恢复，钢铁产能充分释放，9月份创出粗钢日均产量308.5万吨的历史单月最高水平，并逐步消化了远高于历史同期水平的钢材库存。钢铁工业的平稳发展，钢材产品产量的增长，一方面满足了建筑业、制造业用钢总量增长和结构变化，特别是高端装备制造业快速发展对钢铁产品的需求，更重要的是为下游用钢行业复工复产，为实现国民经济正增长做出了突出贡献。

2020 年，全国生产生铁 88752.4 万吨，较上年增长 4.3%；生产粗钢 106476.7 万吨，较上年增长 7.0%；生产钢材（含重复材）132489.2 万吨，较上年增长 10.0%（表 1-1）。

表 1-1　2018-2020 年我国生铁、粗钢、钢材产量　　　　　　万吨，%

种类	2018 年		2019 年		2020 年	
	产量	增速	产量	增速	产量	增速
生铁	77987.6	9.3	80849.4	3.7	88752.4	4.3
粗钢	92800.9	6.6	99634.2	7.2	106476.7	7.0
钢材	110551.7	5.6	120477.4	6.3	132489.2	10.0

数据来源：粗钢、钢材产量数据来源于《中华人民共和国国民经济和社会发展统计公报》（2018-2020），生铁产量数据来源于《中国钢铁统计》（2018-2020）。

全年生产焦炭 47116.1 万吨，较上年增长 0.04%；铁矿石原矿 86671.7 万吨，较上年增长 3.7%；铁合金 3419.6 万吨，较上年下降 2.73%（表 1-2）。2020 年，中国钢铁协会（以下简称"钢协"）会员企业生产生铁、粗钢、钢材分别为 7.5 亿吨、8.4 亿吨和 8.0 亿吨，同比分别增长 5.8%、5.6% 和 7.3%。

表 1-2　2020 年主要钢铁产品及原燃材料产量　　　　　　万吨，%

种类	2020 年	2019 年	增减幅
生铁	88752.4	80849.4	4.30
粗钢	106476.7	99634.2	7.00
钢材	132489.2	120477.4	10.00
焦炭	47116.10	47098.80	0.04
铁矿石	86671.70	83581.94	3.70
铁合金	3419.56	3515.41	−2.73

数据来源：粗钢、钢材产量数据来源于《中华人民共和国国民经济和社会发展统计公报》（2019-2020），其他产品产量数据来源于《中国钢铁统计》（2018-2020）。

分季度看，一季度粗钢产量同比增长 1.2%，二季度增长 1.7%，三季度增长 10.3%，四季度增长 8.8%。分月度看，受疫情影响，3 月份粗钢产量同比下降，其他各月均同比增长。

分省市看，全国具备粗钢冶炼能力的 28 个省市（区）中，有 25 个省市（区）粗钢产量同比增长。其中，河北、江苏、山东、山西、安徽几个产钢大省增量居全国前五位。

分类型看，重点统计钢铁企业粗钢产量同比增加 4437.88 万吨（增幅 5.59%），占总增量的 85.85%；其他企业粗钢产量同比增加 731.46 万吨（增幅 3.52%），占总增量的 14.15%。

分品种看，在 22 大类钢材品种中，钢筋、中厚宽钢带、线材（盘条）、棒材、热轧薄宽钢带等五大品种产量占比居前。特厚板、热轧薄板、厚钢板、中厚宽带钢、棒材、中板五个品种产量增幅较高，分别增长 23.53%、16.34%、12.23%、12.18%、11.75%。上述情况体现了制造业复苏和重点领域投资对部分钢材品种生产的拉动作用。

从产业集中度看，2020 年粗钢产量排前 10 位的钢铁企业分别是中国宝武、河钢集团、沙钢集团、鞍钢集团、建龙集团、首钢集团、山钢集团、德龙集团、华菱集团、方大钢铁，这 10 家企业粗钢产量占全国的比重为 38.78%，比上年提高了 2.5 个百分点，为"十三五"期间的最高水平。

从全球看，2020 年世界粗钢产量约为 18.64 亿吨，同比下降 0.9%❶，其中中国内地粗钢产量占世界粗钢产量的比重为 57.14%。

2020 年，排名前 10 位产钢国家与上年变化不大，俄罗斯粗钢产量超过美国，位列第四，土耳其粗钢产量超过德国，列第七位（表 1-3）。

表 1-3　2018-2020 年全球产钢前 10 位国家　　　　　　百万吨

排名	1	2	3	4	5	6	7	8	9	10
2018 年	中国	印度	日本	美国	韩国	俄罗斯	德国	土耳其	巴西	意大利
	928.0	109.3	104.3	86.6	72.5	72.1	42.4	37.3	35.4	24.5
2019 年	中国	印度	日本	美国	俄罗斯	韩国	德国	土耳其	巴西	伊朗
	996.3	111.4	99.3	87.8	71.9	71.4	39.6	33.7	32.6	25.6
2020 年	中国	印度	日本	俄罗斯	美国	韩国	土耳其	德国	巴西	伊朗
	1064.8	99.6	83.2	73.4	72.7	67.1	35.8	35.7	31.0	29.0

注：表中中国为中国内地，不包括中国香港、中国澳门、中国台湾地区，下同。

数据来源：2018-2020 年中国粗钢产量数据来源于《中华人民共和国国民经济和社会发展统计公报》（2019-2020），其他国家 2018-2019 年数据来源于《中国钢铁统计》（2019-2020），其他国家 2020 年数据来源于《中国钢铁工业统计月报》（2020 年 12 月）。

主要产钢国家中，印度、日本、美国、韩国、德国、巴西粗钢产量均较上年有不同程度下降，降幅最大的是美国，产量较上年下降了 17%（表 1-4）。

表 1-4　2020 年全球产钢前 10 位国家粗钢产量及增长率　　　百万吨,%

排名	1	2	3	4	5	6	7	8	9	10
国家	中国	印度	日本	俄罗斯	美国	韩国	土耳其	德国	巴西	伊朗
产量	1064.8	99.6	83.2	73.4	72.7	67.1	35.8	35.7	31.0	29.0
增长率	7.0	-10.6	-16.2	2.6	-17.2	-6.0	6.0	-10.0	-4.9	13.4

数据来源：中国粗钢产量数据来源于《中华人民共和国 2020 年国民经济和社会发展统计公报》，其他国家粗钢产量数据来源于《中国钢铁工业统计月报》（2020 年 12 月）。

---

❶　数据来源于世界钢铁协会。

四、坯材进口总量增加，钢材出口总量下降

2020 年，我国累计出口钢材 5367 万吨，同比下降 16.5%（表 1-5）。钢材出口自 5 月份起出现大幅下降，主要与国外疫情蔓延有关。

表 1-5   2016-2020 年我国钢材、钢坯出口情况   万吨

种类	2016 年	2017 年	2018 年	2019 年	2020 年
钢坯及粗锻件	1.00	1.00	1.00	4.00	—
钢材	10849	7541	6934	6429	5367

数据来源：海关总署。

累计进口钢材 2023 万吨，同比增长 64.4%；累计进口钢坯约 1800 万吨，同比增长约 5 倍；累计进口铁矿砂及精矿 117010 万吨，同比增长 9.5%（表 1-6）。

表 1-6   2016-2020 年我国进口钢材、铁矿石情况   万吨

种类	2016 年	2017 年	2018 年	2019 年	2020 年
钢坯（锭）	25	49	105	306	—
钢材	1321	1330	1317	1230	2023
铁矿砂及其精矿	102412	107474	106447	106895	117010

数据来源：海关总署。

2020 年的钢材进出口走势与国内外疫情防控状况密切相关。疫情暴发初期，我国钢材出口受到严重影响，钢材净出口量持续下降。我国率先在疫情防控和经济发展等方面取得突破后，市场需求较旺，价格相对稳定，吸引了各国钢铁企业。从 5 月起，我国钢材进口量大幅增长。6-9 月，因钢材出口量下降、钢坯及钢材进口量大幅增加，我国一度为粗钢净进口。这一反常态势虽然随着 10 月后国外疫情的阶段性缓解而逐步反转，但对全年的进出口总量形成重大影响。

钢材进出口价格方面，全年累计出口平均价格 847 美元/吨，同比上涨 1.3%；累计进口钢材平均价格为 832 美元/吨，较上年同期进口均价下降 29.5%。与钢材进出口量变化相伴的是钢材进出口价格的变化。2020 年 6-11 月，国内钢材进口价格低于出口价格，再现 2009 年 4-5 月曾出现的价格倒挂现象，四季度进出口价差逐步收窄，12 月由负转正。

五、全年钢材库存高位回落，低于前两年同期

2020 年 12 月末，20 大城市五大品种钢材社会库存 730 万吨，比上年同期减少275 万吨，降幅 27.36%。

受疫情期间钢材供求错配影响，2020 年 2 月钢材库存达历史峰值。此后，随着下游复工复产推进，钢材库存逐步回落。但从 12 月中旬起，钢协监测库存呈现增加

趋势。截至 2021 年 1 月上旬，监测的钢厂库存 1303 万吨，环比增长 12%，同比增长 24%；社会库存 771 万吨，环比增长 5.6%。这与季节因素和近期疫情反弹密切相关。

重点统计钢铁企业库存 1162 万吨，较 2020 年内最高值减少 886 万吨，降幅 43.26%。2020 年 12 月期间，钢厂库存略有上升，但较年内 2000 多万吨的最高值回落近 900 万吨。

钢材消费创出新高。经济增长特别是重点用钢行业的快速回升，形成了较高的钢材需求。据测算，全年全国钢材消费折合粗钢表观消费量 10.36 亿吨（同比增长 9.1%），日均表观消费量 284 万吨。2020 年，主要用钢行业钢材实际消费 9.72 亿吨，比上年增长 7%，其中建筑业增长 10%，制造业增长 4%。

六、钢材全年均价低于上年，钢材年末价格超过上年同期

12 月末，中国钢材价格指数（CSPI）为 129.14 点，比上年同期上升 23.04 点，升幅为 21.72%（表 1-7）。其中，CSPI 长材指数为 128.63 点，比上年同期上升 18.93 点，升幅为 17.26%；CSPI 板材指数为 133.22 点，比上年同期上升 28.67 点，升幅为 27.42%。中国钢材价格指数在年末超过上年同期，增幅在 20% 左右。

表 1-7   2016-2020 年国内钢材价格指数情况

种类	2016 年末	2017 年末	2018 年末	2019 年末	2020 年末
综合	99.51	121.8	107.12	106.10	129.14
长材	97.60	128.98	113.26	109.70	128.63
板材	104.60	117.37	102.94	104.55	133.22

注：各年年末数据为该年最后一周数据。

数据来源：《国际、国内市场价格及指数》。

从 2020 年各周情况看，中国钢材价格指数（CSPI）在多数时间低于上年同期。2020 年 1-4 月期间，国内钢材价格呈下行走势，5-12 月持续上升，11-12 月升幅较大。10 月后，钢材价格指数超过上年同期。

总体来看，2020 年 1-12 月，CSPI 国内钢材价格指数平均值为 105.57 点，同比下降 2.41 点，降幅为 2.24%。其中，长材指数平均值为 109.76 点，同比下降 4.21 点，降幅为 3.69%；板材指数平均值为 103.63 点，同比下降 0.61 点，降幅为 0.59%。全年钢材综合累计平均结算价格为 3643 元/吨，较上年同期下降 79 元/吨，降幅 2.12%。

2020 年 12 月，钢协监测的八大钢材品种均高于上年同期水平（表 1-8），高线、螺纹钢、角钢、中厚板、热轧卷板、冷轧薄板、镀锌板、热轧无缝管每吨价格分别同比上涨为 581 元（涨幅 14.93%）、503 元（涨幅 13.47%）、463 元（涨幅 11.67%）、754 元（涨幅 19.81%）、710 元（涨幅 17.96%）、1374 元（涨幅

30.86%）、885 元（涨幅 17.52%）、495 元（涨幅 10.54%）。涨幅最为明显的钢材品种为冷轧薄板。

表 1-8　近三年年末八大钢材品种价格情况　　　　　　　　元/吨

品种	2018 年底	2019 年底	2020 年底
高线	4054	3892	4473
螺纹钢	3875	3733	4236
角钢	4079	3967	4430
中厚板	3851	3807	4561
热轧卷板	3867	3953	4663
冷轧薄板	4337	4453	5827
镀锌板	4913	5050	5935
热轧无缝管	4947	4695	5190

数据来源：中国钢铁工业协会。

七、进口铁矿石量价皆升，其他原燃料均价下降

2020 年全年，其他主要原燃料价格均高于上月。其中，国产铁精矿 785 元/吨，较上年上涨 11.35%；进口粉矿 793 元/吨，较上年上涨 10.39%；炼焦煤 1227 元/吨，较上年下降 11.09%；冶金焦 1883 元/吨，较上年下降 5.29%；喷吹煤 811 元/吨，较上年下降 11.99%；动力煤 561 元/吨，较上年下降 4.90%；废钢 2420 元/吨，较上年上涨 1.15%。除铁矿石和废钢外，其他主要原燃料采购价格均低于上年。

从铁矿石供应情况看，全年国内累计生产铁矿石 8.67 亿吨，同比增长 3.7%，增量约为 3000 万吨，折合铁精粉不足 1000 万吨，总体增长乏力。累计进口铁矿石 11.7 亿吨，同比增长 9.5%；累计进口均价 101.65 美元/吨，同比增长 7.2%（表 1-9）。

表 1-9　2016-2020 年进口铁矿石平均价格　　　　　　　　美元/吨

年份	2016 年	2017 年	2018 年	2019 年	2020 年
铁矿石	56.3	71.0	71.0	94.9	101.7

数据来源：海关总署。

截至 12 月底，进口铁矿石港口库存为 1.24 亿吨，较上年同期减少 284 万吨，降幅 2.2%。

八、钢铁投资同比增长，铁矿投资同比下降

2020 年 1-12 月累计，黑色金属冶炼和压延加工业投资累计增长 26.5%，增速较上年同期加快 0.6 个百分点。经初步调研，投资主要用于搬迁、环保和智能制造方面。黑色金属矿采选业固定资产投资累计完成额同比下降 10.30%，上年同期为同比增长 2.50%。

民间投资中，2020 年 1-12 月，投向黑色金属冶炼和压延加工业固定资产投资累计同比增长 27.5%，是上年 13.4% 增速的一倍多；投向黑色金属矿采选业固定资产投资累计完成额同比下降 10.5%，上年同期为同比增长 8.2%。2020 年末，民间资本投向黑色冶炼业投资增速达到了近三年投资增速的最高值，但民间资本投向黑色金属矿采选业投资增速却整体呈现波动下降态势。

九、会员企业利润正增长，行业运行质量进一步改善

2020 年全年，重点统计钢铁企业销售收入 46733.06 亿元，同比增长 10.94%；实现利税 3063.24 亿元，同比增长 7.08%；利润总额 2058.83 亿元，同比增长 6.72%；销售利润率 4.41%，同比下降 0.17 个百分点。

12 月末，钢协会员钢铁企业资产负债率 62.33%，较上年同期下降 0.19 个百分点。企业银行短期借款同比下降 6.66%，长期借款同比增长 28.95%，企业长贷增加、短贷减少，资本结构持续改善。应收账款净额同比增长 12.16%，应付账款净额同比增长 6.73%；存货占用资金同比增长 10.71%，其中产成品资金占用同比增长 12.26%。期间费用累计同比增长 2.20%，其中销售费用同比下降 5.72%，管理费用同比增长 2.72%，财务费用同比下降 11.63%，研发费用同比增长 32.70%。

2020 年，在铁矿石价格大幅度上涨的情况下，钢铁企业利润总额高于上年，主要得益于几方面因素：一是除铁矿石、废钢之外的其他原燃材料均价低于上年；二是钢铁产能利用率提升，拉低了固定费用；三是企业销售费用同比下降 5.72%、财务费用同比下降 11.63%，这与国家政策调整和企业管理水平提升密切相关。

十、绿色发展深入推进，节能减排绩效提升

钢铁企业迎难而上，积极采用先进的节能环保清洁生产技术装备，不断推进超低排放升级改造，持续提升节能环保水平。首钢迁钢公司投资 20 多亿元进行超低排放改造，成为生态环境部认可的首家实现钢铁生产全工序超低排放的 A 级企业，太钢集团、首钢京唐、邢台德龙、山钢日照、新兴铸管、宝武梅山、河北纵横等钢铁企业也已完成超低排放改造和评估监测工作在钢协官网上公示。宝钢股份荣获第十届中华环境奖。14 家钢铁企业跻身"清洁生产环境友好企业"。德龙、安钢、三钢、方大等企业的厂区已成为 4A、3A 级景区。

2020 年，钢铁企业继续加大环保投入，实施大规模超低排放改造，推广应用先进节能减排技术，节能环保绩效进一步提升。重点统计企业吨钢综合能耗同比下降 1.18%；吨钢耗新水同比下降 4.34%；化学需氧量同比下降 10.11%；二氧化硫排放量同比下降 14.38%；钢渣利用率同比提高 0.98 个百分点；焦炉煤气利用率同比提高 0.08 个百分点。

（本章撰写人：谢聪敏，中国钢铁工业协会）

第 2 章

2020 年中国钢铁市场供需情况

一、2020 年中国钢铁市场供需概况

2020 年，我国统筹疫情防控和经济社会发展取得重大成果，经济运行持续稳定恢复，钢铁行业稳健运行，钢材市场供需两旺，呈现出相对良好的运行态势，发展质量进一步提高。

（一）粗钢产量超 10 亿吨

2020 年全国粗钢产量为 10.65 亿吨，同比增长 7.0%。其中钢协重点统计钢铁企业产量 8.38 亿吨，同比增长 5.6%；其他企业产量 2.27 亿吨，同比增长 3.5%。从日产水平来看，2020 年全国粗钢平均日产水平为 290.92 万吨，较上年日产水平增加 18.20 万吨。全国铁钢材日产量变化如图 2-1 所示。

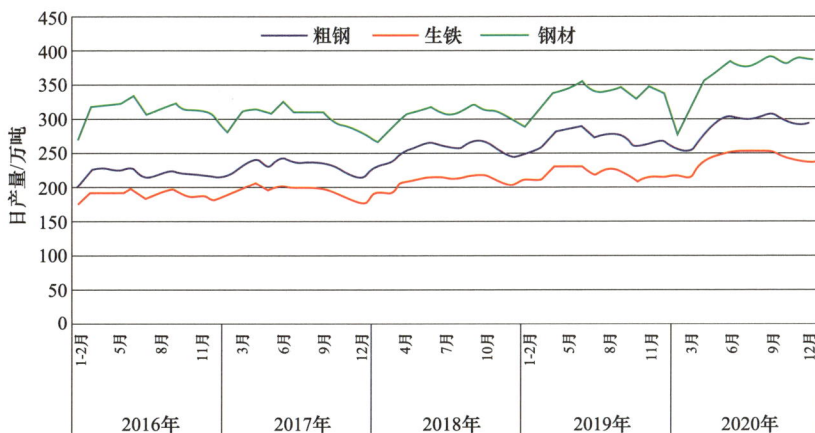

图 2-1　全国铁钢材日产量变化

（数据来源：国家统计局）

（二）钢材产量大幅增长

2020 年全国钢材产量 13.25 亿吨，同比增长 10.0%。各钢材品种中，产量前 5

位的品种为钢筋、中厚宽钢带、线材（盘条）、冷轧薄宽钢带和热轧薄宽钢带，产量分别为 26639 万吨、17046 万吨、16656 万吨、9973 万吨和 9476 万吨；增产量前 5 位的品种为中厚宽钢带、钢筋、线材（盘条）、棒材和热轧薄宽钢带，增长量分别为 1851 万吨、1285 万吨、1001 万吨、982 万吨和 692 万吨；产量增幅前 5 位的品种为特厚板、其他钢材、热轧薄板、厚钢板和中厚宽钢带，增幅分别为 23.5%、17.9%、16.3%、12.2% 和 12.2%。产量下降的品种为铁道用钢材和无缝钢管，减产量分别为 66 万吨和 3 万吨。2020 年主要钢材品种产量见表 2-1。

表 2-1　2020 年主要钢材品种产量　　　　　　　　　万吨，%

钢材品种	2020 年	2019 年	增减量	同比增长
铁道用钢材	462	528	−66	−12.5
大型型钢	1856	1779	77	4.3
中小型型钢	5289	4917	373	7.6
棒材	9339	8357	982	11.8
钢筋	26639	25354	1285	5.1
线材（盘条）	16656	15654	1001	6.4
特厚板	1055	854	201	23.5
厚钢板	3636	3240	396	12.2
中板	4440	4081	359	8.8
中厚宽钢带	17046	15196	1851	12.2
热轧薄板	545	477	68	16.3
热轧薄宽钢带	8921	8229	692	8.4
冷轧薄板	3912	3767	146	3.9
冷轧薄宽钢带	6061	5495	566	10.3
镀层板（带）	6138	5746	392	6.8
涂层板（带）	982	879	104	11.8
电工钢板（带）	1189	1164	24	2.1
热轧窄钢带	5101	4968	133	2.7
冷轧窄钢带	708	667	41	6.2
无缝钢管	2788	2791	−3	−0.1
焊接钢管	6167	5842	325	5.6
其他钢材	3549	3010	539	17.9

数据来源：中国钢铁工业协会。

（三）粗钢表观消费量保持增长

2020 年我国粗钢表观消费量为 10.48 亿吨，同比增长 11.0%。2020 年各月除 3

月外，粗钢表观消费量均实现正增长，其中 9 月同比增幅高达 20%，随后增幅呈现回落趋势。2020 年粗钢表观消费量见表 2-2，2016-2020 年粗钢表观消费量变化情况如图 2-2 所示。

表 2-2　2020 年粗钢表观消费量　　　　　　　　　　　万吨,%

项目	2020 年	2019 年	增减	同比
粗钢产量	106477	99542	6935	7.0
钢材进口量	2023	1230	793	64.4
钢材出口量	5367	6429	-1062	-16.5
钢坯进口量	1800	306	1494	488.2
钢坯出口量	1	3	-2	-66.7
粗钢净出口	1650	5100	-3450	-67.6
粗钢表观消费量	104806	94442	10364	11.0

数据来源：国家统计局，海关总署。

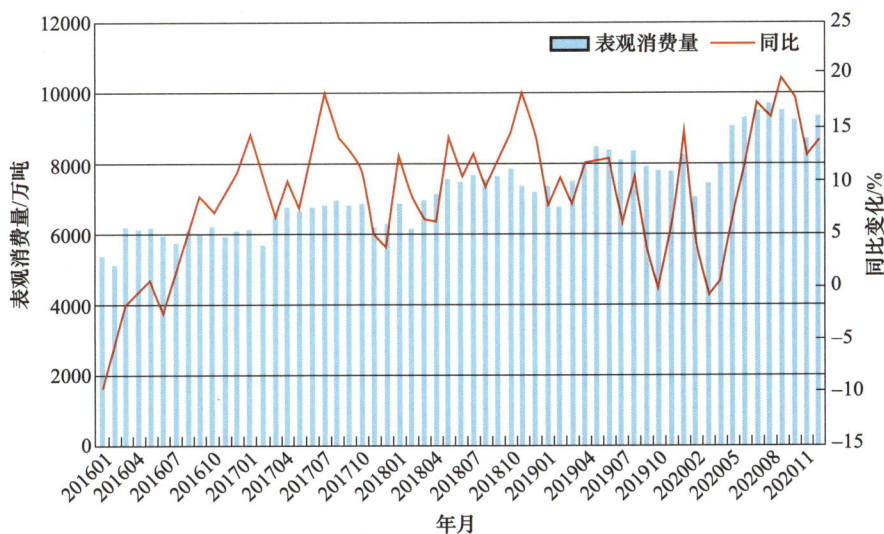

图 2-2　2016-2020 年粗钢表观消费量变化情况
（数据来源：中国钢铁工业协会）

（四）钢材库存变化情况

1. 社会库存

钢协监测的 2020 年 20 个城市 5 大品种钢材社会库存变化情况见图 2-3。2020 年底国内主要城市五大品种社会库存为 730 万吨，比上旬增加 1 万吨，上升 0.1%；比年初增加 48 万吨，上升 7.0%；比上年底减少 275 万吨，下降 27.4%。3 月上旬社会库存达到峰值 2021 万吨，之后逐步下降。

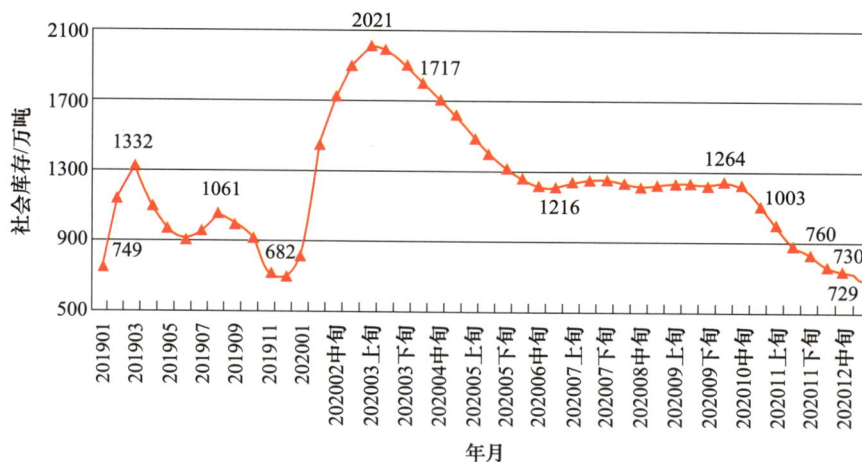

图 2-3　22 个城市钢材社会库存
（数据来源：中国钢铁工业协会）

2020 年底各品种的库存变化见表 2-3。从五大钢材品种库存来看，库存量最大的是螺纹钢，为 292 万吨。与上年底比较，各品种库存量均有所下降，减量最大的是线材，减少 105 万吨，下降 46.9%；其次是冷轧板卷，减少 89 万吨，下降 48.9%。

表 2-3　2020 年钢材社会库存品种构成及增长率　　　　　　　　万吨，%

品　种	2020 年底	2019 年底	增减量	同比
热轧板卷	133	134	-1	-0.7
冷轧板卷	93	182	-89	-48.9
中厚板	93	98	-5	-5.1
线材	119	224	-105	-46.9
螺纹钢	292	366	-74	-20.2
合　计	730	1005	-275	-27.4

数据来源：中国钢铁工业协会。

2. 企业库存

从 2020 年钢铁企业库存走势看，受新冠肺炎疫情期间钢材供求错配影响，2 月钢材库存达历史峰值，此后，随着下游复工复产推进，钢材库存逐步回落（图 2-4）。12 月底企业库存量为 1162 万吨，较上年同期增加 209 万吨，增长 21.9%。除 2 月库存大幅上升外，2020 年钢铁企业各月库存总体走势与上年基本保持一致。

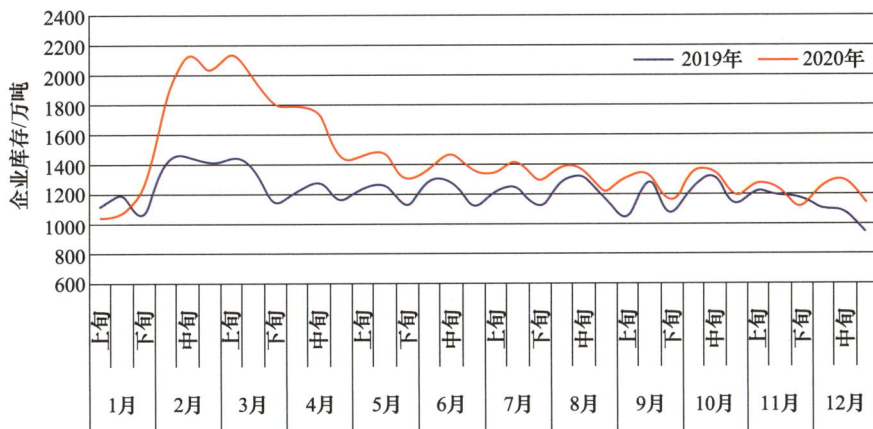

图 2-4　大中型钢铁企业库存情况

（数据来源：中国钢铁工业协会）

（五）2020 年钢材销售区域情况

2020 年钢协会员企业销售钢材 7.40 亿吨，产销率为 99.4%，比上年下降 0.3 个百分点。其中出口钢材 2083 万吨，占钢材销售总量的 2.8%，比上年下降 1.4 个百分点。

从钢材销售地区流向来看，华东依然是钢材消费量最多的区域，比重占到 40.5%，中南、华北地区位居第二、三位，占比分别为 20.0% 和 18.9%。西南、东北、西北占比较少，占比分别为 9.0%、4.8%、4.0%。比较近两年各区域销售占比变化情况可以发现，2020 年华北和中南地区占比增加明显，分别增加 1.0 个百分点和 0.7 个百分点，东北、西北地区有小幅增加，华东、西南地区小幅下降。出口占比出现明显下降。

二、2020 年钢铁下游行业运行及钢材需求情况

从下游各行业需求来看，2020 年疫情对下游用钢行业影响较大，一季度主要经济指标均呈现大幅下降趋势，随着下游行业加快复工复产，二季度以来各行业实现快速复苏，其中建筑业在赶工期及大量新建项目启动等因素推动下率先恢复，制造业在国内需求回升及三、四季度出口需求旺盛的拉动下增长明显。全年来看，建筑业表现超预期，其中房地产行业投资韧性延续、新开工面积降幅持续缩窄、商品房销售面积转为正增长；基建行业在"两新一重"共同发力下增长明显。制造业总体保持增长趋势，特别是下半年在出口带动下呈现较快增长趋势，其中机械行业以工程机械、发电输变电、部分农机和智能制造为代表的产品增长明显；汽车产量小幅下降，其中乘用车产量下降，商用车产量大幅增长；船舶行业持续低迷，三大指标一升两降，其中手持订单量为近十四年来的低谷；家电行业实现小幅增长，特别是

下半年出口旺盛；受疫情影响全球集装箱周转不畅，下半年集装箱产量大幅增长。

据测算，2020 年我国主要用钢行业钢材实际消费 9.72 亿吨，比上年增长 7%，其中建筑业增长 10%，制造业增长 4%。

（一）建筑业

2020 年，建筑行业整体实现较快增长，房地产行业表现超预期，投资保持较高速度增长，新开工面积降幅不断收窄；基础设施建设逐步发力，二季度开始重点项目工程全面复工，新开工及施工进度加快，两会释放系列积极信号，为基础设施建设提供政策及资金保障。

1. 房地产行业运行情况

（1）房地产开发投资增速回升。2020 年房地产开发投资持续恢复，增速在 2 月触底后不断回升，回升幅度趋缓。全国房地产开发投资 141443 亿元，同比增长 7.0%，其中，住宅投资 104446 亿元，增长 7.6%（图 2-5）。

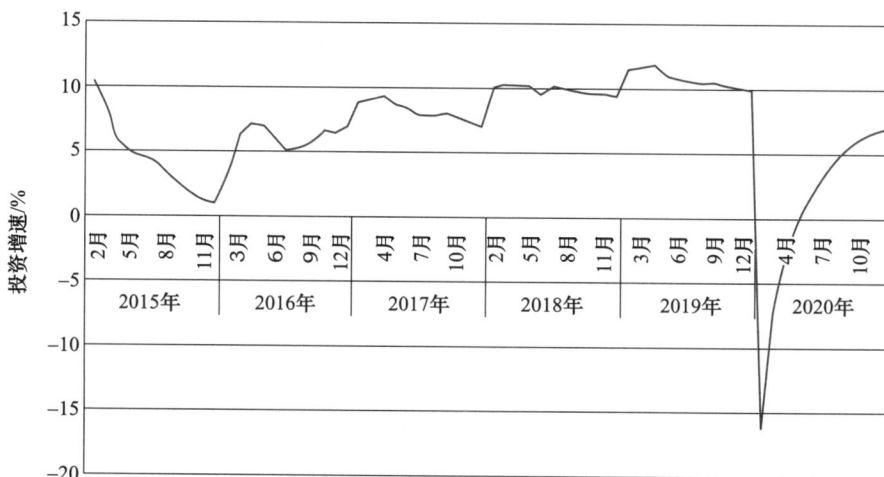

图 2-5　全国房地产开发投资增速
（数据来源：国家统计局）

（2）房地产开发企业房屋施工面积保持同比增长、新开工面积降幅收窄。房地产施工面积增速较为平稳，2020 年，房地产开发企业房屋施工面积 926759 万平方米，同比增长 3.7%，比上年回落 5.0 个百分点。其中，住宅施工面积 655558 万平方米，增长 4.4%。房屋新开工面积 224433 万平方米，下降 1.2%，上年为增长 8.5%。其中，住宅新开工面积 164329 万平方米，下降 1.9%。房屋竣工面积 91218 万平方米，下降 4.9%，上年为增长 2.6%。其中，住宅竣工面积 65910 万平方米，下降 3.1%。近年来全国房屋施工及新开工面积增长情况如图 2-6 所示。

（3）房地产企业土地购置面积降幅扩大，土地供应向重点城市集中。2020 年，

图 2-6　近年来全国房地产开发企业房屋施工和新开工面积增长情况
（数据来源：国家统计局）

房地产开发企业土地购置面积 25536 万平方米，同比下降 1.1%，降幅比上年收窄 10.3 个百分点；土地成交价款 17269 亿元，增长 17.4%，上年为下降 8.7%。房地产开发企业土地购置面积增速情况如图 2-7 所示。

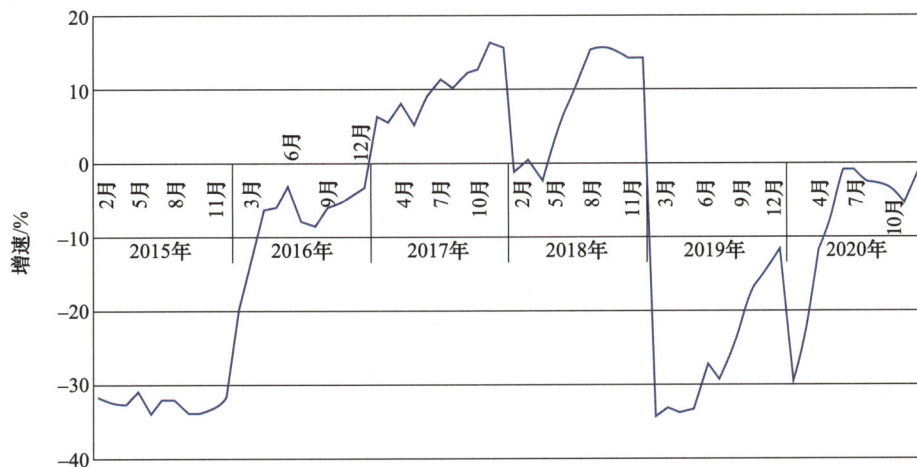

图 2-7　房地产开发企业土地购置面积增速情况
（数据来源：国家统计局）

区域市场方面，粤港澳土地供求明显增加，长三角、成渝等地区住宅市场热度相对较高，五大城市群住宅用地方面推出、成交情况如图 2-8 所示。

（4）房地产开发景气指数回升。 2020 年 12 月，房地产开发景气指数为 100.76，较上年同期下降 0.51 点，近年来全国房地产开发景气指数如图 2-9 所示。

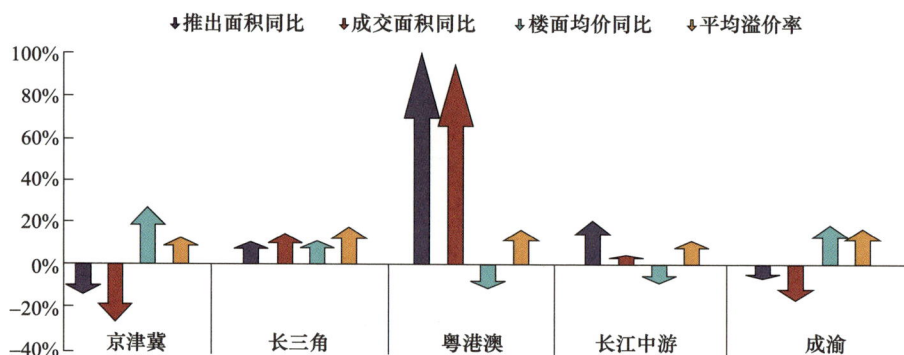

图 2-8 五大城市群住宅用地方面推出、成交情况
（数据来源：中国指数研究院）

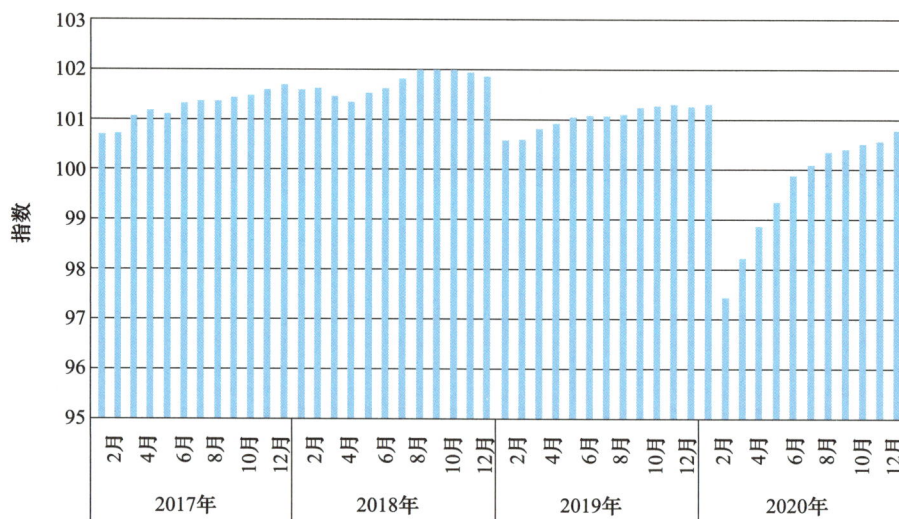

图 2-9 近年来全国房地产开发景气指数
（数据来源：国家统计局）

（5）**商品房销售面积由降转增，东部地区拉动增长**。2020 年，商品房销售面积 176086 万平方米，同比增长 2.6%，增速比上年下降 0.1%。其中，住宅销售面积增长 3.2%，办公楼销售面积下降 10.4%，商业营业用房销售面积下降 8.7%。商品房销售额 173613 亿元，增长 8.7%，增速比上年提高 2.2 个百分点（图 2-10）。12 月末，商品房待售面积 49850 万平方米，比上年末增加 29 万平方米。

（6）**房地产开发企业到位资金同比增长，增速逐月提升**。2020 年，房地产开发企业到位资金 193115 亿元，比上年增长 8.1%，比上年提高 0.5 个百分点。其中，国内贷款 26676 亿元，增长 5.7%；利用外资 192 亿元，增长 9.3%；自筹资金 63377 亿元，增长 9.0%；定金及预收款 66547 亿元，增长 8.5%；个人按揭贷款 29976 亿

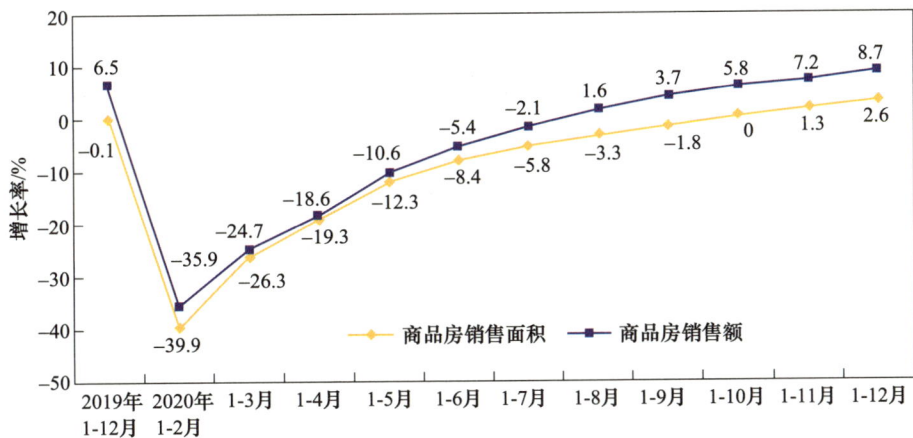

图 2-10　全国商品房销售面积及销售额增长情况

（数据来源：国家统计局）

元，增长 9.9%。全国房地产开发企业本年到位资金增速如图 2-11 所示。

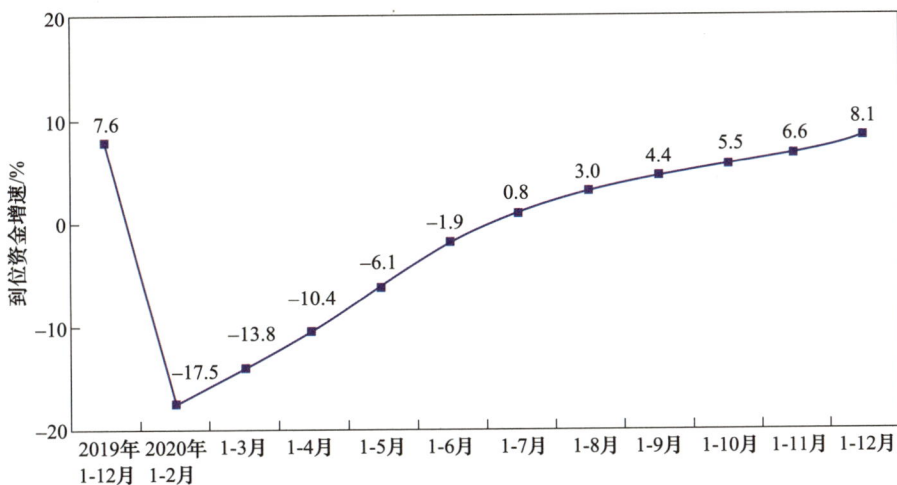

图 2-11　全国房地产开发企业本年到位资金增速

（数据来源：国家统计局）

（7）坚持"房住不炒"定位，地方因城施策。面对经济下行压力，政府保持房地产调控定力，两会政府工作报告中再次强调"房住不炒"，在此基调下，地方政府根据实际情况灵活施策，从供需两端陆续出台相关扶持政策。此外，中央政府提出稳健的货币政策要更加灵活适度，保持流动性合理充裕，在"六保""六稳"背景下，整体货币环境相对宽松，同时下半年"三道红线"的提出控制房地产企业负债率，管控房地产金融风险。两会政府工作报告和《关于构建更加完善的要素市场化配置体制机制的意见》中均提出加大新型城镇化和区域发展推进力度，重点城市群发展潜力巨大。

2. 基础设施建设情况

（1）基础设施投资恢复增长，地方债发行额大幅增长。 2020 年，我国基础设施投资（不含电力、热力、燃气及水生产和供应业）同比增长 0.9%。其中，铁路运输业投资下降 2.2%；道路运输业投资增长 1.8%，增速回落 0.4 个百分点；水利管理业投资增长 4.5%，增速提高 1.4 个百分点；公共设施管理业投资下降 1.4%，降幅收窄 0.4 个百分点。近年来基础设施建设投资增速如图 2-12 所示。

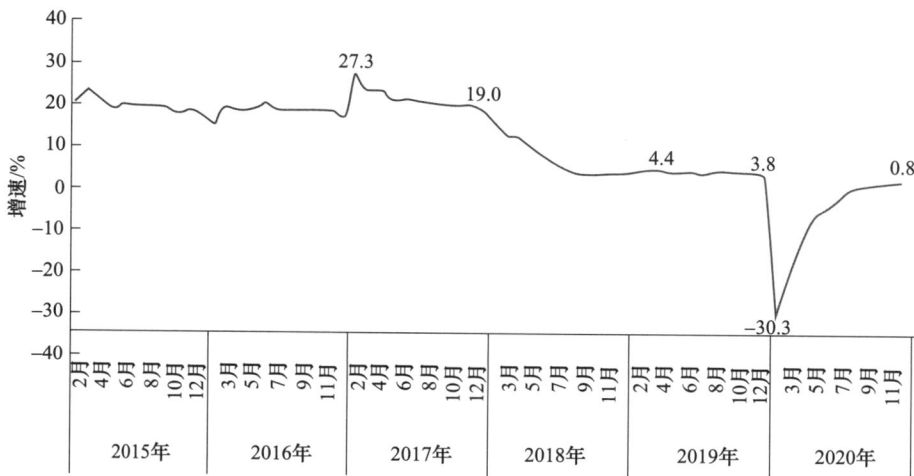

图 2-12　近年来基础设施建设投资增速

（数据来源：国家统计局）

（2）铁路投资与建设规模小幅下降。 "十三五"期间，我国每年铁路建设投资保持在 8000 亿元左右的水平。2020 年受疫情影响，我国一季度铁路投资仅完成 799 亿元，同比下降 21%；二季度开始，落实中央复工复产及"六稳""六保"决策部署，国铁集团调增铁路投资计划，加大在建工程实施力度，投资有所回升。全年完成铁路固定资产投资 7819 亿元，同比下降 2.6%，全年新投产铁路营业里程 4933 公里，年末全国铁路营业里程 14.6 万公里，同比增长 5.3%，其中高铁营业里程为 3.8 万公里。2010–2020 年铁路固定资产投资完成情况如图 2-13 所示。

（3）公路水路投资实现较快增长。 2020 年我国完成公路水路交通固定资产投资 2.59 万亿元，同比增长 10.4%。其中公路投资 2.4 万亿元，同比增长 11.0%；水路固定资产投资 1330 亿元，同比增长 17.0%，内河、沿海分别完成投资 704 亿元和 626 亿元，分别增长 14.8% 和 19.5%。年末全国公路总里程 519.8 万公里，比上年末增加 18.6 万公里，全年新改（扩）建高速公路 1.3 万公里；年末内河航道 12.8 万公里，比上年末增加 387 公里。近年来公路投资完成情况如图 2-14 所示。

（4）机场建设保持稳定增长。 2020 年我国民航固定资产预计完成额约 1050 亿

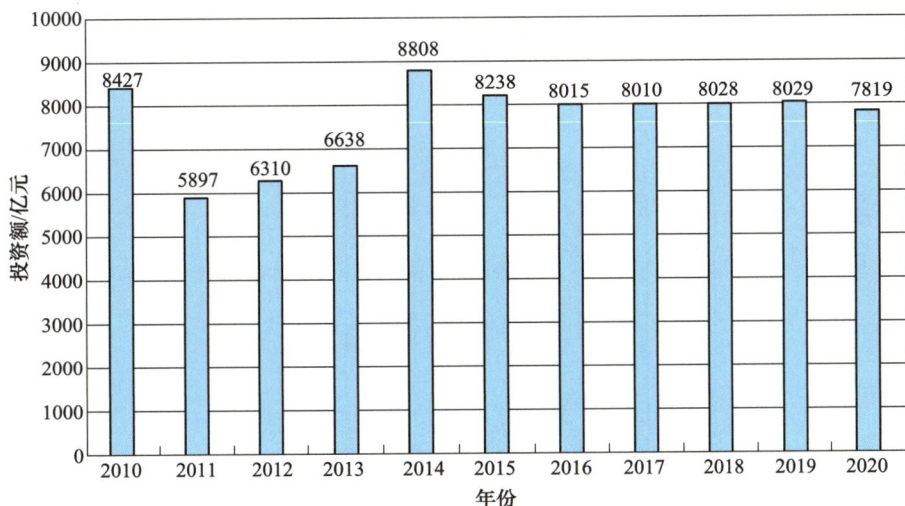

图 2-13　2010-2020 年铁路固定资产投资完成情况

（数据来源：铁路总公司）

图 2-14　2010-2020 年公路固定资产投资完成情况

（数据来源：交通运输部）

元，同比增长 8.3%。民航通航机场数量达 242 个，比上年增加 4 个，保持稳定增长；在地区分布上，东北、华东、华北和中南地区机场数量占全国机场总数量近 85%。全国民航通航机场数量如图 2-15 所示。

（5）轨道交通建设保持快速增长。2020 年，我国新增城市轨道交通运营线路长度 1242 公里，2020 年末中国内地城轨交通运营线路累计长度 7978 公里，城轨交通

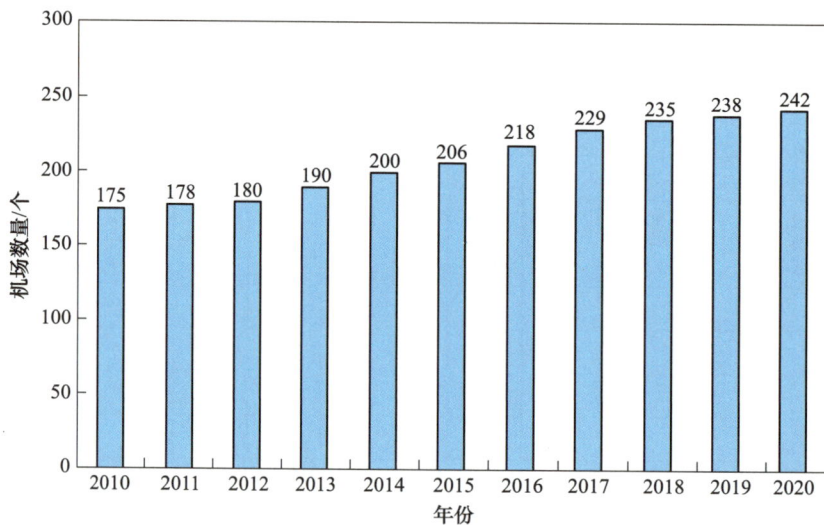

图 2-15　全国民航通航机场数量
（数据来源：中国航空运输协会）

运营城市新增三亚、天水、太原三市，共计 45 个城市。

2020 年，国家发展改革委共批复徐州、合肥、济南、宁波四市的新一轮城市轨道交通建设规划，以及厦门、深圳、福州、南昌四市的轨道交通建设规划调整方案。以上项目建设规划线路长度共计 588 公里，新增投资额共 4710 亿元。2010-2020 年城市轨道交通里程情况如图 2-16 所示。

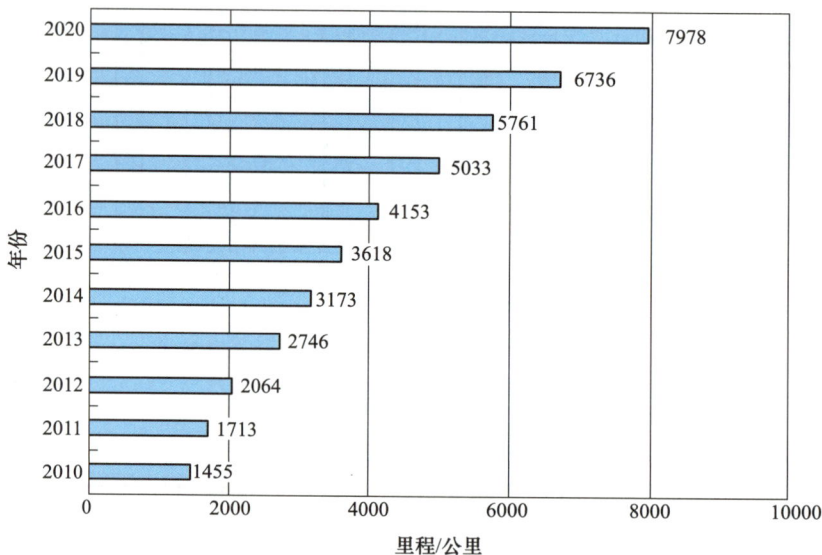

图 2-16　2010-2020 年城市轨道交通里程情况
（数据来源：中国城市轨道交通协会）

3. 2020 年建筑业用钢情况

建筑行业是我国钢材消费量最大的行业，占钢材消费总量 55% 以上，使用钢材品种主要为钢筋、线材、型材、钢结构用板材等，近年来，钢结构应用增加带动建筑用板材需求量增长。2018 年末，建筑钢材新国标 GB/T 1499.2—2018 开始实施，进一步提高建筑钢材的质量，更好地满足房屋建筑、桥梁、铁路、公路等领域钢筋的需求。

钢结构建筑发展前景广阔。住建部在 2020 年 8 月发布了《钢结构住宅主要构件尺寸指南》，2021 年 1 月 1 日起执行，为钢结构住宅的设计、制作、施工和运维提供了标准化指引。在 12 月的年度工作会议上强调要大力推广钢结构建筑，鼓励钢结构农房建设。过去 10 年钢结构行业以 12% 的年均增速增长，预计 2020 年钢结构用钢量超 8000 万吨，未来在住宅、桥梁、医院、学校、海工等的应用中仍有较大的增长空间，建筑用钢未来需求增长的亮点，如果未来钢结构用钢量占粗钢产量的比例达到发达国家水平，则钢结构用钢需求增量空间约为 5000 万吨。

受新冠肺炎疫情影响，一季度我国建筑业受影响较大，钢材需求量大幅下降。二季度后，随着建筑行业复工复产，在赶工、需求回升、投资增加、重大项目加速建设、资金面支持等因素共同作用下，呈现快速回升趋势。2020 年建筑业整体表现超预期，其中房地产行业投资韧性延续、新开工面积降幅持续缩窄；基建行业在投资增加、项目加速的共同发力下增长明显，2020 年建筑业钢材需求约 5.6 亿吨，同比增长约 10%。

（二）机械行业

1. 机械行业运行情况

（1）增加值增速稳步回升。 国家统计局数据显示，1-12 月机械工业增加值同比增长 6%，高于同期全国工业和制造业 3.2 和 2.6 个百分点。12 月当月机械工业增加值同比增长 10.6%，高于同期全国工业和制造业 3.3 和 2.9 个百分点。机械工业与全国工业、制造业增加值增速比较如图 2-17 所示。

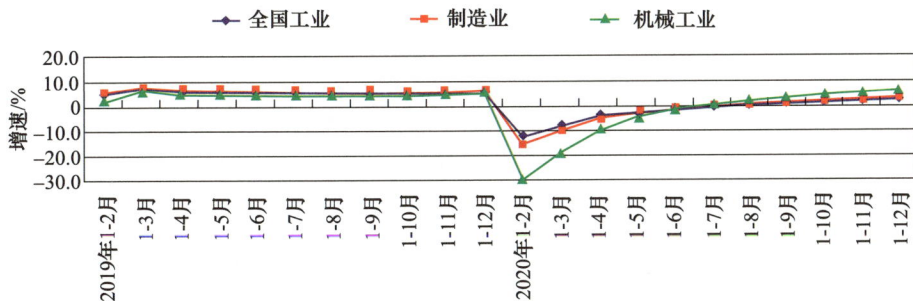

图 2-17 机械工业与全国工业、制造业增加值增速比较

（数据来源：国家统计局）

各子行业方面，1-12 月增加值增速全部实现正增长且较上月增速继续提升，其中通用设备制造业增加值增长 5.1%，专用设备制造业增长 6.3%，汽车制造业增长 6.6%，电气机械和器材制造业增长 8.9%。机械工业分行业增加值增速比较如图 2-18 所示。

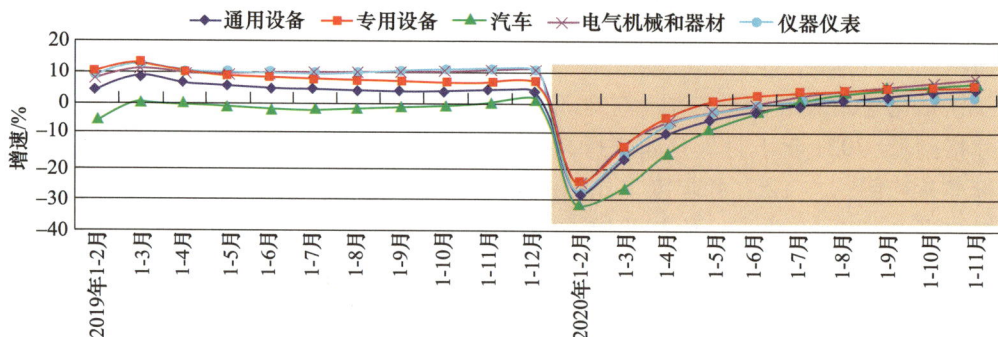

图 2-18　机械工业分行业增加值增速比较
（数据来源：机械工业联合会）

（2）主要产品生产有回稳趋势。2020 年机械工业重点统计的 120 种产品中，有 62 种产品产量实现增长，占比 51.7%，累计连续两个月超过一半；产量下降的产品有 58 种，占比 48.3%。主要产品产销增减呈现以下特点：投资类产品市场恢复较快，消费类产品市场恢复略慢。机械工业主要产品产量变化占比情况如图 2-19 所示。

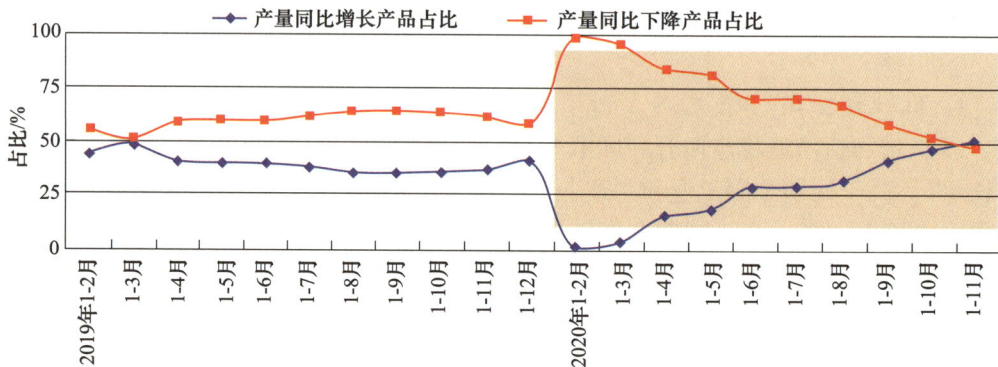

图 2-19　机械工业主要产品产量变化占比情况
（数据来源：机械工业联合会）

得益于基建投资与能源项目的建设以及需求结构升级的带动，工程机械、发电和输变电设备产销持续增长。1-12 月 5 种重点监测的工程机械产品产量全部增长，挖掘机和混凝土机械产量分别增长 36.75% 和 38.13%。发电设备产量同比增长 30.25%，其中水电、风电机组产量增速均超过 80%；大型电力变压器增长 6.24%。主要农机产品生产持续加快，大型拖拉机产量增长 55.99%，中型拖拉机产量增长

17.748%，谷物收获机械增长 16.28%，棉花收获机械增长 65.37%。与物流、环保和智能制造相关的产品增速继续加快。电动叉车和内燃叉车分别增长 28.63% 和 29.2%，固体废弃物处理设备产量增长 48.95%，工业机器人增长 19.06%、工业自动调节仪表与控制系统增长 8.06%。

（3）主要经济指标明显回稳。 2020 年，机械工业营业收入至 9 月累计增速由负转正，全年实现营业收入 22.85 万亿元，同比增长 4.49%，增速较全国工业高 3.73 个百分点。全年机械工业 14 个分行业中，12 个分行业营业收入实现同比增长，其中工程机械和机器人与智能制造行业增速超过 20%，农业机械、内燃机和电工电器行业增速在 7% 左右，仅文办设备和其他民用机械行业营业收入同比下降。全年实现利润总额 1.46 万亿元，同比增长 10.4%，增速较全国工业高 6.29 个百分点。机械工业 14 个分行业中，11 个分行业利润总额实现同比增长，其中工程机械和机器人与智能制造行业利润增速超过 30%，农业机械、机床工具、重型矿山行业利润增速在 20% 左右，仅内燃机、文办设备和食品包装机械行业利润同比下降。

（4）固定资产投资降幅连续收窄。 2020 年机械工业固定资产投资持续下降，三季度后降幅虽出现明显收窄，但截至年底机械工业涉及的 5 个国民经济行业大类固定资产投资金额均同比下降。其中专用设备制造业下降 2.3%、通用设备制造业下降 6.6%、仪器仪表制造业下降 7.1%、电气机械和器材制造业下降 7.6%、汽车制造业下降 12.4%，仍为两位数下降。机械工业主要大类行业固定资产投资增速如图 2-20 所示。

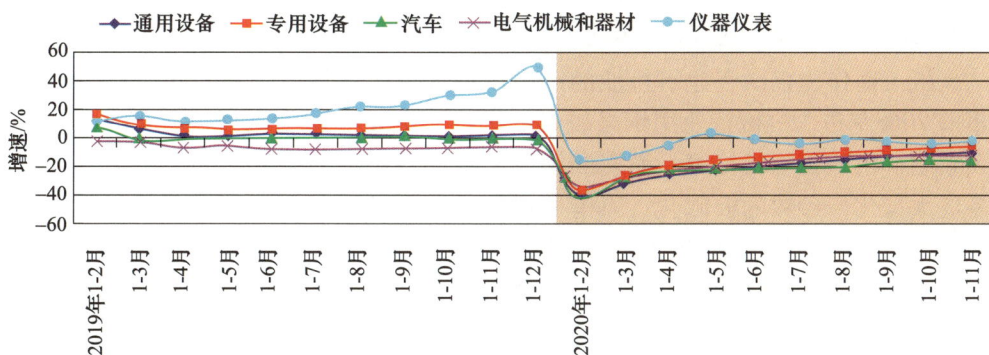

图 2-20　机械工业主要大类行业固定资产投资增速

（数据来源：机械工业联合会）

（5）机械产品进出口实现微增。 2020 年机械工业累计实现进出口总额 7847 亿美元，同比增长 1.54%。其中进口 3177 亿美元，同比增长 0.88%，14 个分行业中农业机械、仪器仪表、文化办公设备、电工电器、机械基础件、食品包装机械和其他民用机械 7 个分行业进口金额同比增长；出口 4670 亿美元，同比增长 1.99%，14 个分行业中农业机械、仪器仪表、石化通用、电工电器、食品包装机械、汽车和其他民用机械 7 个行业出口金额同比增长。全年机械工业累计实现贸易顺差 1494 亿美元，较上年增加 61 亿美元。机械工业累计进口、出口增速如图 2-21 所示。

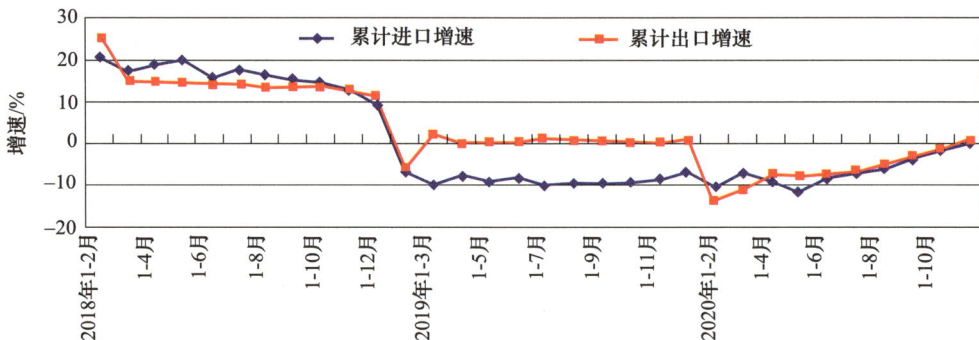

图 2-21　机械工业累计进口、出口增速

（数据来源：机械工业联合会）

（6）需求回暖，产品库存明显上升。市场需求尚未全面恢复。全国固定资产投资增速已由负转正，但其中与机械产品密切相关的设备工器具购置投资下降依然显著，全年降幅仍有 7.1%。规模以上企业产成品库存同比增长 10%，重点联系企业产成品库存增速已超过 15%。其中规模以上企业内燃机、机器人与智能制造行业产成品库存增幅超过 30%，食品与包装机械行业超过 20%，仪器仪表、重型矿山、电工电器和汽车行业产成品库存增幅超过 10%。这将对 2021 年行业的生产产生一定影响，增加行业产销运行的不确定性。

2. 2020 年机械行业用钢情况

机械工业作为仅次于建筑行业的第二用钢大户，其钢材消费量占全部钢材消费总量的 20% 左右，机械行业用钢量较大的子行业主要有电工电器、石化、机械基础件、重型矿山、工程机械等。消费的钢材几乎涉及所有品种和规格，随着重大技术装备的大型化，参数的极限化，具有耐高温、高压及抗辐射、腐蚀等特殊性能的钢材需求增加。2020 年随着我国疫情防控形势持续向好，复工复产迅速，制造业率先恢复，机械工业经济运行将呈现前低后高、逐步回升的走势，据测算，全年机械行业钢材需求量约 1.9 亿吨，同比增长 5%。

（三）汽车行业

2020 年，受新冠肺炎疫情影响，我国汽车行业运行呈现先抑后扬、稳中有进的态势，一季度市场基本停滞，二季度逐步复苏，三季度逆势爬坡，四季度全面恢复。2020 年全年我国汽车制造业增加值将保持增长，汽车产销量超 2500 万辆，同比降幅收窄至 2%。受基础设施建设和老旧车淘汰政策拉动，商用车表现突出，单月产销量屡创新高，全年产销量首度超度 500 万辆。整体来看，尽管汽车产量小幅下降，但由于商用车产量增长明显，因此，2020 年汽车行业钢材需求量同比增加。

1. 汽车行业运行情况

（1）汽车产量累计降幅逐步收窄，单月产量呈波动上扬态势。2020 年，汽车制造业增加值同比增长 6.6%，增幅高于制造业平均增幅 3.2 个百分点，高于工业平均增幅 3.8 个百分点。2020 年我国汽车产量为 2522.5 万辆，同比下降 2.0%，降幅较上年同期收窄 5.5 个百分点，累计降幅呈逐月收窄趋势，近年来汽车产量及增长情况见图 2-22。

图 2-22　2015-2020 年汽车产量及增长情况

（数据来源：中国汽车工业协会）

从汽车单月产量数据情况可见，2020 年以来我国汽车产量呈波动上扬态势。2月汽车产量仅完成 28.5 万辆，同比降幅达 79.8%，4 月开始产量结束 21 连降，呈波动上扬态势。12 月汽车产量为 284.0 万辆，环比下降 0.3%，同比增长 5.7%。汽车月度产量及增速情况如图 2-23 所示。

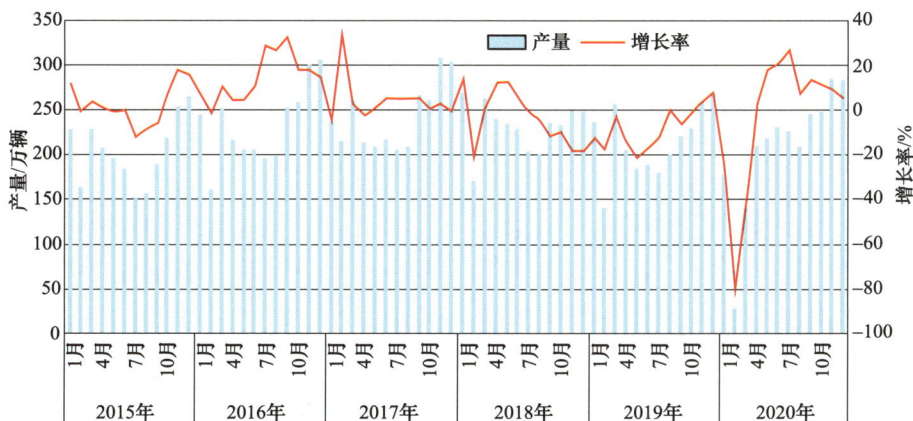

图 2-23　汽车月度产量及增速情况

（数据来源：中国汽车工业协会）

（2）乘用车产量降幅收窄，货车拉动商用车产量大幅增长。从汽车产量结构方面来看，2020 年，乘用车产量为 1999.4 万辆，同比下降 6.5%，降幅较上年收窄

2.7 个百分点；12 月当月，乘用车产量为 233.1 万辆，环比持平，同比增长 6.5%。2020 年二季度以来，国家和地方政府积极出台促进汽车消费的系列政策，包括增加小客车指标、购买新能源汽车补贴、汽车以旧换新补贴、新能源汽车下乡活动等，叠加各地相继推出多种形式的促销活动，乘用车消费需求得到了一定释放，带动乘用车市场回暖。从细分车型来看，1-12 月，SUV 和交叉型乘用车好于总体水平，SUV 同比增长 0.1%，交叉型乘用车降幅收窄至 1.7%；MPV 和轿车产量降幅较大，同比分别下降 26.8% 和 10.0%。

2020 年，商用车产量为 523.1 万辆，同比大幅增长 20.0%，产量创历史新高；12 月当月，商用车产量为 50.9 万辆，环比下降 1.8%，同比增长 2.3%。在基础设施建设投资，老旧车淘汰及"限超"等政策措施带动下，商用车产量连续大幅增长。分车型情况看，1-12 月，货车产量同比大幅增长 22.9%，客车产量同比下降 4.2%。

（3）汽车销量降幅逐渐收窄，库存有所增加。2020 年，汽车销量完成 2531.1 万辆，同比下降 1.9%，降幅较上年同期收窄 6.3 个百分点。从月度销量数据看，2020 年以来受新冠肺炎疫情影响 2 月份汽车销量降至近年来最低点后连续回升，12 月当月汽车销量为 283.1 万辆，同比增长 6.4%。

2020 年以来，汽车库存水平在 2 月份达到历史高点后逐渐下降至正常水平，12 月汽车经销商综合库存系数为 1.80，同比大幅上升 35.3%，环比上升 4.7%，库存水平位于警戒线以上。部分地区疫情反复，在政策红利回收、节前热销延后的影响下，部分厂商为提前完成年终任务，经销商被动补充库存，库存压力增大。汽车经销商综合库存系数如图 2-24 所示。

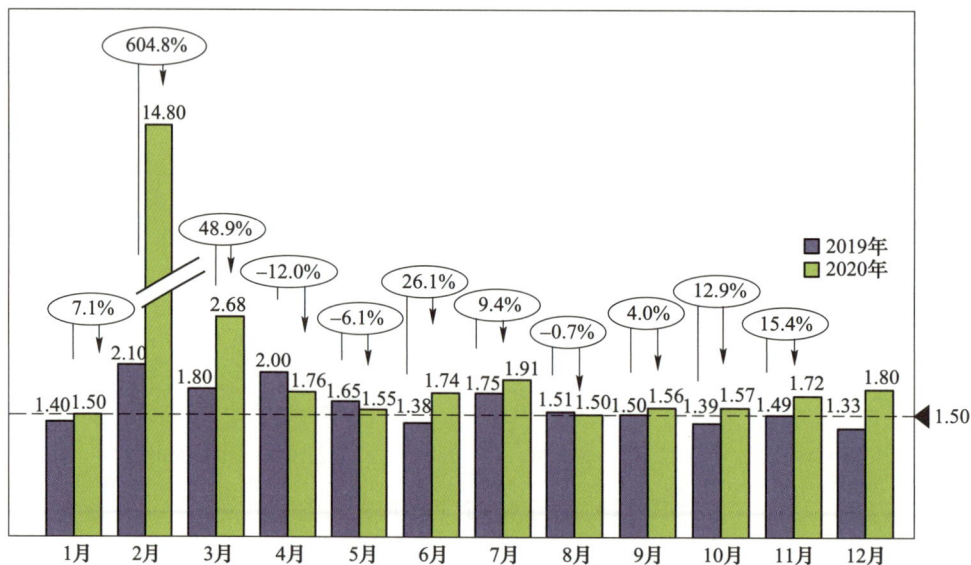

图 2-24　汽车经销商综合库存系数

（数据来源：中国汽车流通协会）

12 月末，汽车企业库存量为 101.9 万辆，较月初增加 0.1 万辆，其中乘用车 62.9 万辆，减少 4.7 万辆；商用车 38.9 万辆，增加 4.8 万辆。

（4）乘用车累计销量降幅收窄，商用车大幅增长。2020 年，汽车分车型销量与产量形势一致，乘用车累计销量下降，降幅有所收窄，商用车实现较大幅度增长。1-12 月，乘用车销量为 2017.8 万辆，同比下降 6.0%，降幅较上年同期收窄 3.6 个百分点；商用车销量为 513.3 万辆，同比增长 18.7%，较上年实现由负转正。12 月当月，乘用车销量为 237.5 万辆，环比增长 3.3%，同比增长 7.2%，四类车型中轿车和 SUV 销量同比增长，MPV 和交叉型同比下降；商用车销量为 45.6 万辆，环比下降 3.6%，同比增长 2.4%，细分车型销量来看，客车微降，货车继续保持增长，重型、轻型货车增长贡献明显。2020 年 12 月货车分车型销量如图 2-25 所示。

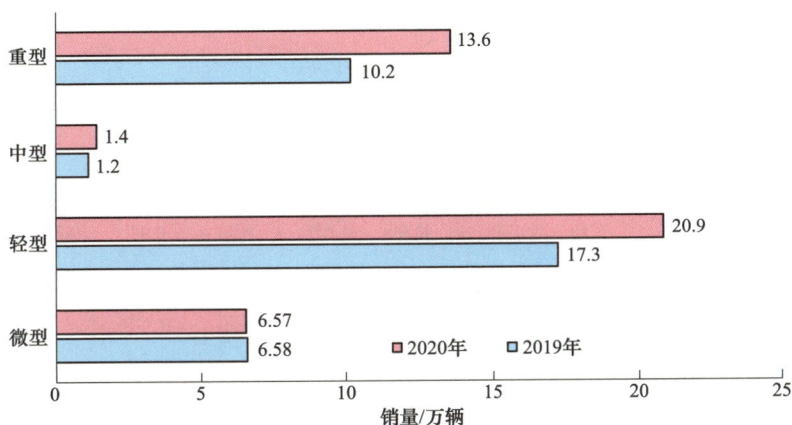

图 2-25　2020 年 12 月货车分车型销量

（数据来源：中国汽车工业协会）

（5）汽车出口同比下降，降幅有所收窄。2020 年，汽车企业出口汽车 99.5 万辆，同比下降 2.9%。分车型看，乘用车出口 76.0 万辆，同比增长 4.8%；商用车出口 23.5 万辆，同比下降 21.4%。12 月，汽车企业出口汽车 14.5 万辆，环比增长 9.5%，同比增长 2.5%，连续四个月创月度出口量新高。近年来汽车月度出口情况如图 2-26 所示。

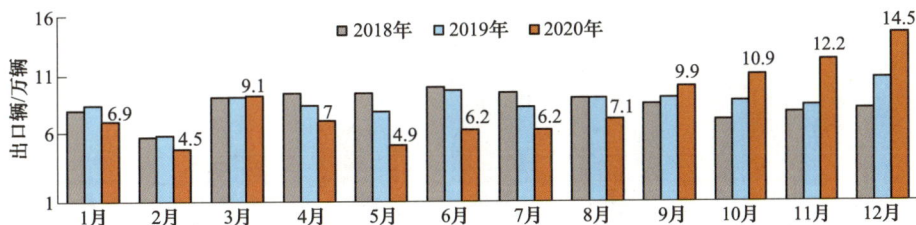

图 2-26　近年来汽车月度出口情况

（数据来源：中国汽车工业协会）

（6）市场集中度小幅下降。2020 年，汽车销量排名前十位的企业集团销量合计为 2264.4 万辆，占汽车销售总量的 89.5%，低于上年同期 0.4 个百分点，销量同比下降 2.3%，降幅高于行业平均降幅 0.4 个百分点。2020 年 1-12 月我国汽车行业市场集中度情况见表 2-4，汽车销量前十名企业销售情况如图 2-27 所示。

表 2-4　2020 年 1-12 月我国汽车行业市场集中度情况

项目	销售量		集中度	
	万辆	同比/%	%	同比/%
前十家	2264.4	-2.3	89.5	-0.4
前五家	1674.5	-1.9	66.2	0.0
前三家	1269.8	-4.1	50.2	-1.2

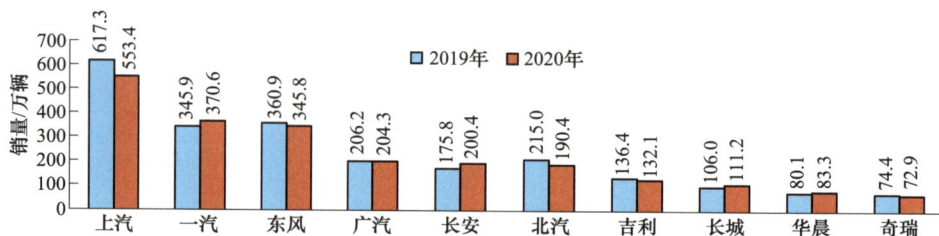

图 2-27　汽车销量前十名企业销售情况

（数据来源：中国汽车工业协会）

（7）中国品牌乘用车市场份额下降。当前，汽车市场处于结构调整期，合资品牌产品不断下探，挤压中国品牌市场份额，中国品牌发展空间受到一定影响。此外新冠肺炎疫情加剧了主要由中国品牌组成的中低端汽车市场压力，中低端市场的潜在消费人群对经济波动更为敏感，消费需求受到抑制，使中国品牌销量下滑幅度高于整个行业水平。2020 年，中国品牌乘用车销售 774.9 万辆，同比下降 8.1%，市场份额为 38.4，同比下降 0.8 个百分点。各系乘用车市场份额情况见图 2-28。

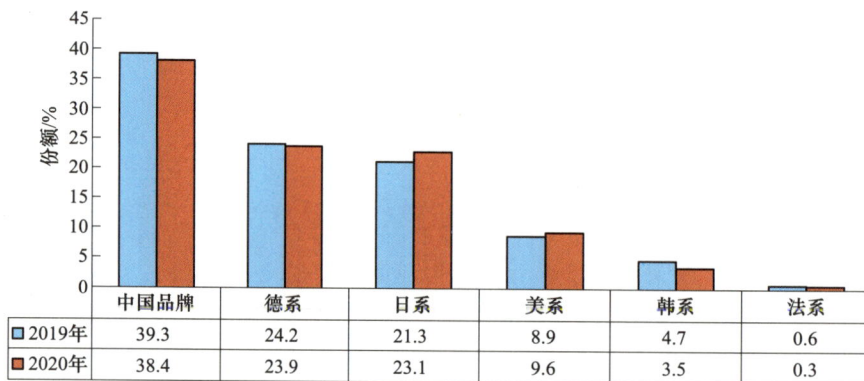

	中国品牌	德系	日系	美系	韩系	法系
2019年	39.3	24.2	21.3	8.9	4.7	0.6
2020年	38.4	23.9	23.1	9.6	3.5	0.3

图 2-28　各系别乘用车市场份额对比

（数据来源：中国汽车工业协会）

（8）新能源汽车产销恢复增长。2020 年二季度以来，地方政府对新能源汽车采取消费补贴、增加指标等促消费政策，车企也进行有力的促销活动，新能源汽车市场规模实现稳中有升，产销恢复增长。2020 年，新能源汽车生产完成 136.6 万辆，同比增长 7.5%；销售完成 136.7 万辆，同比增长 10.9%，实现由负转正。其中纯电动汽车生产完成 110.5 万辆，同比增长 5.4%，销售完成 111.5 万辆，同比增长 11.6%；插电式混合动力汽车产销分别完成 26.0 万辆和 25.1 万辆，同比分别增长 18.5% 和 8.4%；燃料电池汽车产销均完成 0.1 万辆，同比分别下降 57.5% 和 56.8%。

12 月当月，新能源汽车产销分别完成 23.5 万辆和 24.8 万辆，同比分别大幅增长 55.7% 和 49.5%，单月产销多次刷新当月历史纪录。其中纯电动汽车产销分别完成 20.3 万辆和 21.1 万辆，同比分别增长 55.2% 和 47.5%；插电式混合动力汽车产销分别完成 3.2 万辆和 3.7 万辆，同比分别增长 69.2% 和 71.6%；燃料电池汽车产销分别完成 264 辆和 229 辆，同比分别下降 81.3% 和 83.7%。新能源汽车产销呈现恢复性增长态势，月度销量情况见图 2-29。

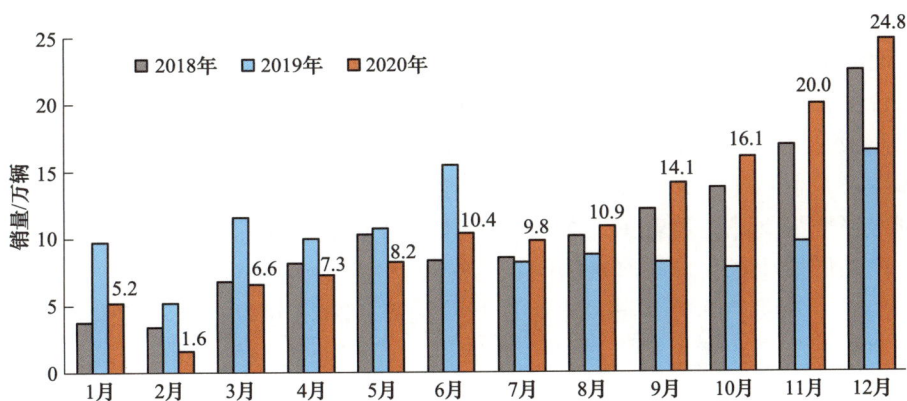

图 2-29　我国新能源汽车月度销售量情况
（数据来源：中国汽车工业协会）

（9）国家及地方出台系列政策促进汽车消费。为应对疫情冲击，促进汽车行业稳定运行，2020 年 2 月起，国家及地方陆续推出系列促消费政策，包括资金补贴，放宽限购、增加配额，鼓励"汽车下乡"，畅通废旧汽车回收渠道等，促消费政策对汽车市场复苏起到一定推动作用。4 月 28 日，国家发改委、科技部、工业和信息化部、生态环境部等 11 个部委联合发布了《关于稳定和扩大汽车消费若干措施的通知》，提出调整国六排放标准实施有关要求，完善新能源汽车购置相关财税支持政策，加快淘汰报废老旧柴油货车，畅通二手车流通交易，用好汽车消费金融。11 月 18 日国务院常务会提出鼓励各地调整优化限购措施，增加号牌指标投放；开展新一轮汽车下乡和以旧换新，鼓励有条件的地区对农村居民购买 3.5 吨及以下货车、1.6 升及以下排量乘用车，对居民淘汰国三及以下排放标准汽车并购买新车，给予补贴；

加强停车场、充电桩等设施建设。

2. 2020 年汽车行业用钢情况

汽车行业是我国重点用钢行业之一，我国每年用于汽车行业的钢材占钢材总消费的 8%左右。薄板、中板、带钢、型钢、优质棒材、钢管、特殊合金钢等品种均被应用于汽车制造，汽车用钢中板材约占汽车用钢材总量的 70%左右。

汽车用钢发展方向是轻量化、高强化及多元化。我国环保要求不断提高，未来将继续大力发展新能源汽车，其市场比重将不断提高，汽车的低能耗、高续航能力在一定程度上对应着轻量化，从而要求汽车用钢向高强化发展。发达国家轿车主流车型高强钢的使用比例基本在 60%以上。重点发展高强、超高强汽车用钢是必然的趋势。汽车零部件用钢方面，高品质齿轮钢、弹簧钢、非调质钢、紧固件用钢、轴承钢、气阀钢是汽车零部件用钢中的关键部分，随着汽车工艺发展，对其高韧性、抗裂性、高强度、易切削、高精度、环境友好等方面提出新要求。汽车零部件用高品质特钢朝着轻量化、高性能、长寿命、运行平稳、低噪声、多品种等方向发展。随着汽车和钢铁行业的转型升级，钢铁生产企业应从产业链现代化、智能化、便捷化的角度，不断探索上下游产业在技术领域的关联性和互补性，从单纯的提供汽车用钢材变成为汽车企业提供全面的材料解决方案，用先进的市场理念、经营理念、服务理念，与汽车生产企业深入合作、嵌入式服务，不断提升产品附加值与产品生存能力。

汽车板系列产品与我国其他钢铁产品相比集中度较高，但与上游原料行业和下游汽车生产企业相比，集中度仍然较低，导致汽车市场出现波动时，汽车板生产企业盈利水平明显下降。随着钢厂装备水平和产品质量的提升，汽车板生产企业逐年增多，产品同质化竞争日趋严峻的问题值得板材生产企业重视。

2020 年，根据汽车及零部件产量和结构测算，2020 年以来汽车工业中钢材单耗较高的商用车生产比重上升，预计全年我国汽车行业用钢约 5400 万吨，同比增长约 3%。

（四）家电行业

2020 年，家电行业年初受疫情影响较为严重，主要家电产品产销量、出口量、行业经济效益等指标均出现较大幅度下降。二季度以来，随着我国疫情得到有效控制，加速复工复产，经济活动逐步恢复正常，家电行业消费出现一定回升，出口市场形势较好，主要白电产品中，除空调外累计产量均实现正增长。

1. 2020 年我国家电行业运行情况

（1）三大白电产量两升一降。2020 年，三大白电产量两升一降，其中家用电冰箱产量 9015 万台，同比增长 8.4%，增幅较上年同期扩大 0.3 个百分点；房间空气调节器产量 21065 万台，同比下降 8.3%，较上年由增转降；家用洗衣机产量 8042 万台，同比增长 3.9%，增幅较上年同期收窄 5.9 个百分点。近年来三大白电产品产量情况见图 2-30~图 2-32。

图 2-30　2015-2020 年冰箱产量及增速情况
（数据来源：国家统计局）

图 2-31　2015-2020 年空调产量及增速情况
（数据来源：国家统计局）

12 月当月，三大白电产品产量两增一降。其中，家用电冰箱产量 796.4 万台，同比增长 8.1%；房间空气调节器产量 2152.5 万台，同比下降 2.9%；家用洗衣机产量 806.4 万台，同比增长 5.1%。三大白电月度产量情况见图 2-33。

（2）三大白电产品出口量额齐增。中国是全球规模最大、品种最全的家电生产与出口大国。家电产品年产量约 40 亿台，冰箱、洗衣机产量全球占比超 50%；空调器、微波炉产量占全球约 75%；小家电产量占比超 80%。中国家电产品出口额占全球出口市场比重超过 37%，大家电出口额占全球出口市场比重 31%；小家电出口额占全球出口市场比重 45%。

图 2-32　2015-2020 年洗衣机产量及增速情况

（数据来源：国家统计局）

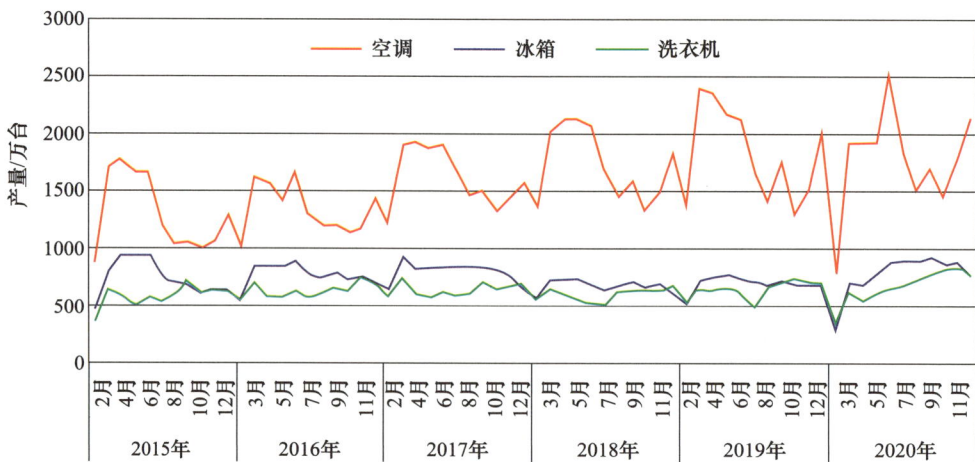

图 2-33　三大家电产品月度产量

（数据来源：国家统计局）

2020 年，三大白电产品出口量、额均保持增长。其中，冰箱出口量额分别大幅增长 23.1% 和 21.7%，增速持续加快，海外疫情蔓延，多数国家居民外出减少，更依赖于冰箱产品储存物资；空调产品海外需求仍然旺盛，出口仍保持增长，出口量累计增长 12.8%，出口额增长 4.4%；洗衣机出口量额分别增长 1.5% 和 4.9%，日本仍为我国洗衣机出口量排名第一的国家，对美国出口增速较快，出口量增长 48.1%。

（3）家电行业产品升级趋势明显。 家电行业主要产品升级趋势见表 2-5。

表 2-5　家电行业主要产品升级趋势

品种	发展趋势
电冰箱	高能效、大容量、高品质、高颜值； 300 升以上超过 55%，大容量出口比重上升； 高档冰箱面板、高档冷柜内胆采用不锈钢
洗衣机	全自动、大容量，新品类：洗衣/干衣一体机、复式机； 全自动：内销比重超过 95%，出口比重超过 65%； 大容量：≥8 公斤内销 85%，≥10 公斤内销 35%，出口 15%； 滚筒机：内销比重 52%，出口比重 38%； 洗烘一体机、复式机受市场欢迎容量、全自动出口比重上升
空调器	艺术柜机、高品质、高品味、高颜值； 舒适性、空气质量、自清洁； 变频机成为主流； 智能化性能普及
厨房电器	新品类微/蒸/烤一体机、洗碗机、集成灶增长； 厨电行业跨入千亿级大市场行列； 洗碗机、微/蒸/烤一体机、成套/嵌入式成为趋势； 烟机中近吸式与欧式占 9 成； 集成灶异军突起； 厨房电器多数产品应用不锈钢
小家电	市场活跃，创新技术与时尚设计丰富市场； 厨房小家电重视材料的安全性能，知名品牌大量应用不锈钢

家电行业产品与消费同步升级，获得一定增长动能。根据消费需求向市场推出精准控温、干湿分储大容量/多门冰箱，免清洗/滚筒波轮复合式洗衣机，融茶几冷柜功能的冰吧、三合一水槽洗碗机、舒适性与艺术化的变频空调等多种创新产品。新冠肺炎疫情以来，附加净化、杀菌功能的家电产品及新型厨卫家电比较受市场欢迎。

2. 2020 年家电行业用钢情况

厨房电器新品类上升，冰箱、洗衣机品质升级，不锈钢需求增加。高端吸油烟机和高端燃气灶多用不锈钢制造，厨房小家电品种与产量快速增长，对食品级不锈钢的需求量和质量要求均有提升。高端品牌的冰箱等面板采用不锈钢的趋势明显，全自动洗衣机内筒普遍采用不锈钢，带来不锈钢板需求比重上升。

能效升级，高牌号电工钢需求增加。节能补贴政策的实施和国家能耗新标准的出台，家电行业对高性能、高牌号电工钢的需求上升，要求电工钢具有更好的电磁性能和机械性能。

家电产品的高档化、轻量化发展趋势，对钢材性能质量提出了新需求。电冰箱侧板、门板及大家电箱体对钢材的机械性能、强度、加工性能、表面质量、平整度等提出更高要求；洗衣机内筒、热水器内胆对不锈钢的成形性能、焊接性能、耐高温耐蚀性能提出了更高要求。

家电行业钢材需求量主要决定于家电产品的生产规模，尤其是单位用钢量较大的大家电产品。2020 年，根据主要家电产品及零部件产量测算，我国家电行业用钢约 1370 万吨，同比增长约 1%。

（五）船舶行业

2020 年，受新冠肺炎疫情影响，全球新造船市场持续低迷，市场短期需求受抑制明显，全球新承接船舶订单量下降至在 6000 万载重吨左右。国内疫情得到有效控制后，我国船舶工业企业积极推进复工复产，克服疫情的不利影响。我国船舶行业经济运行总体保持平稳，三大造船指标降幅收窄，重点船舶企业主要经济指标有所恢复，国际市场份额保持领先。

1. 2020 年船舶行业运行情况

（1）全球三大造船指标均下降，中国市场份额居世界首位。2020 年，世界造船三大指标均下降，其中造船完工 8831 万载重吨，同比下降 10.8%，全球新承接订单 5523 万载重吨，同比下降 14.2%，手持订单 15994 万载重吨，同比下降 14.2%。

中国市场份额居世界首位。2020 年，我国造船完工量、新接订单量、手持订单量分别占世界市场份额的 42.3%、45.0% 和 45.1%，详见表 2-6。

表 2-6　2020 年 1-12 月世界主要造船国家三大指标

指　标		世界	中国	韩国	日本
造船完工量	万载重吨	8831	3740	2440	2258
	占比重/%	100	42.3	27.6	25.6
新承接订单量	万载重吨	5523	2483	2454	416
	占比重/%	100	45.0	44.4	7.5
手持订单量	万载重吨	15994	7214	5393	2744
	占比重/%	100	45.1	33.7	17.2

数据来源：克拉克松研究公司。

（2）我国造船三大指标两降一升，出口船舶占比约九成。据中国船舶协会统计，2020 年，全国造船完工 3853 万载重吨，同比增长 4.9%；承接新船订单 2893 万载重吨，同比下降 0.5%；12 月底，手持船舶订单 7111 万载重吨，同比下降 12.9%。出口船舶占总量的 91.7%。近年来造船主要指标情况如图 2-34～图 2-36 所示。

（3）新承接船舶订单结构优化。全球三大主流船型市场需求大幅下降，但部分细分市场仍保持相对活跃，我国骨干船舶企业积极开拓市场，承接较多高技术、高附加值船舶，新承接订单结构持续优化，按载重吨计算，2020 年我国新接船舶订单

图 2-34　2015-2020 年造船完工量情况

（数据来源：中国船舶工业行业协会）

图 2-35　2015-2020 年新承接订单情况

（数据来源：中国船舶工业行业协会）

同比下降 0.5%，但按修正总吨计算，同比实现正增长。接单比例中散货船占比下降，油船、集装箱船和其他船型均有所提高。

2020 年以来 LNG 船订单激增，我国沪东中华造船厂获得部分订单。随着天然气

图 2-36　2015-2020 年手持订单情况
（数据来源：中国船舶工业行业协会）

成为全球能源需求热点和未来能源转型的关键过渡产品，以卡塔尔、澳大利亚、俄罗斯、美国四国为主的全球 LNG 出口竞争将更加激烈。未来 5-10 年，全球 LNG 出口总量翻倍可期，海运仍将是 LNG 出口的主要方式，未来 LNG 船舶新造市场仍有千亿以上规模待开发，将为低迷的船舶市场带来一定利好。

（4）船舶行业集中度进一步提高。2020 年，我国船舶行业前 10 家企业造船完工量占全国总量的 70.6%；新接订单向优势企业集中趋势明显，前 10 家企业新接订单量占全国总量的 74.2%；手持订单占全国的 68%。三大指标集中度均较上年有所提高。

2. 2020 年船舶行业用钢情况

新兴海洋产业带来用钢新需求。除传统的船舶及海洋工程用钢需求外，以海洋牧场为主体的深远海养殖装备快速发展，以绿色环保升级换代为主的内河船舶改造快速发展，以陆地和海上风电为主体的新能源产业快速发展，这些新兴市场的爆发式增长，给船舶及海工产业带来了新的视野和新的用钢需求。据相关机构分析，全球海上风力发电装机容量从 2018 年到 2040 年将增长 15 倍。中国将在 2025 年前后拥有世界上最大的近海风力发电机组。2018 年装机容量为 4 吉瓦，2030 年后平均每年超过 6 吉瓦，年平均增长 17%。海上风电的主体结构为风电塔筒，重量从 100 吨到 400 吨不等。按照每兆瓦风塔重量 15-20 吨，预计用钢需求在 9-12 万吨/年。

大型化趋势明显，用钢需求向骨干船厂集中。对船舶的设计、建造提出了更高的要求，也对船用钢材的使用提出了更大的挑战。由于大型船舶用钢材折算系数小于中小型船舶，因此船舶大型化发展使得钢材单耗量明显下降。同时，新承接订单中高附加值船型比重提升，部分骨干企业具有高附加值船型生产能力，因而船舶行业集中度进一步提升，用钢需求也逐步向骨干船舶企业高度集中。

大力发展智能制造，对钢材供应提出新要求。我国一批骨干船舶企业已经或正在建立自动化生产线、流水线，有的已经逐步过渡到智能化生产线、智能车间。智能化生产线对造船用钢材料有更为严格的要求，包括钢材表面质量光洁度、钢板的尺寸规格、钢材的配送方式等。

2020 年，根据我国造船、修船和其他海洋工程情况，预计我国船舶行业用钢约1380 万吨，同比下降约 4%。

（六）集装箱行业

2020 年，由于受新冠肺炎疫情影响全球贸易下滑，2020 年前 7 个月我国集装箱产量大幅下降，随着海外贸易逐渐恢复及全球集装箱周转不畅，8 月份以来当月集装箱产量同比呈现大幅增长局面，全年我国集装箱产量实现增长。

1. 2020 年我国集装箱行业运行情况

（1）集装箱产量由降转增，逐月回升。我国是世界集装箱第一制造大国，占世界比重长期保持在 95% 左右，所产集装箱约 90% 用于出口，行业景气程度主要决定于全球贸易情况。受疫情影响，全球贸易市场低迷，我国集装箱产量随之大幅下降，随着经济回暖，集装箱需求上升，外加疫情导致的流转不畅，三季度后集装箱月度产量大幅增长。

2020 年，我国金属集装箱产量 9863.6 万立方米，同比增长 12.3%。12 月当月，金属集装箱产量 1603.0 万立方米，同比大幅增长 116.4%，集装箱月度产量连续五个月实现大幅增长。我国集装箱产量及增速如图 2-37 和图 2-38 所示。

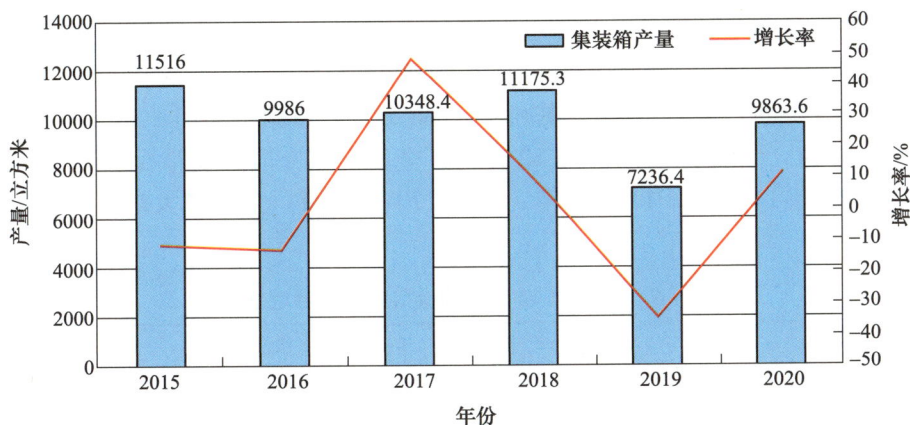

图 2-37　2015-2020 年我国集装箱产量及增速
（数据来源：国家统计局）

（2）集装箱出口量下降。中国集装箱出口国家及地区约 100 余个，排名前 20 位的国家是最重要的市场。2020 年中国集装箱出口排名前 20 位的国家及地区占出口总

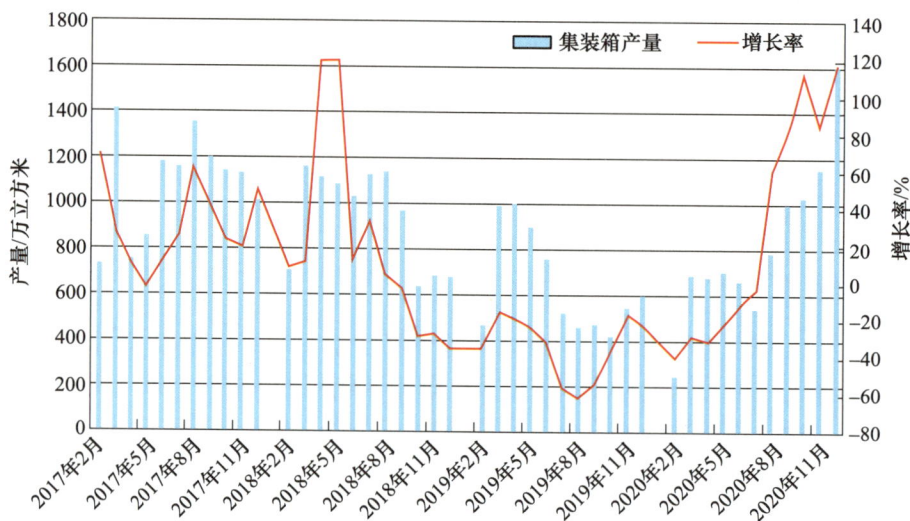

图 2-38　2017-2020 年我国集装箱月度产量及增速
（数据来源：国家统计局）

量约 90%，其中前三名为日本、中国香港和美国，这三个地区的出口量占总量的 65%。近年来国内贸易形势较好，多式联运实现较快发展，集装箱内销占比逐年提升，2020 年占比超 10%。

2020 年，全国出口集装箱 198 万个，同比下降 17.9%；12 月当月出口集装箱 30 万个，同比大幅增长 81.0%。

（3）集装箱吞吐量同比小幅增长。 2020 年，受全球新冠肺炎疫情的冲击，全国港口集装箱吞吐量同比增幅收窄，趋势回暖向好，1-12 月共完成集装箱吞吐量 26430 万标箱，同比增长 1.2%。其中，沿海 23429 万标箱，同比增长 1.5%；内河 3001 万标箱，同比下降 0.5%。12 月份，全国港口完成集装箱吞吐量 2290 万标箱，其中沿海港口完成 2011 万标箱，内核 279 万标箱。全国各大港口集装箱吞吐情况见表 2-7。

表 2-7　2020 年 12 月我国港口集装箱吞吐情况

名次	港名	2020 年 1-12 月	2020 年 12 月	累计同比增幅/%
		万 TEU	万 TEU	
全国	总计	26430	2290	1.2
沿海	合计	23429	2011	1.5
1	上海港	4350	364	0.4
2	宁波-舟山港	2872	224	4.3
3	深圳港	2655	257	3.0
4	广州港	2317	206	1.5

续表 2-7

名次	港名	2020 年 1-12 月 万 TEU	2020 年 12 月 万 TEU	累计同比增幅/%
5	青岛港	2201	200	4.7
6	天津港	1835	125	6.1
7	厦门港	1141	100	2.5
8	营口港	565	48	3.1
9	大连港	511	23	−41.7
10	北部湾港	505	51	32.2
内河	合计	3001	279	−0.5
1	苏州港	629	51	0.3
2	佛山港	405	38	−8.8
3	南京港	302	18	−8.6

数据来源：中国港口协会。

（4）我国集装箱产业高度集中。全球前 10 大集装箱港口中，中国集装箱港口占据 7 席，集装箱生产制造企业已经形成围绕大型集装箱港口布局的整体格局。中国集装箱生产工厂主要集中在环渤海地区、长三角地区和珠三角地区，其中长三角地区集装箱产能占中国总产能约 45%。市场主要为大集团主导，产业高度集中，中集集团、胜狮集团、新华昌集团、上海寰宇四大集团长期占据市场份额的 90% 左右。2020 年我国四大集装箱企业出口额比重如图 2-39 所示。

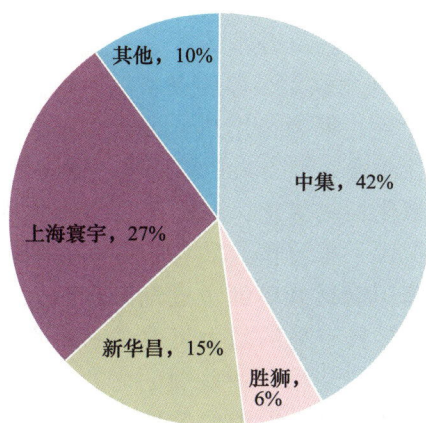

图 2-39　2020 年我国四大集装箱企业出口额比重
（数据来源：中国集装箱协会）

（5）集装箱生产能力覆盖所有品种，供应链体系完备。我国生产集装箱的规格品种世界第一，从干货集装箱到一般货物集装箱，以及特种集装箱、箱式运输车，具备生产能力的规格品种达 900 多个，能满足各种运输需求。我国也是全球唯一能够提供包括干货集装箱、罐式集装箱、冷藏箱集装箱在内三大系列集装箱产品以及其他物流装备的设计、制造、维护等"一站式"服务的国家。中国集装箱行业形成了以造箱企业为中心，集装箱用木地板、集装箱涂料、角件、锁杆等零部件生产企业为配套的完整供应链体系。

（6）多式联运及重要物流通道建设将加速推进。疫情使人们认识到重要物流通道更具战略作用。近些年国家重点培育的物流通道在抗击疫情、保证运输中起到关键作用。交通运输部最早提出的"一断三不断"，在运输和物流全行业受到冲击的情况下，过去几年国家和地方政府重点培育的物流通道起到了战略性支撑作用。中西部地区中欧班列出现逆势增长，西部陆海新通道海铁班列也保持增长，铁路运输起到稳定货运市场的关键作用。疫情冲击下，相比于公路、海运、空运的停运，铁路货运行业和快递行业一直在保证畅通，部分依托铁路运输和集装箱多式联运的物流通道出现了逆势增长。地方政府和物流企业表示，疫情带来一个共识，大力发展铁路集装箱多式联运，大力推动"公转铁""铁水联运"具有战略意义。

多式联运及信息化更迫切。经历了本次疫情，物流企业更加坚信多式联运无纸化、一票到底、一箱成环的必要性和必然性。通过大数据、信息化系统分析，精准营销，集装箱多式联运的信息化服务将得到重点发展。疫情会加速物流和多式联运信息化发展进程，运输和物流服务的过程可视化、资源可视化、质量可追溯、责任可追溯"物流直播"模式会加速。

2. 2020 年集装箱行业用钢情况

集装箱行业产业链上游行业主要是黑色金属冶炼业。为提高集装箱的使用年限，缩减使用成本，钢材必须耐大气以及海水的腐蚀，集装箱行业对所用钢材有着较高的要求，业界普遍采用 SPA-H 耐候钢，厚度规格 1.5-10 毫米钢板。集装箱行业用钢材板材种类分为集装箱用中板、集装箱用热轧薄板、集装箱用冷轧薄板、集装箱用中厚宽钢带、集装箱用热轧薄宽钢带、集装箱用冷轧薄宽钢带等。

集装箱用钢趋向于轻量化、减薄化，在同等规格、技术的要求下，减轻箱体自重，在减轻重量的同时也扩大了集装箱有效容积率。集装箱的发展趋势需要用高强度和更薄规格钢板，标准箱用钢材量单耗也逐渐减少。此外，为了提高集装箱的使用寿命、节约成本，要求钢板具有高的耐大气腐蚀和海水腐蚀性能。我国集装箱用钢在数量上已经完全可以满足集装箱行业发展的需要，但在产品的质量、售后服务等方面，还有一定提升空间。此外，保温集装箱、罐式集装箱、台架式集装箱和动物集装箱等专用集装箱发展迅速，对钢材材质和耐蚀性能提出了更高的要求，双相不锈钢、耐低温低合金结构钢需求量增加。

根据集装箱行业运行情况，2020 年我国集装箱行业用钢约 600 万吨，同比增长约 10%。

（七）铁路行业（铁道）

1. 2020 年我国铁路投资建设情况

（1）铁路投资小幅下降。2020 年，全国铁路固定资产投资完成 7819 亿元，同比减少 2.6%，其中基本建设投资完成 5550 亿元以上，超过上年水平，全年新开工项目 20 个。近年来铁路投资情况见下图。全国铁路固定资产投资由机车车辆投资（装备投资）和基本建设投资组成，机车车辆投资是用作购买和维护机车车辆的费用，基本建设投资用作建设铁路新线。2010-2020 年铁路固定资产投资完成情况如图 2-40。

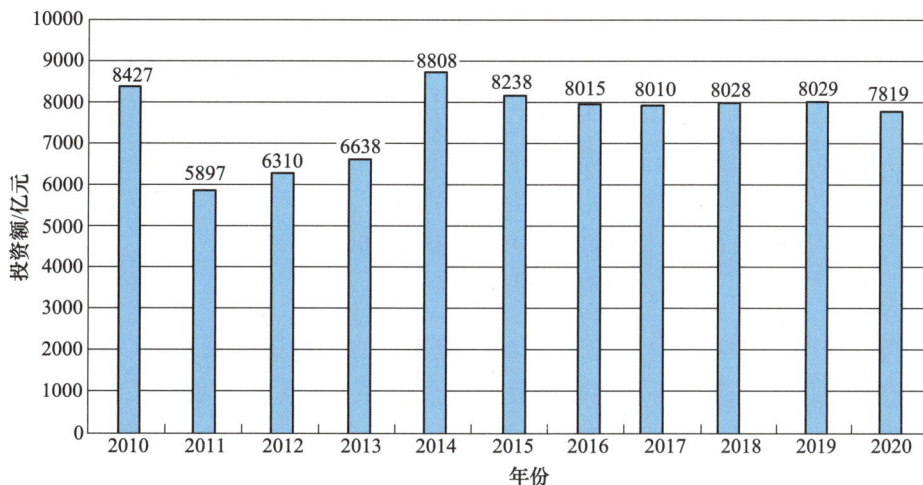

图 2-40　2010-2020 年铁路固定资产投资完成情况

（数据来源：国家铁路总公司）

（2）铁路线路建设快速有序进行。2020 年优先安排川藏铁路、沿江高铁、西宁至成都铁路等重点项目前期工作，保证了前期工作进展和质量；郑州至济南高铁山东段、上海至苏州至湖州铁路、阿克苏至阿拉尔铁路等项目顺利开工建设；拉萨至林芝铁路、北京至沈阳高铁京冀段、太原至焦作高铁、连云港至徐州高铁、赣州至深圳高铁、贵阳至南宁高铁、和田至若羌铁路、大理至瑞丽铁路等在建项目取得重大进展。从铁路网络规模来看，我国近年铁路覆盖范围持续扩大，运营里程数不断攀升，其中高铁增速尤为明显，在全国铁路中占比不断上升。2020 年，京雄城际、银西高铁、郑太高铁、连镇高铁、盐通高铁、沪苏通铁路、格库铁路、大临铁路等多条新线顺利开通运营，开通铁路新线 4933 公里，全国铁路网规模和质量显著提升，"八纵八横"高铁网加密成型，截至 2020 年末，我国铁路运营里程预计将达到 14.6 万公里，其中高铁运营里程 3.8 万公里（图 2-41）。

（3）铁路旅客运输大幅下降，货运实现正增长。2020 年，受疫情影响，全国铁

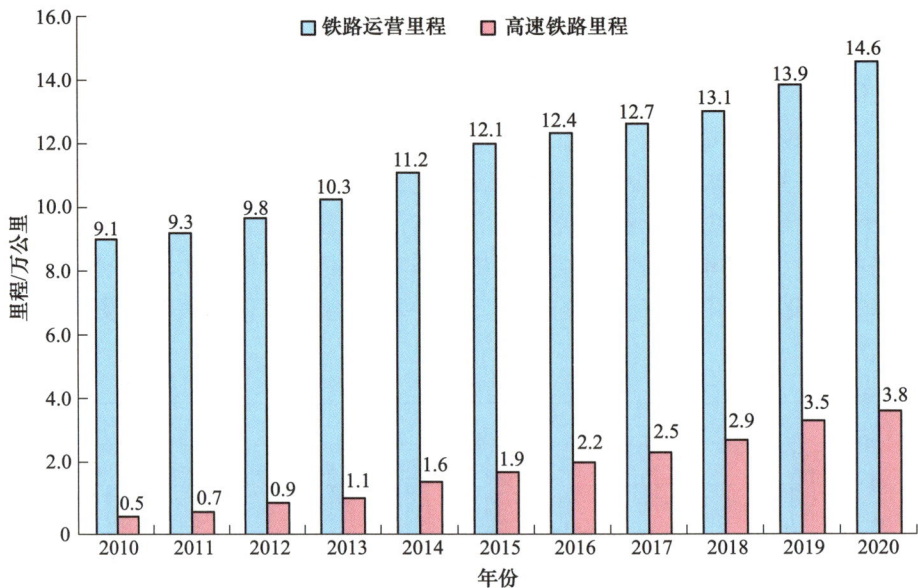

图 2-41　中国铁路运营里程
（数据来源：国家铁路总公司）

路旅客发送量为 220349 万人，同比大幅下降 39.8%；随着国内疫情得到有效控制，复工复产快速推进，经济运行逐步恢复，铁公、铁水联运稳步推进，铁路运输实现货运总发送量 455236 万吨，同比增长 3.2%。2020 年 12 月铁路运营情况见表 2-8。

表 2-8　2020 年 12 月铁路运营情况

指　标	计算单位	本月	比上年同期增长/%	当年累计	比上年同期增长/%
一、铁路运输					
1. 旅客发送量	万人	20768	−21.1	220349	−39.8
2. 旅客周转量	亿人公里	700.83	−24.1	8266.19	−43.8
3. 货运总发送量	万吨	41600	4.0	455236	3.2
4. 货运总周转量	亿吨公里	2832.86	2.5	30514.46	1.0
二、铁路固定资产投资累计完成额	亿元	—	—	7819	−2.6

数据来源：国家铁路总公司。

2. 2020 年铁道用钢情况

2020 年一季度我国铁路建设受到较大影响，二季度以来加快了投资建设步伐，重点项目有力推进，但投资和新建里程数仍同比下降，根据铁路投资和线路建设情况，预计全年我国铁道用材消耗量约 450 万吨，同比下降约 7%。

（八）能源行业（油气输送）

2020 年，石油和化工行业经济运行回升加快。市场供需趋暖，价格总水平降幅收窄，行业增加值增速加快，对外贸易平稳，主要经济指标持续改善，经济运行内生动力加快集聚，但行业效益降幅仍然较大。

1. 2020 年我国能源行业运行情况

2020 年，石油和化工行业规模以上企业工业增加值同比增长 2.2%；营业收入 11.08 万亿元，下降 8.7%；利润总额 5155.5 亿元，降幅 13.5%；进出口总额 6297.7 亿美元，下降 12.8%；全国油气总产量 3.65 亿吨（油当量），增长 5.3%；原油加工量 6.74 亿吨，增长 3.0%；主要化学品总产量增幅约 3.6%。

（1）增加值增速回升加快，营业收入降幅继续收窄。2020 年全行业规模以上企业实现营业收入 11.08 万亿元，同比下降 8.7%，降幅较前三季度收窄 1.8 个百分点，占全国规模工业营业收入的 10.4%。其中，化学工业营业收入 6.57 万亿元，同比下降 3.6%，降幅较前三季度收窄 3.5 个百分点；炼油业营业收入 3.38 万亿元，降幅 15.4%，扩大 0.8 个百分点；石油和天然气开采业营业收入 8665.4 亿元，下降 17.6%，降幅收窄 0.9 个百分点。2019-2020 石油和化学工业增加值增长走势如图 2-42 所示。

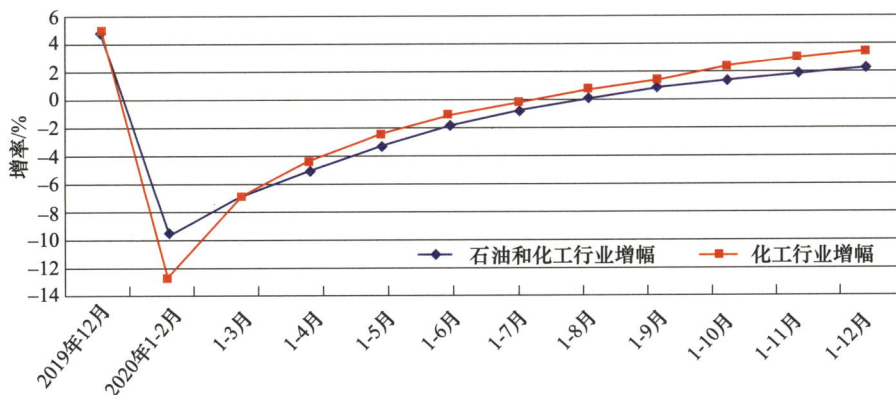

图 2-42　2019-2020 石油和化学工业增加值增长走势

（数据来源：中国石油和化学工业联合会）

（2）能源和主要化学品生产平稳增长。2020 年全国原油天然气总产量 3.65 亿吨（油当量），同比增长 5.3%，增速较前三季度加快 0.5 个百分点；主要化学品总量增长约 3.6%，加快 2.2 个百分点。

（3）能源消费增速有所减缓。总体看，2020 年能源消费较上年有所减缓，但仍属较快增速；主要化学品消费在下半年恢复增长后，逐步加快，接近上年水平。数据显示，2020 年，我国原油天然气表观消费总量 10.29 亿吨（油当量），同比增长

6.1%，增速较上年回落 1.6 个百分点；主要化学品表观消费总量增长约 4.6%，同比微降 0.4 个百分点。2019 年 12 月-2020 年 12 月油气表观消费总当量增长走势如图 2-43 所示。

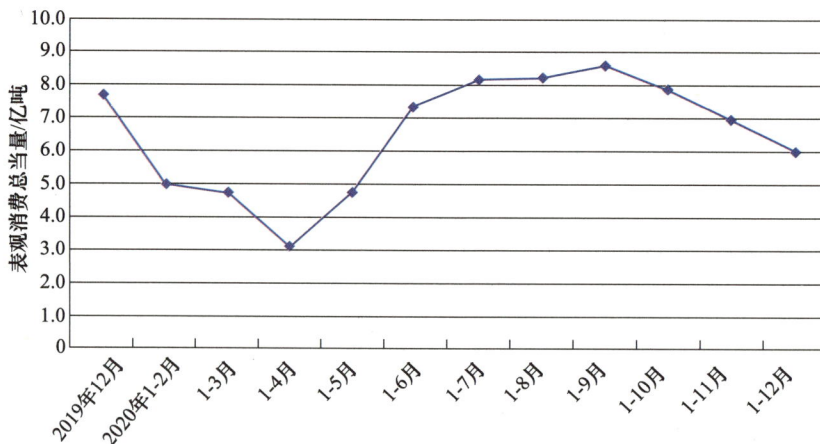

图 2-43　2019 年 12 月-2020 年 12 月油气表观消费总当量增长走势

（数据来源：中国石油和化学工业联合会）

（4）投资降幅总体逐步收窄。2020 年，化学原料和化学制品制造业固定资产投资同比下降 1.2%，降幅较前三季度收窄 7.6 个百分点；石油和天然气开采业投资降幅 29.6%，扩大 7.6 个百分点；石油及其他燃料和煤炭加工业投资增长 9.4%，增速加快 4.0 个百分点。2020 年，全国工业投资增长 0.1%，前三季度下降 3.3%。2019 年 12 月-2020 年 12 月石油和化工行业投资增长走势如图 2-44 所示。

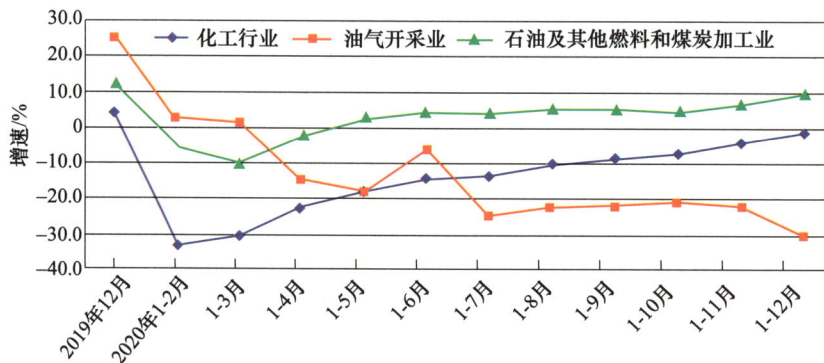

图 2-44　2019 年 12 月-2020 年 12 月石油和化工行业投资增长走势

（数据来源：国家统计局）

（5）进出口贸易降幅较大。2020 年，我国石油和化工行业对外贸易起伏波动强烈，总体降幅较大。海关数据显示，全年行业进出口总额 6297.7 亿美元，同比下降

12.8%，降幅较前三季度扩大 0.8 个百分点，占全国进出口总额的 13.6%。其中，出口总额 2095.0 亿美元，下降 7.7%；进口 4202.7 亿美元，降幅 15.1%。贸易逆差 2107.7 亿美元，同比缩小 21.4%。2019 年 12 月-2020 年 12 月石油和化学工业出口交货值增长走势如图 2-45 所示。

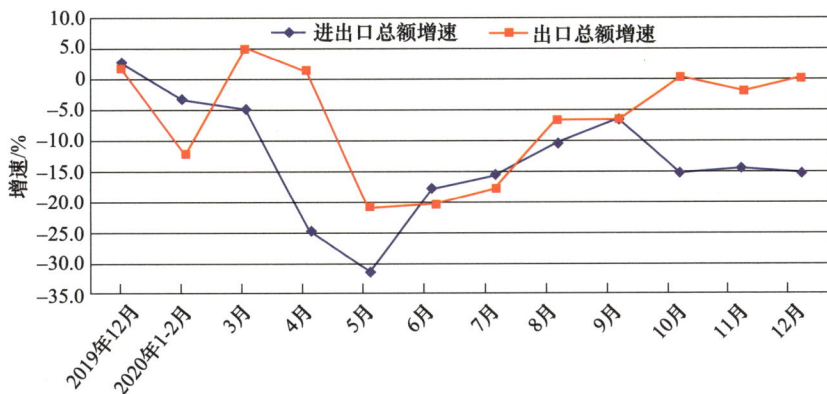

图 2-45　2019 年 12 月-2020 年 12 月石油和化学工业出口交货值增长走势

（数据来源：海关总署）

2020 年，有机化学原料、专用化学品和农药分别出口 467.0 亿美元、204.3 亿美元和 76.2 亿美元，同比分别下降 1.4%、增长 7.9% 和 56.9%，分别占全行业出口总额的 22.3%、9.8% 和 3.6%，较上年分别提高 1.4 个、1.6 个和 1.5 个百分点。

2. 2020 年能源行业（油气输送）用钢情况

2020 年，受疫情影响，我国油气管道建设缓慢，管线用钢消费量约 390 万吨，同比下降 7%。

（九）电力行业（电工钢）

2020 年电力行业主要指标保持增长，全社会用电量同比增长约 3%，发电装机延续绿色发展趋势，风电和太阳能发电量保持较快增长，发电基建新增装机和电源工程投资同比大幅增长。

1. 2020 年我国电力行业运行情况

（1）电源工程投资高速增长，电网工程投资小幅下降。 2020 年，纳入行业投资统计体系的主要电力企业合计完成投资 9944 亿元，同比增长 9.6%。电源工程建设完成投资 5244 亿元，同比增长 29.2%，其中风电、太阳能发电、水电投资分别增长 70.6%、66.4%、19.0%；电网工程建设完成投资 4699 亿元，同比下降 6.2%，主要因电网企业提前一年完成国家新一轮农网改造升级任务，占电网投资比重达 44.3% 的 35 千伏及以下电网投资同比下降 20.2%。

（2）全国基建新增发电生产能力同比增加。 2020 年，全国基建新增发电生产能力 19087 万千瓦，比上年同期多投产 8587 万千瓦。其中，水电 1323 万千瓦、火电 5637 万千瓦、核电 112 万千瓦、风电 7167 万千瓦、太阳能发电 4820 万千瓦。水电、火电、风电和太阳能发电比上年同期多投产 878 万千瓦、1214 万千瓦、4595 万千瓦和 2168 万千瓦，核电比上年同期少投产 297 万千瓦。

（3）全社会用电量增加。 2020 年，全社会用电量 7.51 万亿千瓦时，同比增长 3.1%，"十三五"时期全社会用电量年均增长 5.7%。2020 年，各季度全社会用电量增速分别为 -6.5%、3.9%、5.8%、8.1%，经济运行稳步复苏是用电量增速回升的最主要原因。

分产业看，第一产业用电量 859 亿千瓦时，同比增长 10.2%；第二产业用电量 5.12 万亿千瓦时，同比增长 2.5%；第三产业用电量 1.21 万亿千瓦时，同比增长 1.9%；城乡居民生活用电量 1.09 万亿千瓦时，同比增长 6.9%。2019 年、2020 年全社会月度用电量及其增速如图 2-46 所示。

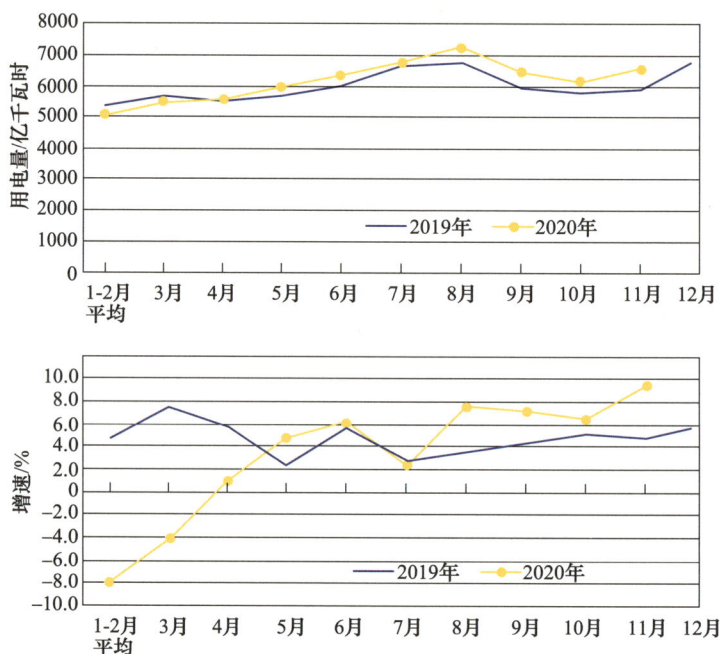

图 2-46　2019 年、2020 年全社会月度用电量及其增速
（数据来源：中国电力企业联合会）

2020 年，制造业用电量增长 2.9%，其中，高技术及装备制造业、四大高载能行业、其他制造业行业、消费品制造业用电量增速分别为 4.0%、3.6%、3.3%、-1.8%。三、四季度，高技术及装备制造业用电量增速分别为 10.8%、11.9%，是当前工业高质量发展中展现出来的一大亮点。2019 年、2020 年分月制造业日均用电量如图 2-47 所示。

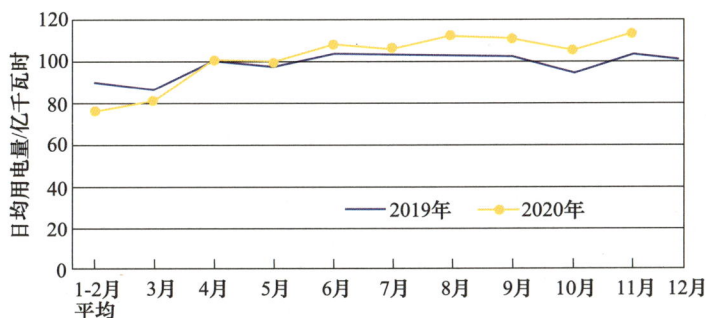

图 2-47　2019 年、2020 年分月制造业日均用电量

（数据来源：中国电力企业联合会）

（4）装机容量保持增长，发电量增加。截至 2020 年底，全国全口径发电装机容量 22.0 亿千瓦，同比增长 9.5%；其中，水电装机容量 3.7 亿千瓦、火电 12.5 亿千瓦、核电 4989 万千瓦、并网风电 2.8 亿千瓦、并网太阳能发电装机 2.5 亿千瓦。全国全口径非化石能源发电装机容量合计 9.8 亿千瓦，占全口径发电装机容量的比重为 44.8%，比上年底提高 2.8 个百分点。全口径煤电装机容量 10.8 亿千瓦，占总装机容量的比重为 49.1%，首次降至 50% 以下。

全国全口径发电量为 7.62 万亿千瓦时，同比增长 4.0%。其中，水电发电量为 1.36 万亿千瓦时，同比增长 4.1%；火电发电量为 5.17 万亿千瓦时，同比增长 2.5%；核电发电量 3662 亿千瓦时，同比增长 5.0%。并网风电和并网太阳能发电量分别为 4665 亿千瓦时、2611 亿千瓦时，同比分别增长 15.1% 和 16.6%。全国全口径非化石能源发电量 2.58 万亿千瓦时，同比增长 7.9%，占全国全口径发电量的比重为 33.9%，同比提高 1.2 个百分点。全国全口径煤电发电量 4.63 万亿千瓦时，同比增长 1.7%，占全国全口径发电量的比重为 60.8%，同比降低 1.4 个百分点。

（5）发电设备利用小时同比下降。2020 年，全国发电设备平均利用小时 3758 小时，同比降低 70 小时。2005 年以来发电设备利用小时情况如图 2-48 所示。

分类型看，水电设备利用小时 3827 小时，历年来首次突破 3800 小时，同比提高 130 小时；核电设备利用小时 7453 小时，同比提高 59 小时；火电设备利用小时 4216 小时，同比降低 92 小时，其中煤电 4340 小时，同比降低 89 小时；并网风电设备利用小时为 2073 小时，同比降低 10 小时；太阳能发电设备利用小时 1281 小时，同比降低 10 小时。

（6）全国跨区送电量同比增长。2020 年，全国完成跨区送电量 6130 亿千瓦时，同比增长 13.4%，各季度增速分别为 6.8%、11.7%、17.0%、15.3%。全国跨省送电量 15362 亿千瓦时，同比增长 6.4%，各季度增速分别为 -5.2%、5.9%、9.9%、12.3%。

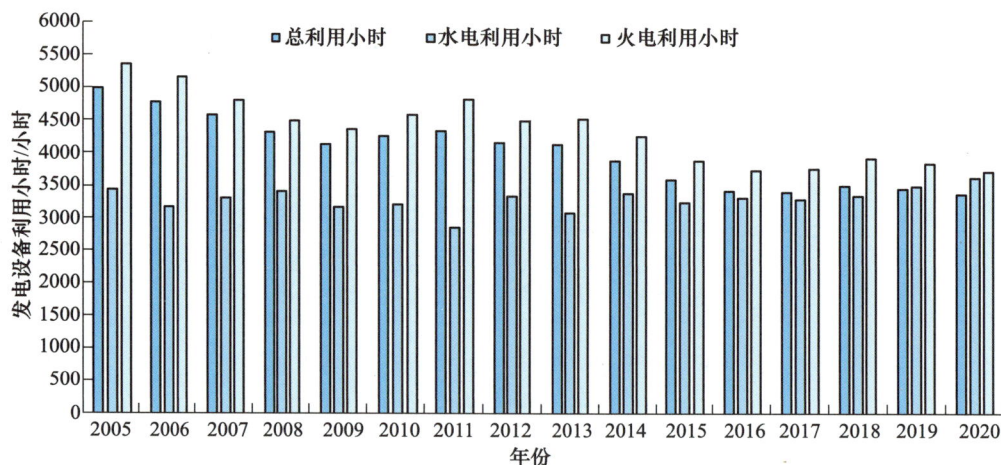

图 2-48 2005 年以来发电设备利用小时情况

（数据来源：中国电力企业联合会）

2. 电工钢消费情况

在电力行业投资大幅增长和主要电源工程快速建设的拉动下，2020 年我国电工钢消费量实现较快增长，总消费量约 1030 万吨，同比增长 9%。

（本章撰写人：刘彪，汤宏雪，徐晶，中国钢铁工业协会）

第 3 章

2020 年世界钢铁生产与市场情况

受新冠肺炎疫情的影响，2020 年全球经济出现 1929 年大萧条以来最大的降幅。据国际货币基金组织（IMF）2021 年 4 月公布的数据，世界经济在 2020 年萎缩了 3.3%。世界经济的下滑，导致全球钢铁需求的下降，并使许多国家，特别是发达国家的钢铁工业陷入困境。

一、粗钢产量略有增长

据世界钢铁协会发布的统计数据显示，2020 年世界粗钢产量为 18.78 亿吨，同比上年增长 0.2%，其中大多数发达地区的粗钢产量均出现下降。

在 20 大产钢国中，只有中国、土耳其、伊朗、越南、印度尼西亚和埃及的粗钢产量实现了增长，其他国家都出现下降，且一些国家出现了两数位的下降，参见表 3-1。其中，波兰和沙特阿拉伯产量下降，从而跌出世界前 20 大产钢国行列。印度尼西亚和埃及得益于产量增长而进入世界前 20 大产钢国行列。

表 3-1　2020 年世界前 20 大产钢国和地区　　　　　　　　百万吨

排名	国家和地区	2020 年	2019 年	变化/%
1	中国	1064.8	995.4	7.0
2	印度	100.3	111.4	−10.0
3	日本	83.2	99.3	−16.2
4	美国	72.7	87.8	−17.2
5	俄罗斯	71.6	71.7	−0.1
6	韩国	67.1	71.4	−6.0
7	土耳其	35.8	33.7	6.2
8	德国	35.7	39.6	−9.8
9	巴西	31	32.6	−4.9
10	伊朗	29	25.6	13.3
11	中国台湾	21	22	−4.5
12	乌克兰	20.6	20.8	−1.0
13	意大利	20.4	23.2	−12.1
14	越南	19.5	17.5	11.4

续表 3-1

排名	国家和地区	2020 年	2019 年	变化/%
15	墨西哥	16.8	18.4	-8.7
16	法国	11.6	14.4	-19.4
17	西班牙	11	13.6	-19.1
18	加拿大	11	12.9	-14.7
19	印度尼西亚	9.3	7.8	19.2
20	埃及	8.2	7.3	12.3
	世界	1877.5	1874.4	0.2

从世界前 20 大钢铁生产企业情况来看，最显著的变化就是中国宝武钢铁集团取代安赛乐米塔尔公司成为世界最大的钢铁生产企业。此外，实施并购之后的德龙集团一跃成为世界第 11 大钢铁生产企业，柳钢集团由于产量较大幅度增长，成功跻身世界前 20 大钢铁生产企业之列，从而使我国钢铁企业在世界前 20 大钢铁生产企业中的席位增加至 12 席，而印度两家公司由于产量下降跌出了前 20 大钢铁生产企业行列，参见表 3-2。

表 3-2 2020 年世界前 20 大钢铁生产企业　　　　　　　　百万吨

排名	公司	2020 年	2019 年	变化/%
1	中国宝武	115.29	95.47	20.8
2	安赛乐米塔尔	78.46	97.31	-19.4
3	河钢集团	43.76	46.56	-6.0
4	沙钢集团	41.59	41.1	1.2
5	日本制铁株式会社	41.58	51.68	-19.5
6	浦项制铁	40.58	43.12	-5.9
7	鞍钢集团	38.19	39.2	-2.6
8	建龙集团	36.47	31.19	16.9
9	首钢集团	34	29.34	15.9
10	山钢集团	31.11	27.58	12.8
11	德龙集团	28.26	26.81	5.4
12	塔塔钢铁集团	28.07	30.15	-6.9
13	华菱钢铁集团	26.78	24.31	10.2
14	JFE 钢铁	24.36	27.35	-10.9
15	纽柯钢铁公司	22.69	23.09	-1.7
16	现代制铁	19.81	21.56	-8.1
17	方大集团	19.6	15.66	25.2
18	伊朗矿业开发与革新组织	18.9	16.79	12.6
19	本钢集团	17.36	16.18	7.3
20	柳钢集团	16.91	14.4	17.4

从分月产量情况来看，2020 年上半年受疫情的影响，全球粗钢产量同比出现了较大幅度的下降，其中 4 月份的产量同比下降了 13.6%，除中国外的其他国家产量同比更是下降了 29.6%。

在中国产量恢复增长的带动下，世界粗钢产量在 8 月份恢复了正增长，但除中国外的世界其他国家和地区的粗钢产量到 11 月份才恢复了正增长，参见图 3-1。

图 3-1　全球粗钢产量变化情况

根据世界钢铁协会发布的统计数据，2020 年世界转炉钢占比为 73.2%，比上年提高 1.3 个百分点；电炉钢占比为 26.3%，比上年下降 1.4 个百分点。其中，欧盟 28 国的转炉钢比例为 57.6%，同比下降 1.5 个百分点；电炉钢占比为 42.4%，同比提高 1.5 个百分点。独联体国家转炉钢占比为 66.5%，同比提高 2.0 个百分点；电炉钢占比为 28.2%，同比下降 0.8 个百分点；平炉钢占比为 5.3%，同比下降 1.2 个百分点。北美自由贸易区转炉钢占比为 30.1%，同比下降 2.3 个百分点；电炉钢占比为 69.9%，同比提高 2.3 个百分点。中南美洲转炉钢占比为 67.9%，同比提高 1.8 个百分点；电炉钢占比为 31.0%，同比下降 1.6 个百分点。非洲转炉钢占比为 15.3%，同比下降 8.2 个百分点；电炉钢占比为 84.7%，同比提高 8.2 个百分点。中东转炉钢占比为 5.6%，同比提高 0.1 个百分点；电炉钢占比为 94.4%，同比下降 0.1 个百分点。亚洲转炉钢占比为 82.6%，同比提高 1.0 个百分点；电炉钢占比为 17.2%，同比下降 1.2 个百分点。

2020 年世界生铁产量为 13.19 亿吨，同比下降 0.6%。在主要生产地区中只有亚洲和独联体国家略微增长，其他地区基本都为下降。在主要生产国中，美国下降了 17.9%，日本下降了 17.8%，德国下降了 11.8%。参见表 3-3。

2020 年世界直接还原铁产量为 1.06 亿吨，同比下降 4.8%。世界直接还铁产量主要来自两个国家：一个是印度，2020 年产量为 3360 万吨，同比下降了 8.7%；

另一个是伊朗，2020 年产量为 3020 万吨，同比增长 6.0%。

表 3-3　2020 年世界生铁及直接还原铁生产情况　　　百万吨

地区	生铁产量			直接还原铁产量		
	2019 年	2020 年	增长/%	2019 年	2020 年	增长/%
欧盟	88.9	77	-13.4	0.6	0.6	0
独联体	74.3	75.1	1.1	8	8.5	6.3
北美自贸区	32.5	26	-20.0	10.7	9.8	-8.4
中南美洲	29.1	27.3	-6.2	3.4	2.3	-32.4
非洲	4.3	2.5	-41.9	7.5	8	6.7
中东	2.5	2.5	0.0	43.6	42.4	-2.8
亚洲	1078.9	1092.8	1.3	37.5	34.3	-8.5
世界	1327.1	1319.4	-0.6	111.3	106	-4.8

二、钢材贸易量下降

据世界钢铁协会的数据，受疫情影响，2020 年世界钢材的出口量下降至 4.01 亿吨，比上年下降了 8.7%。出口量占当年世界钢材产量的比重为 22.9%，比上年下降了 2.2 个百分点。世界十大进出口国家及地区情况参见表 3-4。

表 3-4　2020 年世界十大进出口国家和地区情况　　　百万吨

序号	出口		进口		净出口		净进口	
	国家和地区	数量	国家和地区	数量	国家和地区	数量	国家和地区	数量
1	中国	51.4	中国	37.9	俄罗斯	26.4	美国	13.6
2	俄罗斯	31.5	欧盟（28）[①]	32.6	日本	24.8	欧盟（28）[①]	10.0
3	日本	29.8	美国	19.9	韩国	16.1	沙特阿拉伯	7.2
4	韩国	27.6	德国[②]	18.2	乌克兰	13.9	菲律宾	6.6
5	欧盟（28）[①]	22.6	意大利[②]	15.5	中国	13.5	越南	6.6
6	德国[②]	21.2	越南	13.6	印度	12.1	波兰[②]	5.6
7	土耳其	18.5	土耳其	12.5	巴西	8.7	印度尼西亚	4.2
8	印度	17.1	法国[②]	11.8	土耳其	6.0	以色列	3.3
9	乌克兰	15.2	韩国	11.5	埃及	4.4	孟加拉国	2.5
10	意大利[②]	14.9	波兰[②]	10.8	德国[②]	3.0	乌兹别克斯坦	2.5

①不包括区内贸易量；

②欧盟单独国家贸易量包括在欧盟内的贸易量。

据欧盟钢铁协会（EUROFER）数据，2020 年欧盟从区外进口钢材 2237.75 万吨，同比下降 15.1%；在主要贸易伙伴中，除俄罗斯外，进口量都呈现下降，其中从中国进口量为 118.09 万吨，同比下降 49.7%。向区外出口钢材 1988.62 万吨，同比下降

12.8%；除向中国出口增长外，对其他主要贸易伙伴的出口量都有下降，参见表 3-5。

表 3-5　2020 年欧盟钢材进出口前五大贸易伙伴　　　　　　万吨

序号		进口				出口		
		2020 年	2019 年	增长/%		2020 年	2019 年	增长/%
	合计	2237.75	2634.82	−15.1	合计	1988.62	2383.97	−16.6
1	土耳其	387.61	547.21	−29.2	土耳其	318.97	365.73	−12.8
2	俄罗斯	313.27	291.36	7.5	英国	286.65	392.00	−26.9
3	韩国	262.22	268.26	−2.3	美国	164.64	247.44	−33.5
4	英国	218.53	236.47	−7.6	瑞士	155.90	170.28	−8.4
5	印度	187.06	212.28	−11.9	中国	104.48	88.73	17.8

据日本铁钢联盟的数据，2020 年日本钢材进口量为 398.52 万吨，比上年下降 18.1%；出口量为 3213.56 万吨，比上年下降 4.9%，参见表 3-6。

表 3-6　2020 年日本钢材进出口前五大贸易伙伴　　　　　　万吨

序号		进口				出口		
		2020 年	2019 年	增长/%		2020 年	2019 年	增长/%
	合计	398.52	486.77	−18.1	合计	3213.56	3378.84	−4.9
1	韩国	262.28	315.23	−16.8	中国	586.28	512.03	14.5
2	中国台湾	82.72	92.67	−10.7	韩国	480.87	540.39	−11.0
3	中国	41.81	63.70	−34.4	泰国	381.46	518.88	−26.5
4	泰国	1.04	1.23	−15.6	中国台湾	244.85	225.70	8.5
5	印度尼西亚	0.58	0.15	294.0	越南	238.15	214.72	10.9

据美国钢铁协会公布的数据，2020 年美国钢材进口量为 1613.9 万短吨，同比下降 23.3%。其中在主要贸易伙伴中除从土耳其进口量增长了 71.5% 之外，其余都为下降。 2020 年美国从中国进口钢材 54.4 万短吨，同比下降 30.8%。2020 年美国包括半成品在 内的全部钢铁产品进口量为 2201.9 万短吨，同比下降 21.2%。参见表 3-7。

表 3-7　2020 年美国钢材进口前五大贸易伙伴　　　　　　万短吨

序号	项目	2020 年	2019 年	增长/%
	合计	1613.9	2105.1	−23.3
1	韩国	201.5	257.6	−21.8
2	日本	76.7	124.2	−38.2
3	德国	72.5	104.3	−30.5
4	中国台湾	57.3	83.0	−31.0
5	土耳其	56.2	32.8	71.5

从分品种情况来看，2020 年美国共进口钢坯（锭）586.5 万短吨，同比下降

14.6%；进口热镀锌板带 219.5 万吨，同比下降 10.0%；进口热轧卷 162.1 万短吨，同比下降 13.9%；进口冷轧卷 130.4 万短吨，同比下降 23.3%。

根据世界钢铁协会的统计，世界钢铁贸易量最大的品种为热轧板/卷，2020 年的贸易量达到了 7520 万吨，其次是钢锭和半成品材料，以及镀锌板和钢管及配件，参见表 3-8。

表 3-8　2016-2020 年世界钢材分品种出口量　　　　　　　　百万吨

钢材品种	2016 年	2017 年	2018 年	2019 年	2020 年	2020 年同比增长/%
钢锭和半成品材料	54.3	60.2	61.8	56.1	56.9	1.4
铁轨材料	3.1	2.7	2.6	4.9	4.4	−10.2
角钢和型钢	24	22.1	22.7	21.5	19.6	−8.8
混筋	21.4	18.3	18.8	19.1	19.3	1.0
热轧棒材和条材	40.3	21.2	18.7	15.2	12.8	−15.8
盘条	30.3	27	27.6	26.8	25.3	−5.6
冷拉钢丝	8.7	8.9	9	8.8	8.8	0.0
其他棒材和条材	5.8	5.9	6.4	5.6	4.5	−19.6
热轧带钢	3.3	3.9	3.8	3.2	2.8	−12.5
冷轧带钢	4.2	4.5	4.5	4	3.7	−7.5
热轧薄板和卷材	86.1	85	78.9	78.4	75.2	−4.1
中厚板	34.1	33.2	33.3	32.8	29.5	−10.1
冷轧薄板和卷材	35.6	37.4	35.7	32.5	18.2	−44.0
电工薄板材和带材	4.2	4.5	4.6	4.1	3.9	−4.9
镀锡产品	7.2	7	6.8	6.9	7	1.4
镀锌产品	45	46.2	44.7	43	37.1	−13.7
其他镀层板	18.8	18	17.9	18.2	18.1	−0.5
钢管和配件	37.2	41.9	41.2	40.9	32.5	−20.5
轮毂（锻造和轧制）和轮轴	1	0.8	0.9	0.8	0.7	−12.5
铸件	1.1	1.2	1.3	1.3	1.1	−15.4
锻件	0.9	1	1.1	1	0.9	−10.0
总计	466.7	450.7	442.2	425.2	382.3	−10.1

根据世界钢铁协会公布的数据，2020 年世界废钢出口量为 9890 万吨，同比下降 2.3%。欧盟 28 国共出口 4890 万吨，同比下降 1.4%；其中向区外的出口量为 2250 万吨，净出口量为 1960 万吨。北美自由贸易区共出口 2210 万吨，同比下降 3.5%；其中向区外出口 1520 万吨，净出口量为 1440 万吨。亚洲地区出口量为 1210 万吨，同比增长 5.2%。按国别分，美国为世界最大的废钢出口国，2020 年共出口了 1690 万吨废钢，同比下降 4.5%；其次是日本，2020 年出口量为 940 万吨，同比增长 22.1%。

三、钢材市场价格先跌后升

受疫情的影响，钢材需求上半年下降明显，导致钢材价格下跌。下半年由于生产受到影响，导致市场供应紧张，价格随之回升，但总体来讲，2020 年的平均价格略低于上年。2020 年 CRU 平均综合价格指数为 155.0 点，比上年的平均综合价格指数下降 6.7 点。板材平均价格指数为 151.7 点，比上年下降 3.4 点。长材平均价格指数为 161.1 点，比上年下降 13.8 点，参见图 3-2。

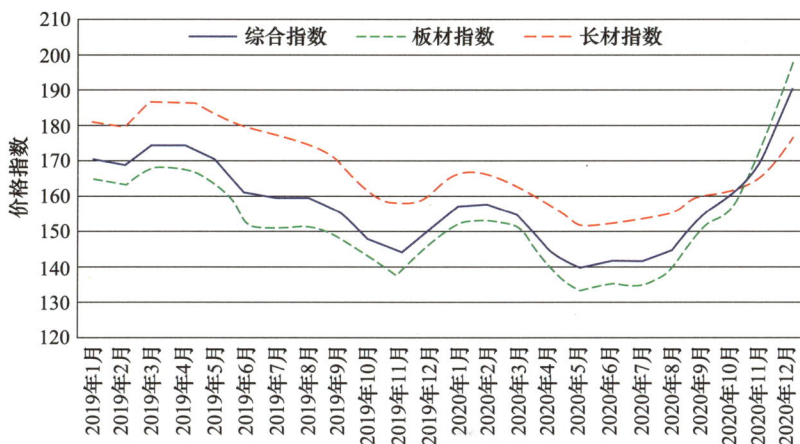

图 3-2　CRU 价格指数情况

从不同地区的市场价格来看，北美地区全年平均价格指数为 164.2 点，比上年下降 8.2 点。欧洲地区全年平均价格指数为 160.9 点，比上年下降 9.0 点。亚洲地区全年平均价格指数为 146.7 点，比上年下降 4.1 点，参见图 3-3。

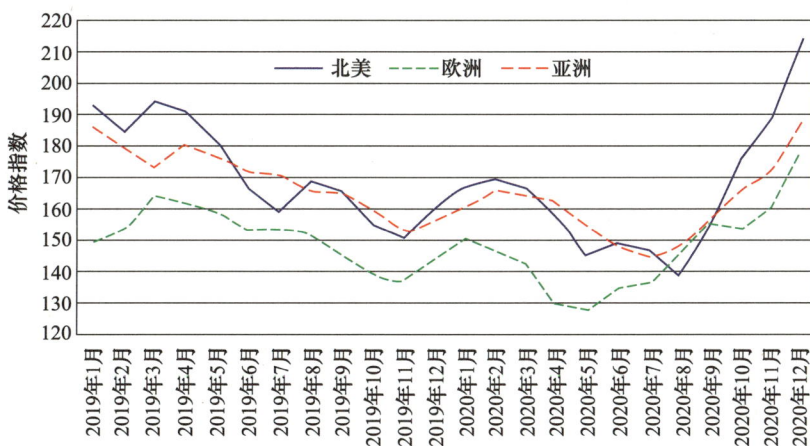

图 3-3　不同地区 CRU 钢材价格指数情况

四、粗钢产能增加

据 OECD 统计，截至 2020 年底世界粗钢产能增至 24.53 亿吨，全球炼钢产能和粗钢产量间的差距也提高到 6.25 亿吨，连续第二年扩大，参见表 3-9。

表 3-9　世界粗钢产能情况　　　　　　　　　　　　　　　百万吨

地区	2019 年	2020 年	增长/%	在建产能	计划建设产能
非洲	44.6	44.7	0.1	3.2	1.0
亚洲	1617.6	1646.3	1.8	18.6	46.9
独联体国家	143.4	143.6	0.2	0.0	3.2
欧盟	216.0	213.4	−1.2	0.2	1.6
其他欧洲国家	76.4	77.6	1.6	2.0	1.2
拉丁美洲	78.0	78.0	0.0	0.7	0.0
中东	79.5	86.7	9.1	16.4	10.9
北美	153.3	156.5	2.1	4.0	3.9
大洋洲	6.4	6.4	0.0	0.0	0.0
世界合计	2415.1	2453.2	1.6	45.0	68.7

数据来源：OECD。

五、铁矿石价格大幅上涨

根据美国地质调查局（USGS）公布的数据，2020 年世界铁矿石产量估计为 24.0 亿吨，比上年的 24.5 亿吨下降了 2.0%，参见表 3-10。

表 3-10　2020 年世界各国铁矿石产量　　　　　　　　　　百万吨

国家和地区	2020 年（估计）	2019 年
中国	340	351
澳大利亚	900	919
巴西	400	405
印度	230	238
俄罗斯	95	97.5
南非	71	72.4
乌克兰	62	63.2
美国	37	46.9
加拿大	57	58.5
瑞典	35	35.7
伊朗	32	33.1
哈萨克斯坦	21	22
其他	119	112.3
世界总计	2400	2450

数据来源：美国地质调查局。

据澳大利亚工业、科学、能源与资源部的资料，2020 年世界铁矿石贸易量为 15.52 亿吨，同比小幅下降了 0.2%。

从进口国和地区来看，中国进口 11.75 亿吨，比上年增长了 9.7%；欧盟 28 国进口了 9700 万吨，比上年下降了 29.2%；日本进口了 9900 万吨，比上年下降了 17.5%；韩国进口了 5800 万吨，比上年下降了 21.4%。

从出口国情况来看，澳大利亚出口了 8.68 亿吨，比上年增长了 3.8%；巴西出口了 3.41 亿吨，比上年增长了 1.5%；乌克兰出口了 3000 万吨，比上年下降了 31.8%；印度出口了 3400 万吨，比上年下降了 15.0%。

2020 年国际市场铁矿石价格受中国市场需求增加的影响出现了较大幅度的上涨，全年平均价格达到 108.9 美元/吨，比上年上涨了 16.1%，其中 12 月份的平均价格达到了 155.4 美元/吨，创造了 2011 年以来的新高。参见图 3-4。

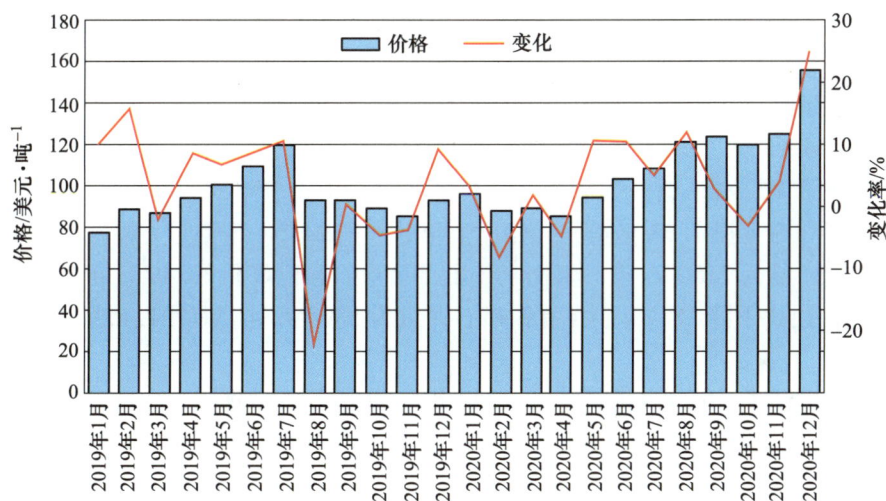

图 3-4　国际铁矿石市场价格变化情况

2020 年，国际铁矿石四大巨头的生产及运行情况参见表 3-11。

表 3-11　　2020 年国际铁矿石四大巨头生产及运行情况

企业及时间		铁矿石产量/万吨	铁矿石销量/万吨	销售收入/亿美元	EBITDA/亿美元	净利润/亿美元
淡水河谷	2020 年	33006.1	28607.6	315.47	165.88	48.81
	2019 年	34376.6	31250.5	293.26	105.85	−16.83
	变化/%	−4.0	−8.5	7.6	56.7	
力拓（铁矿石业务）	2020 年	28593	28405	275.08	188.37	113.98
	2019 年	28119	28266	240.75	160.98	96.38
	变化/%	1.7	0.5	14.3	17.0	18.3

续表 3-11

企业及时间		铁矿石产量/万吨	铁矿石销量/万吨	销售收入/亿美元	EBITDA/亿美元	净利润/亿美元
必和必拓（铁矿石业务）	2020 财年上半年	12847	12827	140.58	102.44	
	2019 财年上半年	12140	12206	103.75	71.24	
	变化/%	5.8	5.1	35.5	43.8	
FMG	2020 财年上半年	10840	9070	93.35	66.39	40.84
	2019 财年上半年	10520	8860	64.85	42.28	24.64
	变化/%	3.0	2.4	43.9	57.0	65.7

六、钢铁企业效益下滑

2020 年受新冠肺炎疫情的影响，除中国外，世界主要钢材生产国钢材需求下降，导致钢铁企业利润普遍下降，甚至出现亏损。

据安赛乐米塔尔公司公布的报告，2020 年该公司销售收入为 532.70 亿美元，相比上年的 706.15 亿美元下降 24.6%。EBITDA 为 43.01 亿美元，相比上年的 51.95 亿美元下降了 17.2%。营业利润为 21.10 亿美元，相比上年的亏损 6.27 亿美元扭亏为盈。净利润为亏损 7.33 亿美元，相比上年的亏损 24.54 亿美元大幅减亏。2020 年该公司粗钢产量为 7150 万吨，相比上年的 8980 万吨下降了 20.4%。钢材销售量为 6910 万吨，同比下降 18.2%。自有铁矿石产量为 5800 万吨，其中以市场价格出售了 3820 万吨。

根据韩国浦项公司公布的数据，2020 年浦项集团销售收入 57.79 万亿韩元，同比下降 10.2%；营业利润为 2.40 万亿韩元，同比下降 37.9%；净利润为 1.79 万亿韩元，同比下降 9.8%。

日本制铁公司公布的 2020 财年第三季度报告显示，2020 年前三个季度的销售收入为 3.45 万亿日元，同比下降 22.9%，营业利润为亏损 673.85 亿日元。

据美国纽柯公司公布的数据，2020 年该公司净销售收入为 201.4 亿美元，同比上年的 225.9 亿美元下降了 10.8%。钢材销售量为 2551.9 万短吨，比上年下降了 4%，平均销售价格则下降了 7%。净利润为 8.36 亿美元，同比下降 39.0%。

（本章撰写人：郑玉春，冶金工业经济发展研究中心）

第 4 章

2020 年中国钢铁产品进出口情况

一、2020 年中国钢材进出口概况

2020 年中国钢材进出口市场呈现进口明显增长、出口大幅下降的现象，呈现两大特征：一是阶段性粗钢净进口，二是钢材进出口价格倒挂。2007-2020 年中国钢材进出口情况如图 4-1 所示。

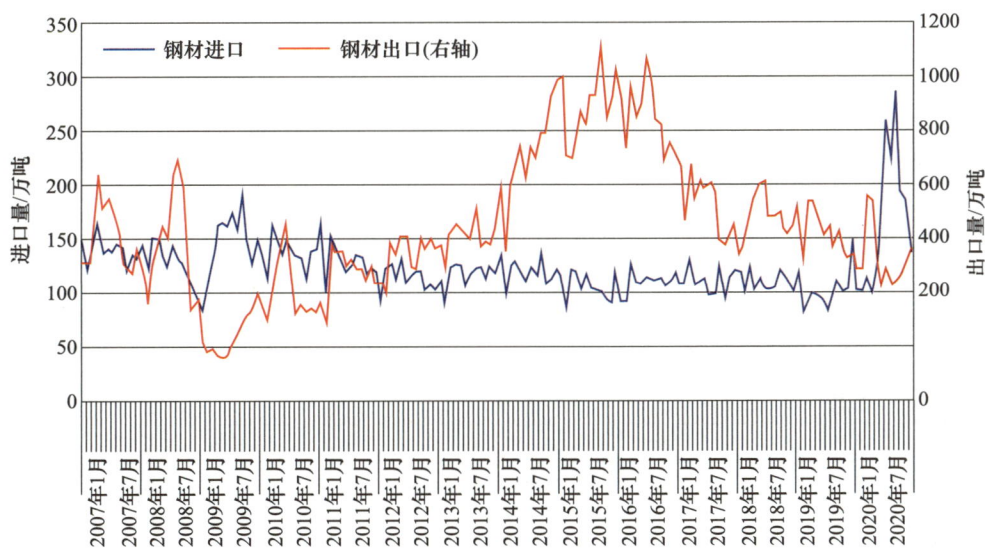

图 4-1　2007-2020 年中国钢材进出口情况

（一）出现阶段性粗钢净进口

若考虑钢坯进口，自 2020 年 6 月起，我国连续 4 个月呈现阶段性粗钢净进口，这是中国钢铁自 2009 年金融危机后再一次出现粗钢净进口现象。从三季度开始，随着国内外供需错配的逐步修正，国内外价差缩小，钢材出口量回升至 400 万吨，钢

材和钢坯进口量均出现明显回落，10 月当月粗钢恢复至净出口，同时全年粗钢净出口的趋势没有改变，2020 年我国粗钢净出口量 1703 万吨。2009-2020 年中国粗钢净出口当月情况如图 4-2 所示。2020 年中国粗钢净出口情况见表 4-1。

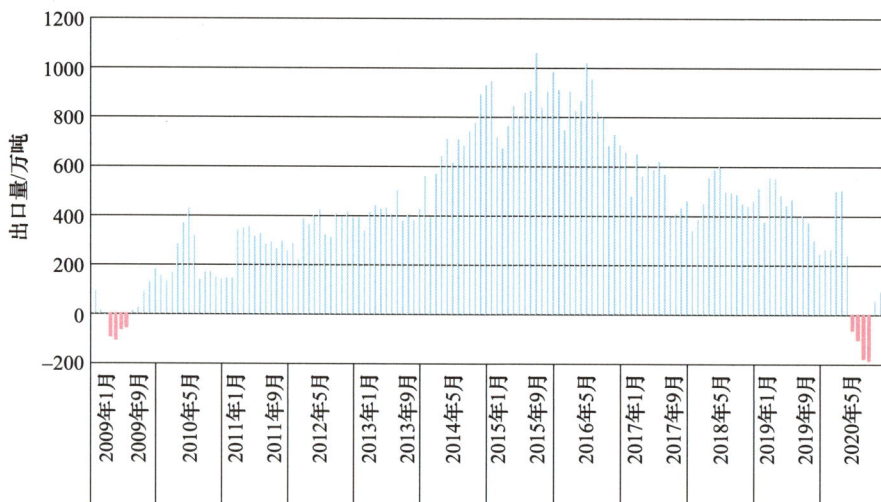

图 4-2　2009-2020 年中国粗钢净出口当月情况

表 4-1　2020 年中国粗钢净出口情况　　　　　　　万吨

月份	当月	累计
1 月	266.6	266.6
2 月	266.6	533.1
3 月	503.4	1036.5
4 月	505.5	1542.0
5 月	240.5	1782.5
6 月	**−58.8**	1723.7
7 月	**−97.8**	1625.9
8 月	**−172.4**	1453.5
9 月	**−180.3**	1273.3
10 月	58.1	1331.3
11 月	96.5	1427.8
12 月	275.5	1703.4

（二）钢材进出口价格倒挂

自 2020 年 6 月起，中国钢材进出口均价连续 6 个月出现倒挂现象，9 月进出口价差最高达到-218 美元/吨，上次出现价格倒挂是 2009 年 4-5 月。进入四季度，国际钢材价格随着全球钢铁需求的持续回暖逐步走高，中国钢材进出口价差显著收窄，

12 月进出口价差由负转正，恢复至 80 美元/吨。2008-2020 年中国钢材进出口平均单价如图 4-3 所示，进出口价差如图 4-4 所示。

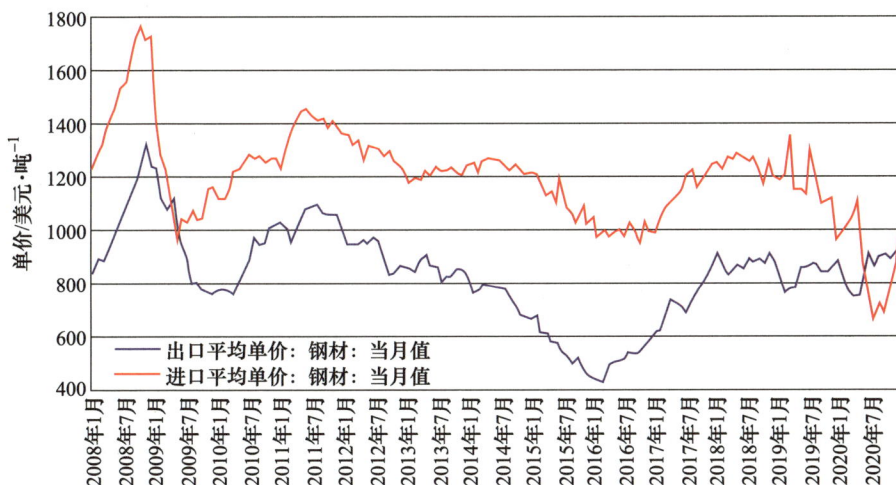

图 4-3　2008-2020 年中国钢材进出口平均单价

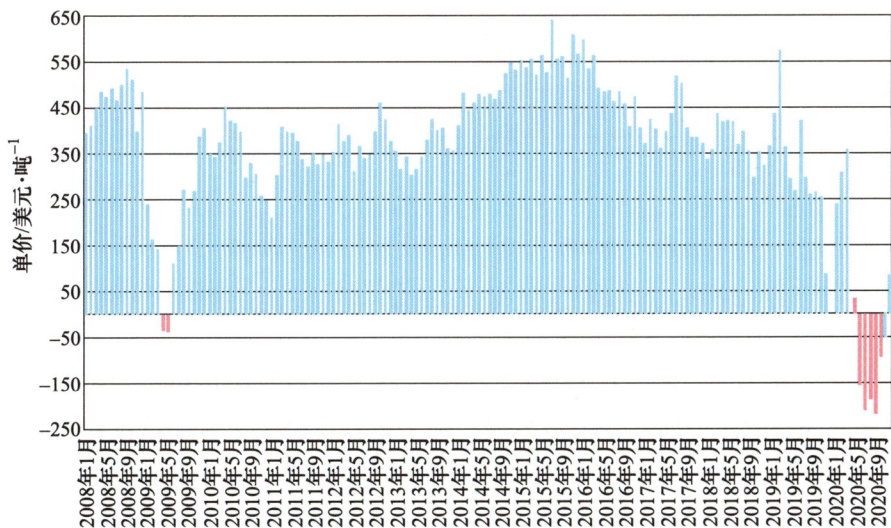

图 4-4　2008-2020 年中国钢材进出口价差

二、2020 年中国钢材出口情况

（一）钢材出口数量大幅下降

2017-2019 年钢材出口量因国内钢价上涨逐年下滑。2020 年受新冠肺炎疫情影响，钢材出口量下降幅度更为突出，全年钢材出口量累计为 5367.1 万吨，比上年下降 16.5%，其中 8 月份出口量创 8 年来历史单月最低水平，为 368 万吨。自 10 月份起，我国钢材出口有所增加，12 月出口量回升至 485 万吨，略高于上年同期水平。全年钢材出口量大幅下降的原因主要有以下几点：

（1）海外需求萎缩。新冠肺炎疫情冲击下，自 2 月末起海外企业生产经营受阻、库存高企、后市预期悲观，钢铁需求明显萎缩，接单意愿不强，甚至存在不履行合同的情况。9 月份开始，海外需求逐步改善，为钢材出口带来市场空间。中物联钢铁物流专业委员会数据显示，海外疫情快速蔓延导致外部需求下滑，2020 年 3 月钢铁行业新出口订单指数大幅回落至 27.3%，并连续 4 个月处于 40% 以下水平。9 月份起钢铁企业新出口订单指数持续好转，12 月达到 54.4%，年内第二次回升至 50% 以上，且创 2016 年 9 月以来最高水平。钢铁行业 PMI 指数（新出口订单）如图 4-5 所示。

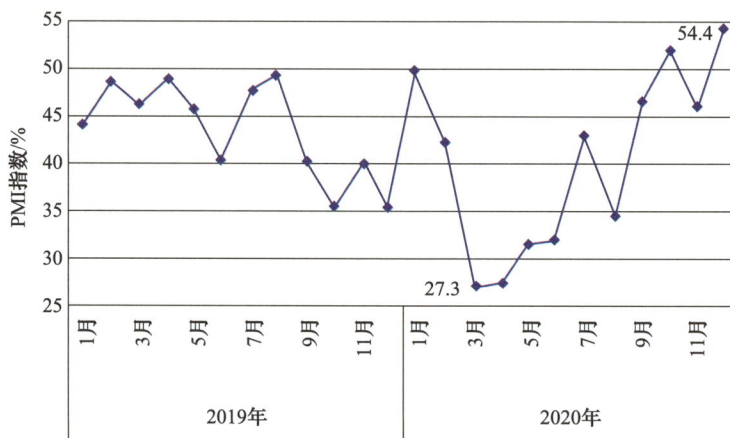

图 4-5 钢铁行业 PMI 指数（新出口订单）

（2）我国钢材出口价格优势受到挤压。一是，印度、韩国等国受疫情影响国内钢铁需求大幅萎缩，进而调整销售策略，降低出口价格、扩大出口占比，对中国出口资源带来较大冲击。二是，汇率因素，随着美元走弱，包括人民币在内的非美货币普遍出现升值走势，其中人民币的升值幅度最为突出。自 6 月起，人民币汇率持续走高至两年多以来的高点，升值 8% 左右（图 4-6），钢材出口价格优势降低、出口难度提高，同时为出口企业结汇操作带来不小的挑战。三是，航运费用、集装箱（图 4-7）及铁矿石、焦煤、废钢等冶炼原料价格强劲上涨，钢铁企业生产与物流成本显著提高，进而推高国内钢材出口价格。但从 10 月份起随着国际钢材价格回升，我国价格优势再次显现，出口形势有所好转。以国际热轧卷板出口价格为例（图 4-8），2020 年一季度我国在热轧出口市场具备一定价格优势，但从二季度起我国与独联体、印度、土耳其的出口价格差距逐步拉开，反而是独联体国家出口价格占据绝对优势。从四季度起，尤其是随着 11 月底国际钢材价格的全线大幅上涨，我国热轧卷板的出口价格优势再次显现。

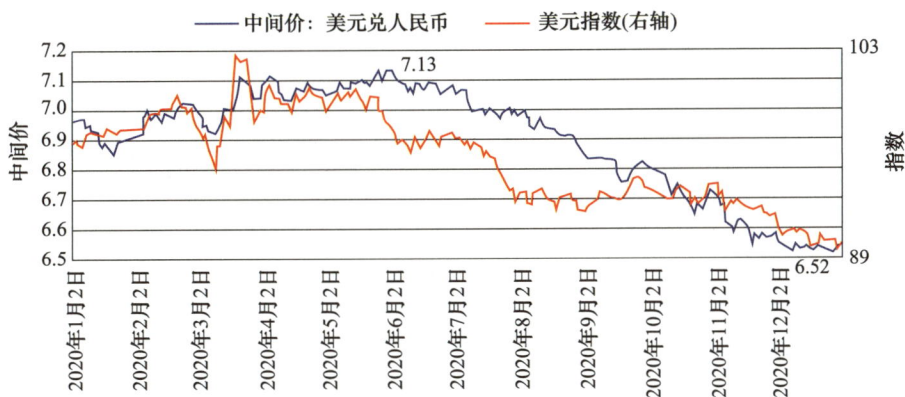

图 4-6　人民币汇率与美元指数走势

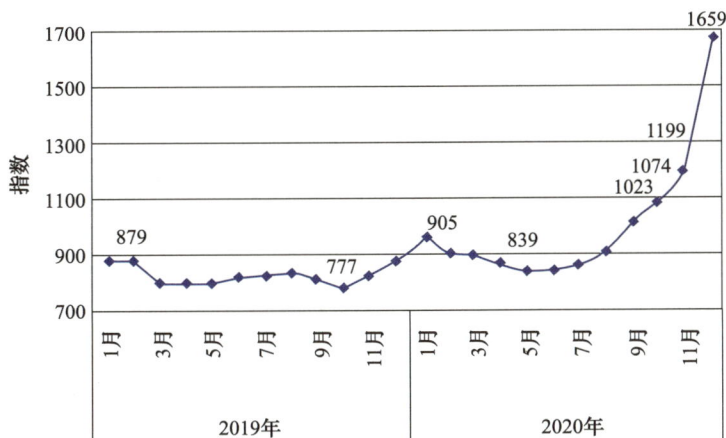

图 4-7　中国出口集装箱运价指数（CCFI）走势

（3）境内外钢材价格倒挂，出口动力不足。如前文所述，2020 年 6 月起中国钢材进出口均价倒挂，内销利润明显好于出口，国内钢厂及贸易商以效益为中心，在资源配置方面倾向于国内销售，出口资源配置相对较小。进入四季度，随着进出口价差的收窄以及海外需求的反弹，钢企出口意愿有所增强。

（4）国际贸易保护主义抑制我国钢材出口。2020 年国外对我国钢铁产品新发起贸易救济调查案件数量共计 24 起，较上年增加 5 起。其中，反倾销调查 11 起，双反合并调查 4 起，保障措施 5 起。发起调查的国家和地区包括澳大利亚、泰国、菲律宾、英国、美国、韩国、印度尼西亚、马来西亚、南非、埃及、印度、乌克兰（图 4-9 和表 4-2）。

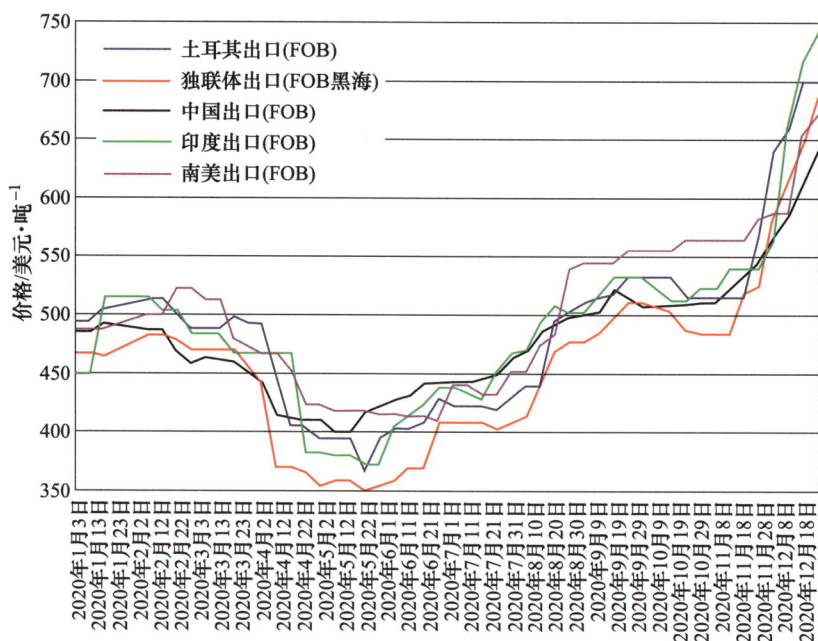

图 4-8　国际热轧卷板出口价格对比

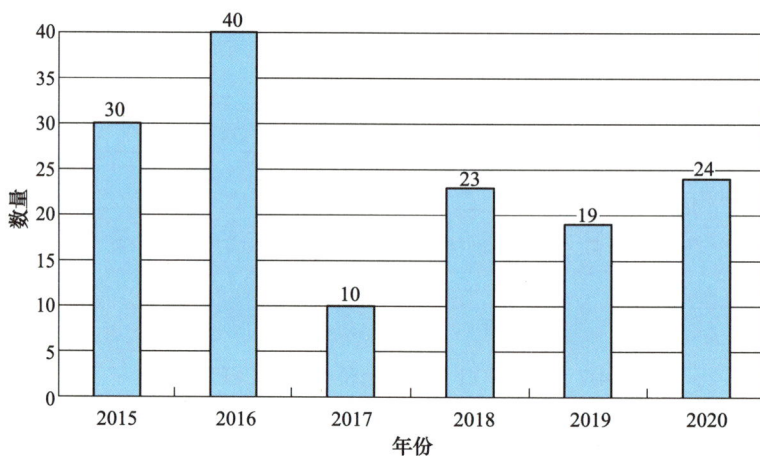

图 4-9　2015-2020 年中国钢铁产品新发起贸易救济调查案件数量

表 4-2　2020 年中国钢铁产品新发起贸易救济调查案件汇总

序号	立案公告日期	产品名称	发起国	措施种类
1	2020-2-21	热镀锌冷轧板卷	泰国	反倾销
2	2020-3-9	热轧钢卷	印度尼西亚	反倾销
3	2020-3-13	镀铝锌板材	马来西亚	反倾销
4	2020-3-31	精密钢管	澳大利亚	反倾销

序号	立案公告日期	产品名称	发起国	措施种类
5	2020-3-31	精密钢管	澳大利亚	反补贴
6	2020-4-7	镀锡钢板卷	泰国	反倾销
7	2020-4-17	非重复充装钢瓶	美国	反倾销
8	2020-4-17	非重复充装钢瓶	美国	反补贴
9	2020-5-15	无锡钢板	泰国	反倾销
10	2020-5-27	彩钢带	澳大利亚	反倾销
11	2020-5-27	彩钢带	澳大利亚	反补贴
12	2020-6-17	镀锌板卷	菲律宾	保障措施
13	2020-6-17	彩涂板	菲律宾	保障措施
14	2020-6-17	镀铝锌板卷	菲律宾	保障措施
15	2020-6-23	钢结构产品	南非	保障措施
16	2020-6-30	宽度小于 600 毫米的镀铝锌板	澳大利亚	反倾销
17	2020-6-30	宽度小于 600 毫米的镀铝锌板	澳大利亚	反补贴
18	2020-8-25	硅铁合金	埃及	反倾销
19	2020-9-8	铝压延产品	印度	反倾销
20	2020-9-17	不锈钢板卷	韩国	反倾销
21	2020-10-8	钢产品	英国	保障措施
22	2020-11-5	盘条	英国	反倾销
23	2020-12-19	带涂层碳化钢	乌克兰	反倾销
24	2020-12-21	钢铁紧固件	欧盟	反倾销

（二）多数钢材品种出口量下降

我国钢材出口主要以板材为主，累计全年出口量为 3272.5 万吨，比上年下降 15%，占出口总量的 61%。从品种细分来看，21 大类钢材品种中有 19 个出口数量下降。其中，镀层板（带）累计出口量 1109.5 万吨，涂层板（带）和中厚宽钢带出口量均超过 650 万吨。从增减情况看，电工钢（带）和冷轧窄钢带同比分别增长 6.7% 和 21.1%；特厚板、热轧薄宽钢带和厚钢板出口数量分别累计下降 74.3%、42.6% 和 38.2%。2020 年主要钢材品种出口情况见表 4-3。

表 4-3　2020 年主要钢材品种出口情况

钢材品种	数量/万吨	同比/%	均价/美元·吨$^{-1}$	同比/%
镀层板（带）	1109.5	-9.4	696.6	0.5
涂层板（带）	657.9	-1.0	717.7	-2.5
中厚宽钢带	651.2	-25.5	580.9	-6.9

续表 4-3

钢材品种	数量/万吨	同比/%	均价/美元·吨$^{-1}$	同比/%
棒材	359.0	−26.5	680.2	−3.1
中板	356.9	−31.5	664.5	4.3
焊接钢管	361.1	−8.8	1048.6	1.4
无缝钢管	327.1	−24.8	1219.2	−5.5
线材	288.0	−32.2	550.5	−2.9
冷轧薄宽钢带	192.8	−22.9	553.1	−0.5
冷轧薄板	177.2	−4.4	1316.8	4.5
中小型型钢	159.4	−12.3	601.6	−5.3
大型型钢	102.5	−14.7	745.4	13.0
电工钢板（带）	52.3	6.7	1129.2	2.4
钢筋	42.7	−7.7	574.1	−2.2
铁道用材	37.2	−22.2	869.3	−8.1
热轧窄钢带	26.7	−4.4	1193.8	6.0
冷轧窄钢带	29.8	21.1	2088.4	7.2
热轧薄宽钢带	9.9	−42.6	1373.0	3.4
热轧薄板	6.1	−13.2	1340.3	25.6
厚钢板	1.8	−38.2	1061.9	40.3
特厚板	0.5	−74.3	1075.3	21.7

（三）出口地区市场份额保持稳定

从出口区域来看，各国（地区）所占市场份额基本保持稳定，但总量呈现逐年递减态势。东盟仍然是我国钢材主要出口区域，但受疫情消费萎缩以及本土新增产能影响，2020 年我国向东盟出口钢材 1726.9 万吨，同比下降 19.8%，其中文莱、柬埔寨、老挝、印尼降幅均超过 35%。2020 年我国向印度、欧盟 28 国和韩国的钢材出口量下降明显，降幅分别为 38.5%、34.2% 和 32.8%（图 4-10）。

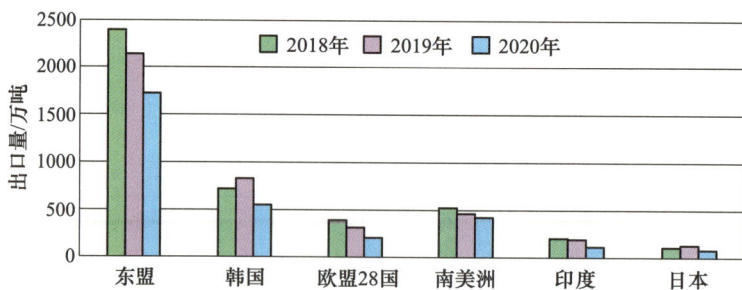

图 4-10 分国别/区域中国钢材出口量

三、2020年中国钢材进口情况

(一) 钢材进口大幅增长

近10年来我国钢材进口总量保持平稳，尤其是近5年进口总量保持在1300万吨左右（图4-11）。2020年我国累计进口钢材2023.3万吨，比上年增长64.4%，其中9月进口量创2004年5月以来单月最高水平达288万吨。进入四季度，我国钢材进口情况逐步改善，当月进口量连续3个月下降至137.5万吨，但仍高于上年同期10万吨的水平。全年进口量大幅增加的主要原因是：一是疫情影响下全球钢铁需求不匹配，二、三季度海外需求锐减，海外钢企减产力度不及需求下降幅度，而国内疫情较早得到基本控制、钢铁需求已逐步恢复至疫情前水平，导致全球过剩钢铁资源涌向中国市场。二是进出口价格倒挂，刺激钢材进口，尤其在下半年人民币汇率持续升值的情况下，有利于国内钢铁生产企业及贸易商进口。以螺纹钢为例，2019年由于螺纹钢进口均价不具备价格优势，其月度进口量不高于0.5万吨。但是，从2020年3月起，螺纹钢进口均价与内贸价差逐步拉大，进口量也随之扩张至三季度月均近16万吨的水平（图4-12）。三是印度等钢材主要生产国采取"以价换量"的救市政策，导致低价钢铁资源大量涌入中国市场。2020年钢材进口总量同比增长64.4%，但进口金额增长仅为19.4%。四是对外投资企业产品回流，尤其是在东盟的中资钢铁企业产品大量出口至中国，从东盟进口螺纹钢和线材数量增加。但从四季度起，随着国外需求回暖以及内外价差的收缩，国际钢材涌入我国市场的空间逐步收缩，我国钢材进口量明显回落。

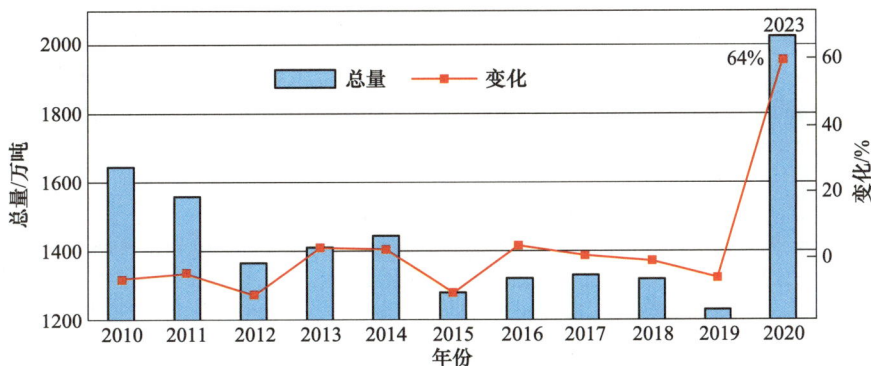

图4-11　近10年中国钢材进口变化趋势

(二) 多数进口钢材品种量升价降

我国钢材进口仍以板材为主，累计进口1608.5万吨，同比增长55.8%，占进口总量的80%。从品种细分来看，21大类钢材品种中有15个进口数量上升，各品种价

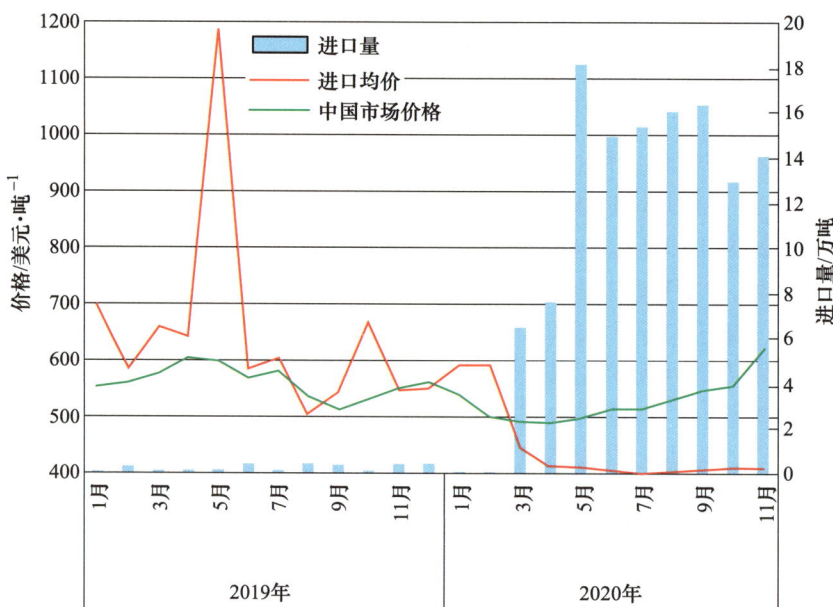

图 4-12 螺纹钢价差对进口量的影响

格除无缝钢管和涂层板（带）外全面下降。其中，热轧薄宽钢带累计进口量 557.4 万吨，冷轧薄宽钢带、中板和镀层板（带）累计进口量在 200 万吨以上。从变化幅度看，钢筋、热轧薄宽钢带、热轧薄板和铁道用材分别累计增长 43.1 倍、3.9 倍、1.4 倍和 1.4 倍，均价分别同比下降 31.1%、31.9%、55.6% 和 45.5%。疫情对建筑业的影响小于制造业，3 月份起国内基建加快推进复工复产，对建材的需求极大刺激了钢筋的进口。同时，得益于"新基建"和老旧车淘汰政策所带来的需求红利，国内汽车产销降幅有望收窄到 2% 以内，提振热轧卷板需求。2020 年主要钢材品种进口情况见表 4-4。

表 4-4　2020 年主要钢材品种进口情况

钢材品种	数量/万吨	同比/%	均价/美元·吨$^{-1}$	同比/%
热轧薄宽钢带	557.4	389.2	454.5	−31.9
冷轧薄宽钢带	231.7	35.1	593.7	−11.2
中板	212.1	26.9	831.2	−18.3
镀层板（带）	206.2	−4.9	913.6	−4.6
中厚宽钢带	180.2	−0.2	652.6	−17.8
线材	127.3	117.0	683.0	−31.6
钢筋	137.3	4310.7	411.6	−31.1
冷轧薄板	70.8	25.1	1493.7	−2.4

钢材品种	数量/万吨	同比/%	均价/美元·吨$^{-1}$	同比/%
厚钢板	65.6	57.9	552.0	-18.2
棒材	55.9	0.1	1987.1	-1.8
电工钢板（带）	43.0	2.5	818.8	-5.1
大型型钢	30.5	35.0	691.0	-14.8
焊接钢管	22.5	21.7	2257.4	-12.7
冷轧窄钢带	17.0	-6.5	2794.8	-2.0
无缝钢管	15.1	9.1	5090.9	1.9
涂层板（带）	10.4	-8.9	1303.9	2.4
特厚板	7.2	20.2	663.0	-25.7
热轧窄钢带	5.6	-4.2	3581.5	-11.0
铁道用材	3.8	142.3	1141.9	-45.5
中小型型钢	2.5	-23.7	1655.0	-3.8
热轧薄板	1.2	142.4	717.9	-55.6

成品钢材进口量创新高，钢坯进口增量更为突出。2020 年我国进口钢坯 1833.5 万吨，同比增长 5 倍，其中 8 月份我国钢坯进口量创 2003 年有数据以来历史单月最高值 322.4 万吨（图 4-13）。其中，普方坯和普板坯进口量占据了主要增量，同比分别增长 5.4 倍和 6.7 倍。中国并非传统钢坯进口国，2010-2017 年月均钢坯进口量维持在 2 万吨左右，2018 年起月均进口量增加至 10 万吨以下，最近一次峰值出现在

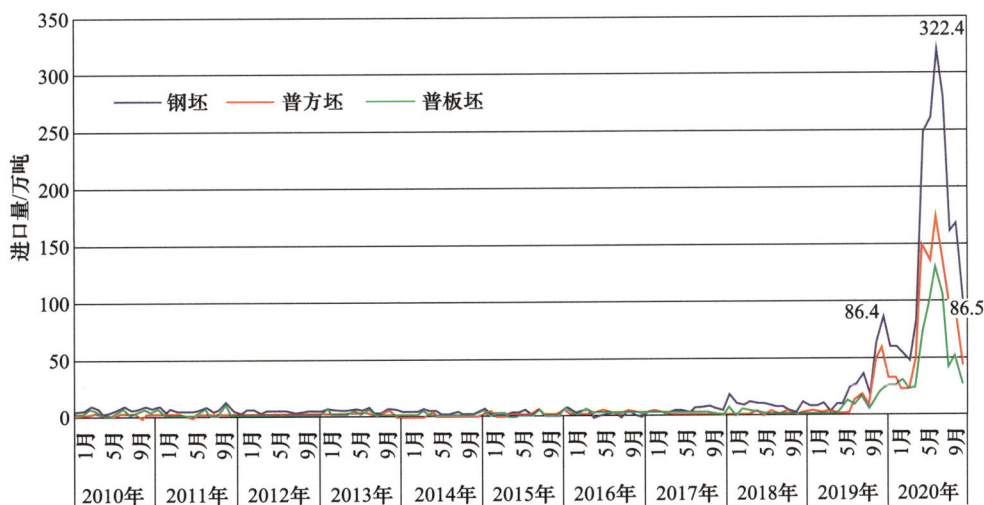

图 4-13　中国钢坯进口单月情况

2019 年 12 月的 86.4 万吨，主要原因是中国钢价迅速上涨而国际钢市表现疲软。2020 年前 4 个月钢坯进口量仍保持在 55 万吨，但受国内外疫情、钢铁需求不匹配影响，随后钢坯进口量大幅攀升至 8 月的 322.4 万吨，创 2003 年有数据以来历史单月最高值，四季度随着海外需求恢复钢坯进口量回落至 12 月的 86 万吨左右。

（三）印度和东盟所占市场份额上升

从进口区域来看，日韩是我国传统钢材进口国，近 10 年两国进口量平均占总量的 73%。但是，2020 年我国自日韩进口量占比下降至 48.8%，反映出中国钢材进口来源更加多元化的特点。韩国反超日本成为中国钢材进口第一大国，2020 年我国自韩国和日本进口量分别增长 30.2% 和减少 4.6%。印度和东盟市场份额显著提升，印度成为排名第四的钢材进口区域，并首次对我国实现钢铁净出口，进口量较上年增长 27.4 倍，东盟进口量较上年增长 4.6 倍（图 4-14）。

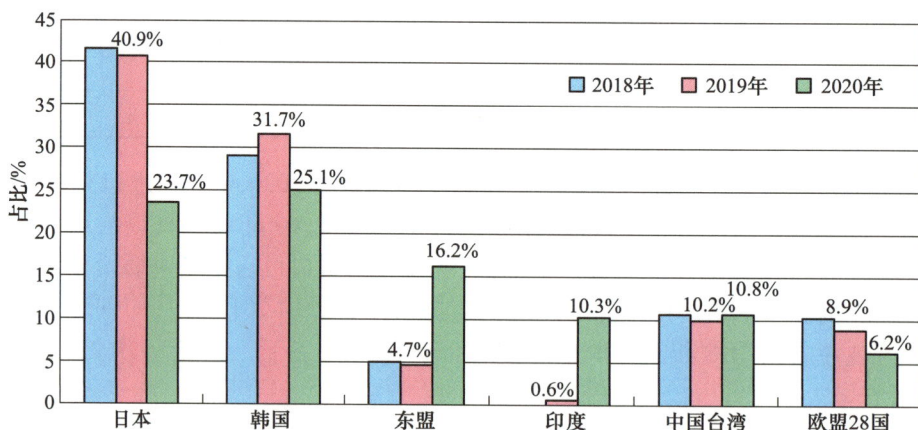

图 4-14　我国钢材进口国家和地区占比

钢坯部分，2020 年我国自俄罗斯、越南、印度分别进口钢坯 316 万吨、301 万吨和 299 万吨，同比分别增长 10.7 倍、7.6 倍和 10.6 倍，占进口总量的 17.2%、16.4% 和 16.3%（图 4-15）。从方坯的国际价格可见，独联体、印度以及东南亚国家在价格方面较我国存在一定优势，故俄罗斯、印度长期以来都是我国钢坯主要来源国，东盟国家也已经从我国钢坯出口目的国转变为钢坯进口来源国。价格方面，2020 年 3 月欧盟及中东等钢厂因疫情陆续停工停产，国际钢坯价格陆续跳水，于 4 月初跌至 3 年内最低水平。二至三季度国际钢坯价格低位震荡，总体增幅不大。10 月份起国际钢坯价格随海外需求恢复逐步走高，与中国市场钢坯价差震荡回落至年内最低水平，价格优势的减弱也导致我国钢坯进口量自 10 月份大幅回落（图 4-16）。

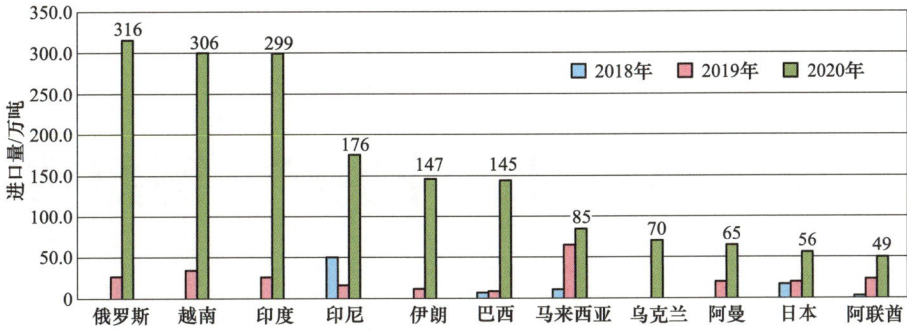

图 4-15　中国钢坯进口分国别情况

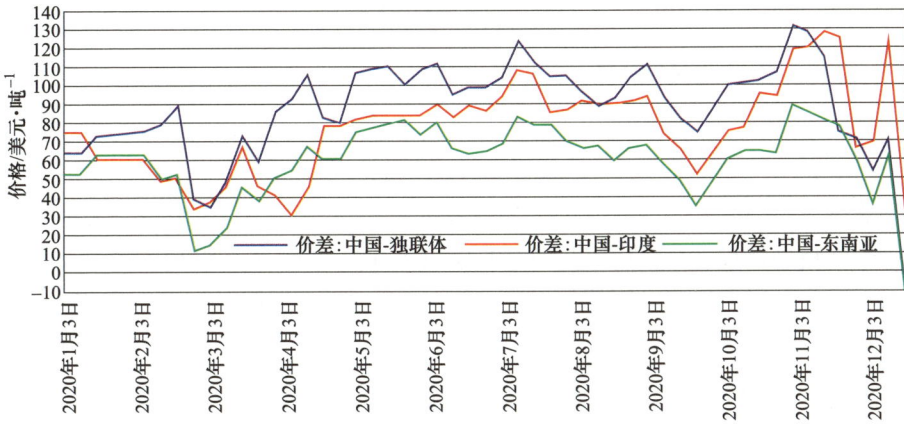

图 4-16　中国与钢坯主要来源国价差走势

（**本章撰写人：樊璐，中国钢铁工业协会**）

第5章
2020年主要钢材品种生产、消费情况

一、2020年主要长材生产消费情况

（一）2020年钢筋供需情况

1. 表观消费情况

2020年我国钢筋表观消费量26733万吨，比上年增加1422万吨，上升5.6%。其中国内生产26639万吨，同比增长5.1%；进口137万吨，同比增长4310.7%；出口43万吨，同比下降7.7%（图5-1）。

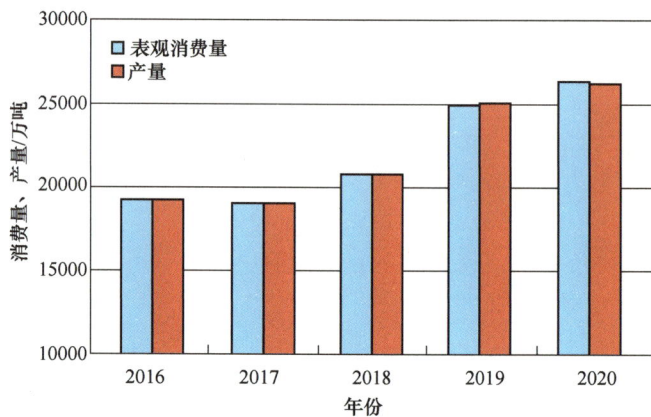

图5-1 2016-2020年我国钢筋表观消费量、产量情况

2020年，全国钢材总产量为132489万吨，同比增长7.7%，钢筋产量增速低于钢材平均增速2.6个百分点；钢筋产量占钢材总产量比重为20.1%，较上年下降0.5个百分点，是产量最大的钢材品种。

2020年会员企业生产钢筋16093万吨，同比增长7.8%。从企业产量比重来看，会员企业钢筋产量占比连续下降，2020年降至60%，非会员企业钢筋产量占比增至40%（图5-2）。

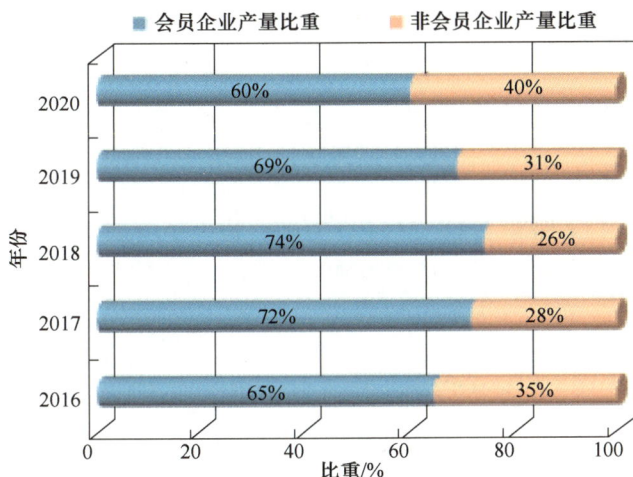

图 5-2　2016-2020 年会员企业钢筋产量比重变化情况

2. 进出口情况

我国钢筋生产基本能够满足国内需求，前期每年进口量仅在 5 万吨以下，2020 年进口量同比大幅增长。根据海关总署统计数据，2020 年我国进口钢筋 137 万吨，比上年增加 134 万吨，上升 43 倍；出口钢筋 43 万吨，比上年减少 3 万吨，下降 7.7%。近几年，由于我国相关出口政策调整和税号没有细分的原因，海关总署统计的钢筋出口数据没有涵盖全部的出口数量。根据钢协统计数据显示，2020 年重点钢铁企业钢筋出口量为 111 万吨。

3. 消费情况

2020 年我国钢筋消费增长幅度较上期有所收窄。从重点统计企业钢筋销售流向来看，华东地区依然是我国钢筋流入最大的区域，2020 年占全国比重为 39.7%，其次中南占 25.2%；西南占 15.0%；华北占 8.0%；西北占 6.9%；东北占 4.5%；出口占 0.6%。对比 2020 年和 2019 年钢筋流向比重，流向华东、西南地区比重下降；流向中南、西北、东北、华北地区比重上升；出口占比持续下降（表 5-1）。

表 5-1　2016-2020 年会员企业钢筋产品流向区域情况　　　　　　　　%

年份	华北	东北	华东	中南	西北	西南	出口
2016	13.1	3.5	38.1	18.9	7.0	14.9	4.4
2017	10.2	4.1	40.6	20	6.5	16.4	2.2
2018	8.8	3.8	40.5	21.7	5.7	18.1	1.3
2019	7.9	3.9	41.5	23.9	6.0	16.0	0.9
2020	8.0	4.5	39.7	25.2	6.9	15.0	0.6

2020 年，在重点统计会员企业中，钢筋产销率为 99.8%，年初库存 233 万吨，期末库存 279 万吨，库存增加 46 万吨。

（二）2020 年线材供需情况

1. 表观消费情况

2020 年我国线材表观消费量为 16495 万吨，比上年增加 1207 万吨，上升 7.9%；其中国内生产 16656 万吨，同比增长 6.4%；进口 127 万吨，同比增长 117.0%；出口 288 万吨，同比下降 32.2%（图 5-3）。

图 5-3　2016-2020 年我国线材表观消费量、产量情况

2020 年线材产量占钢材总产量比重为 12.6%，较上年下降 0.2 个百分点，是所有钢材品种中产量第三大品种。

2020 年会员企业生产线材 9153 万吨，同比下降 1.0%，其中制品用高碳钢线材产量为 908 万吨，同比增长 1.9%。会员企业产量占比呈逐年下降走势，2020 年会员企业产量占比为 55%，非会员企业占比为 45%（图 5-4）。

2. 进出口情况

我国线材进口量多年保持在 50 万吨左右，2020 年进口量较前期增加较多，进口量达 127 万吨，同比增加 69 万吨，增长 117.0%。我国线材出口连续 5 年下降，2020 年出口量下降至 288 万吨，同比减少 137 万吨，下降 32.2%（图 5-5）。

3. 消费情况

近年我国线材消费缓慢上升，其中华东地区仍为主要流入地区，2020 年占比达到 38.1%；中南占 21.0%；华北地区占比 17.7%；西南占 11.2%；西北占 6.4%；东北占 3.0%；出口占 2.6%。对比 2020 年和 2019 年流向比重，流向华东、中南、东北、西北地区占比呈现增长趋势，流向华北、西南地区占比下降，出口占比连续 4 年下降（表 5-2）。

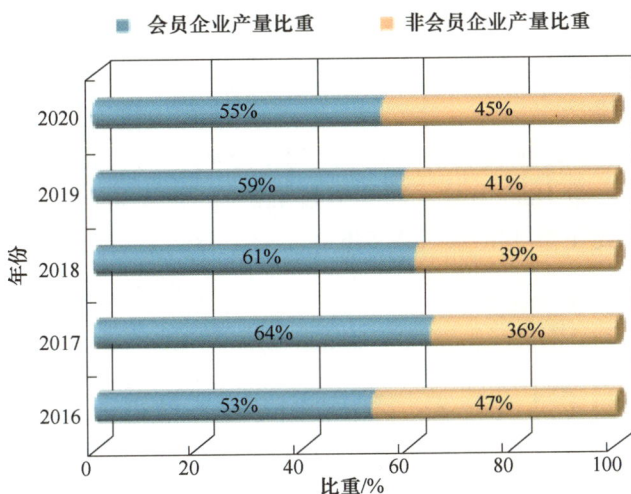

图 5-4　2016-2020 年会员企业线材产量比重变化情况

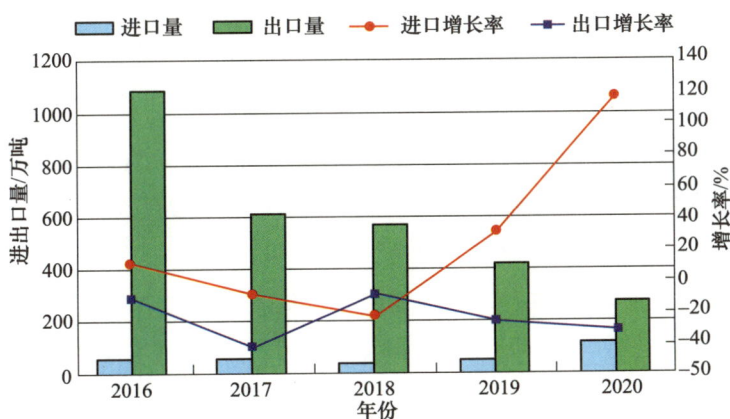

图 5-5　2016-2020 年我国线材进出口情况

表 5-2　2016-2020 年会员企业线材产品流向区域情况　　　　　　%

年份	华北	东北	华东	中南	西北	西南	出口
2016	19.5	3.4	38.6	14.4	4.6	8.8	10.7
2017	18.6	3.2	42.0	15.8	5.3	8.7	6.3
2018	20.4	2.5	39.7	17.0	6.8	8.6	5.0
2019	18.8	2.7	37.5	19.4	6.1	11.6	3.8
2020	17.7	3.0	38.1	21.0	6.4	11.2	2.6

　　2020 年，在重点统计会员企业中，线材产销率为 99.4%，年初库存 167 万吨，期末库存 215 万吨，库存增加 48 万吨。

（三）2020 年型材供需情况

1. 表观消费情况

2020 年我国大型型钢表观消费量为 1783 万吨，比上年增加 293 万吨，上升 19.7%。其中国内产量 1856 万吨，同比增长 4.3%；进口 30 万吨，同比增长 35.0%；出口 103 万吨，同比下降 14.7%（图 5-6）。

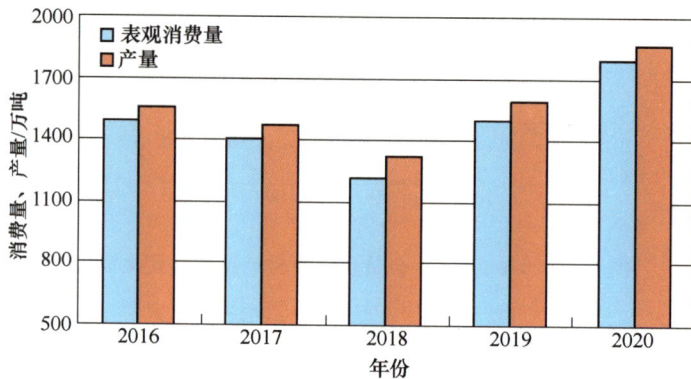

图 5-6　2016-2020 年我国大型型钢表观消费量、产量情况

2020 年我国中小型型钢表观消费量为 5132 万吨，比上年增加 449 万吨，上升 9.6%。其中国内生产 5289 万吨，同比增长 7.6%；进口 2 万吨，同比下降 23.7%；出口 159 万吨，同比下降 12.3%（图 5-7）。

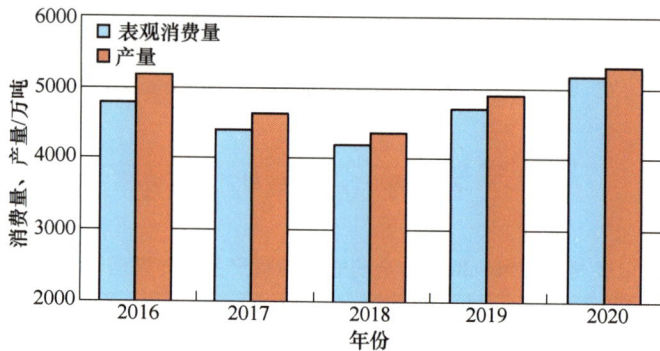

图 5-7　2016-2020 年我国中小型型钢表观消费量、产量情况

2020 年大型型钢产量占钢材总产量比重为 1.4%，较上年下降 0.05 个百分点。中小型型钢产量占钢材总产量比重为 4.0%，较上年下降 0.01 个百分点。

大型型钢生产主要集中在会员企业，2020 年会员企业产量为 1346 万吨，同比下降 0.3%，占总产量 73%，其中大型 H 型钢产量 897 万吨，同比下降 3.5%；大型 I 型钢产量为 24 万吨，同比下降 13.1%；大型 U 型钢产量为 60 万吨，同比下降

6.4%；大型角钢 219 万吨，同比上升 3.7%（图 5-8）。

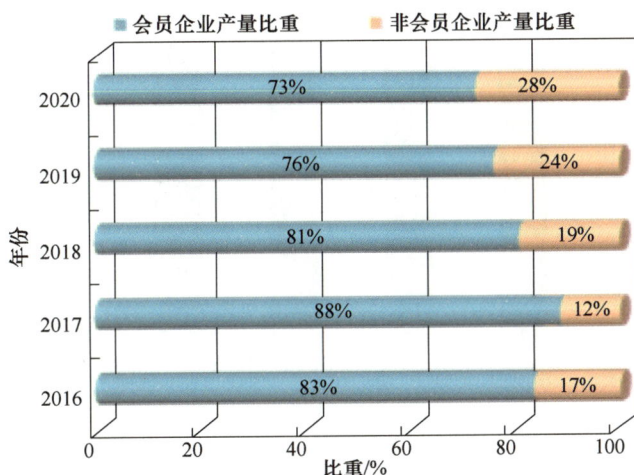

图 5-8　2016-2020 年会员企业大型型钢产量比重变化情况

中小型型钢会员企业 2020 年产量 701 万吨，同比上升 35.5%，占总产量比重为 13%；中小型型钢生产主要集中在非会员企业，特别是地方民营企业（图 5-9）。

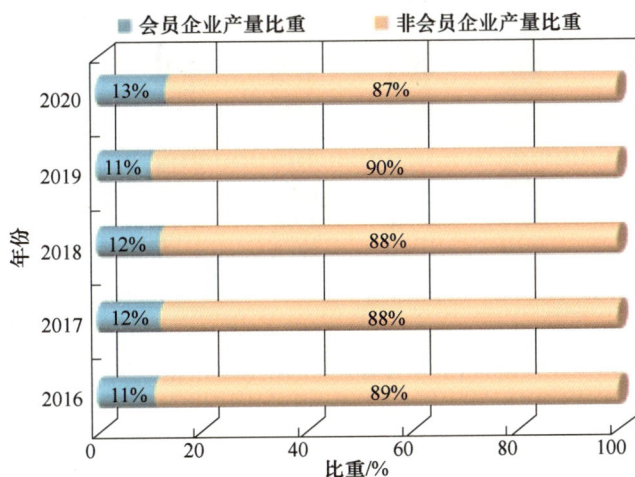

图 5-9　2016-2020 年会员企业中小型产量比重变化情况

2020 年会员企业大型型钢销售中，直销比重为 27.4%，较上年减少 2.9 个百分点；分销比重为 46.5%，上升 3.1 个百分点；零售比重为 14.8%，增加 1.3 个百分点；分支机构为 7.0%，上升 0.5 个百分点；出口为 4.3%，下降 2.0 个百分点（图 5-10）。

2020 年会员企业中小型型钢销售中，直销比重为 66.6%，较上年提高 5.6 个百分点；分销比重为 24.8%，下降 4.3 个百分点；零售比重为 6.3%，下降 1.0 个百分

图 5-10 2016-2020 年会员企业大型型钢销售渠道所占比例

点；分支机构为 1.5%，上升 0.1 个百分点；出口为 0.8%，下降 0.3 个百分点（图 5-11）。

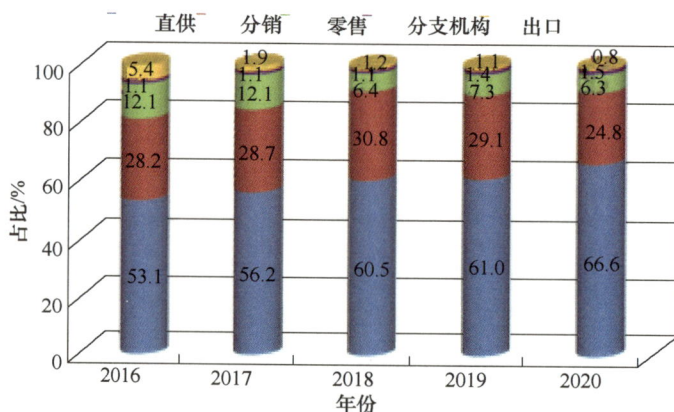

图 5-11 2016-2020 年会员企业中小型钢销售渠道所占比例

2. 进出口情况

近年来，我国大型型钢进口量保持在较低水平，一直维持在 20-40 万吨左右。2020 年进口大型型钢 30 万吨，同比增加 8 万吨，增长 3.5%。受贸易摩擦和出口政策调整影响，我国大型型钢出口在 2007 年达到 451 万吨的峰值后快速下滑，至今尚未恢复。2020 年我国大型型钢出口量为 103 万吨，同比减少 18 万吨，下降 14.7%（图 5-12）。

我国中小型型钢进口量很低，一直在 5 万吨以下，2020 年进口量为 2 万吨，同比减少 1 万吨，下降 23.7%。近几年我国中小型型钢出口量呈现连续下降趋势，2020 年出口量 159 万吨，同比减少 22 万吨，下降 12.3%（图 5-13）。

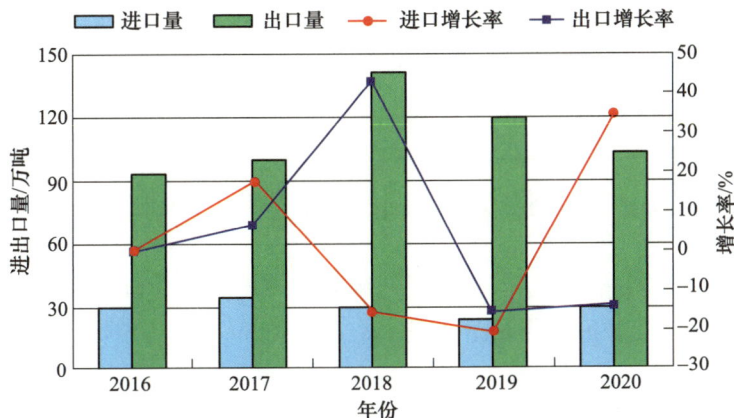

图 5-12　2016-2020 年我国大型型钢进出口情况

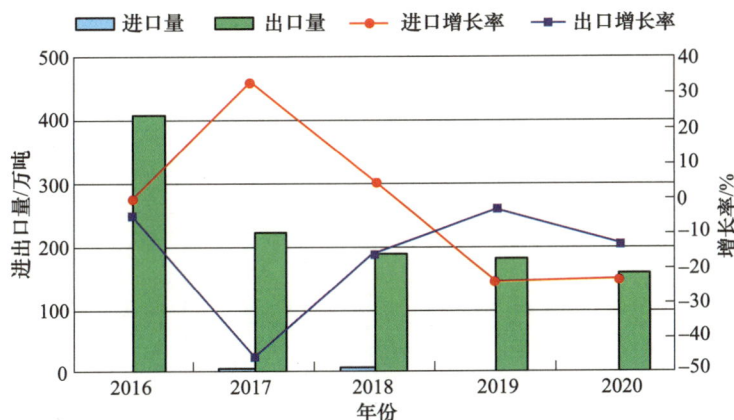

图 5-13　2016-2020 年我国中小型型钢进出口情况

3. 消费情况

2020 年全国大型型钢和中小型型钢消费均呈上升趋势。会员企业大型型钢产品流向区域中，2020 年主要流向华东市场，占比 46.9%；华北占 23.3%；西南占 10.3%；中南占 9.1%；西北占 4.2%；东北占 1.9%；出口占 4.3%。对比 2020 年和 2019 年大型型钢流向比重，2020 年流向华北、东北、中南地区比重出现下降；流向华东、西北、西南地区比重出现增长（表 5-3）。

表 5-3　2016-2020 年会员企业大型型钢产品流向区域情况　　　　　　　　%

年份	华北	东北	华东	中南	西北	西南	出口
2016	28.8	2.1	41.3	8.9	2.6	7.9	8.4
2017	22.6	3.6	40.8	11.4	4.3	10.4	6.8
2018	22.9	2.6	39.9	13.1	4.3	10.6	6.6

续表 5-3

年份	华北	东北	华东	中南	西北	西南	出口
2019	25.1	2.2	43.9	9.4	3.9	9.1	6.3
2020	23.3	1.9	46.9	9.1	4.2	10.3	4.3

由于会员企业中小型型钢产量占全国产量比重很小，因此会员企业中小型型钢流向不具有代表性。

2020 年，在重点统计会员企业中，大型型钢产销率为 100.3%，年初库存 22 万吨，期末库存 17 万吨，库存下降 5 万吨。

（四）2020 年无缝钢管供需情况

1. 表观消费情况

2020 年我国无缝钢管表观消费量 2476 万吨，比上年增加 98 万吨，上升 4.3%。其中国内生产 2788 万吨，同比下降 0.1%；进口 15 万吨，同比增长 9.1%；出口 327 万吨，同比下降 24.8%（图 5-14）。

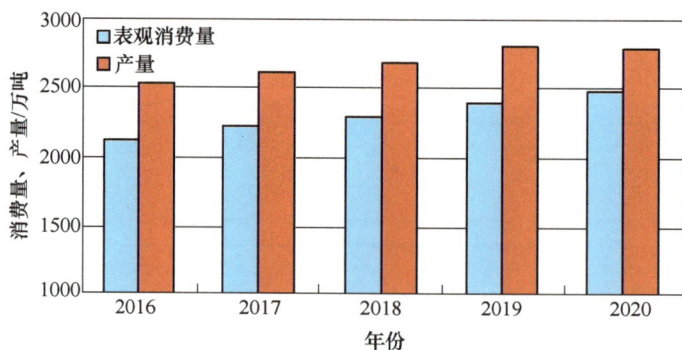

图 5-14　2016-2020 年我国无缝钢管表观消费量、产量情况

2020 年无缝钢管产量占钢材总产量比重为 2.1%，较上年下降 0.16 个百分点。2020 年会员企业无缝钢管产量为 866 万吨，同比下降 3.8%。从近几年的占比情况来看，非会员企业无缝钢管产量占比逐年提高，2020 年升高至 69%，会员企业占比降至 31%（图 5-15）。

2020 年会员企业直供比例为 47.2%，同比下降 1.4 个百分点；分销比重 37.4%，同比上升 6.2 个百分点；零售比重 1.5%，同比上升 0.5 个百分点；分支机构 3.0%，同比上升 0.1 个百分点；出口比重 10.9%，同比下降 5.4 个百分点（图 5-16）。

2. 进出口情况

近几年我国无缝钢管进口量一直保持在 20 万吨以下水平，2020 年我国无缝钢管进口量为 15 万吨，同比增加 1 万吨，增长 9.1%；2020 年出口 327 万吨，同比减少 108 万吨，下降 24.8%，降幅较前几年有所扩大（图 5-17）。

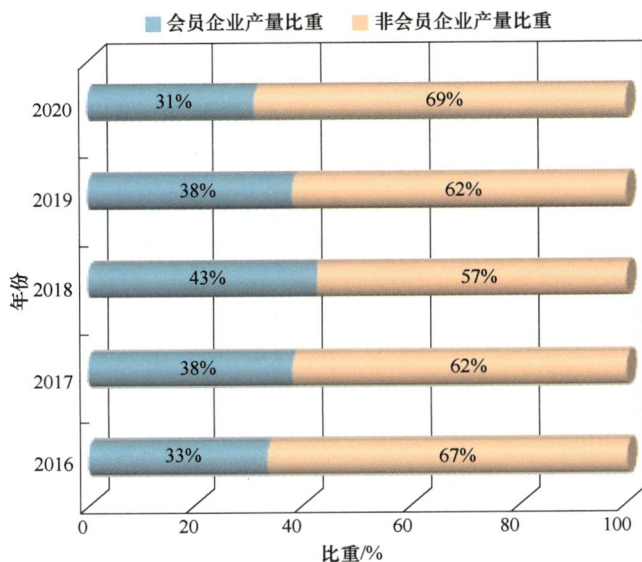

图 5-15 2016-2020 年会员企业无缝钢管产量比重情况

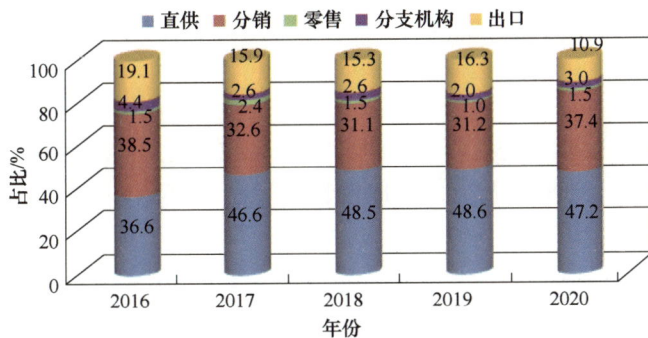

图 5-16 2016-2020 年会员企业无缝钢管产品营销情况

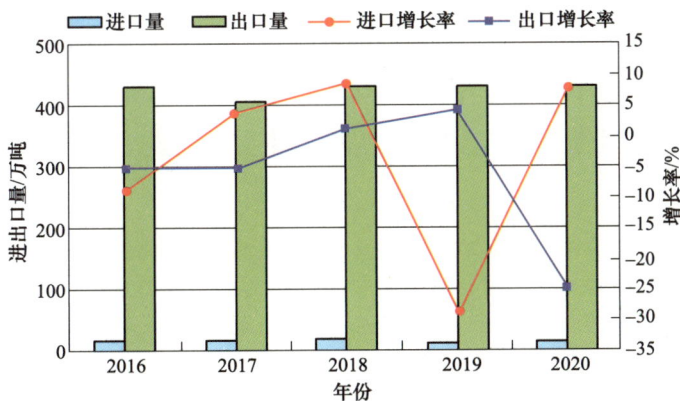

图 5-17 2016-2020 年我国无缝钢管进出口情况

3. 消费情况

近年全国无缝钢管消费平稳上升，2020 年会员企业无缝钢管产品流向区域中，主要流向华东和华北市场，占比分别为 32.6% 和 26.3%；中南占 11.4%；西北占 7.9%；西南占 5.7%；东北占 5.3%；出口占比 10.9%，下降较快（表5-4）。

表 5-4　2016-2020 年会员企业无缝钢管产品流向区域情况　　　　%

年份	华北	东北	华东	中南	西北	西南	出口
2016	27.9	6.8	22.6	7.7	8.6	7.5	19.0
2017	23.3	7.5	26.8	8.9	12.3	5.4	15.9
2018	21.8	7.6	28.2	9.5	12.6	5.2	15.3
2019	23.7	6.2	28.7	9.8	9.7	5.4	16.3
2020	26.3	5.3	32.6	11.4	7.9	5.7	10.9

2020 年，在重点统计会员企业中，无缝钢管产销率为 99.5%，年初库存 40 万吨，期末库存 44 万吨，库存增加 4 万吨。

（五）2020 年焊接钢管供需情况

1. 表观消费情况

2020 年我国焊接钢管表观消费量 5829 万吨，比上年增加 587 万吨，上升 11.2%；其中国内生产 6167 万吨，同比增长 5.6%；进口 23 万吨，同比增长 21.7%；出口 361 万吨，同比下降 8.8%（图 5-18）。

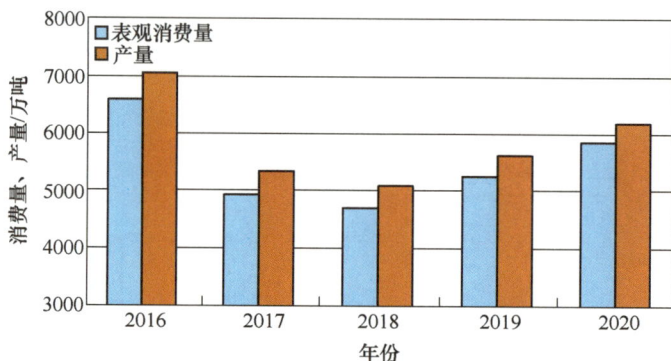

图 5-18　2016-2020 年我国焊管表观消费量、产量情况

2020 年焊管产量占钢材总产量比重为 4.7%，较上年下降 0.1 个百分点；会员企业焊接钢管产量为 112 万吨，同比下降 2.4%，占总产量比重 1.8%。从近几年的占比情况来看，我国焊接钢管生产绝大部分集中在非会员企业，产量占比达 98%，会员企业占比仅为 2%（图 5-19）。

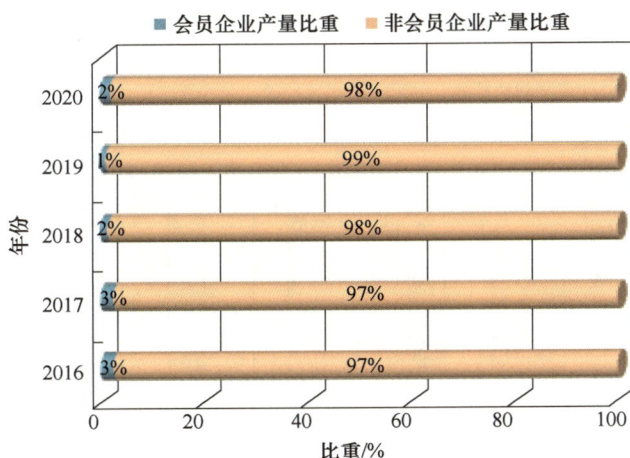

图 5-19　2016-2020 年会员企业焊接钢管产量比重情况

2. 进出口情况

近几年我国焊接钢管进口量一直保持在 20 万吨左右，2020 年焊接钢管进口量为 23 万吨，同比增加 4 万吨，增长 21.7%。我国焊接钢管出口量呈逐年下降趋势，2020 年出口 361 万吨，同比减少 35 万吨，下降 8.8%（图 5-20）。

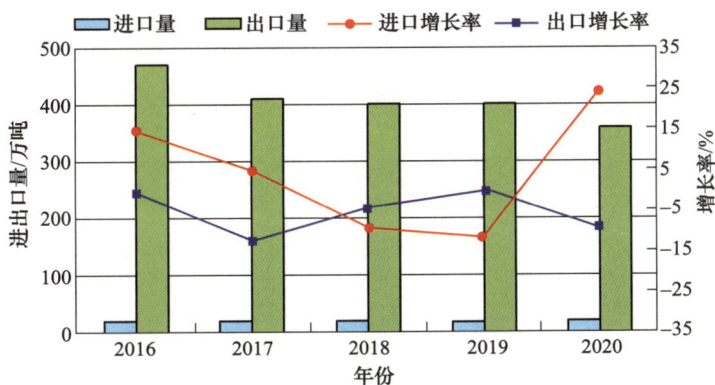

图 5-20　2016-2020 年我国焊接钢管进出口情况

2020 年，在重点统计会员企业中，焊管产销率为 102.7%，年初库存 4 万吨，期末库存 2 万吨，库存下降 2 万吨。

二、2020 年主要板带材生产消费情况

（一）2020 年中厚板供需情况

2020 年我国中厚板（包含特厚板、厚板、中板，下同）表观消费量 9057 万吨，比上年增加 1193 万吨，上升 15.2%。其中国内生产 9132 万吨，同比增长 11.7%；

进口 285 万吨，同比增长 32.7%；出口 359 万吨，同比下降 31.7%（图 5-21）。

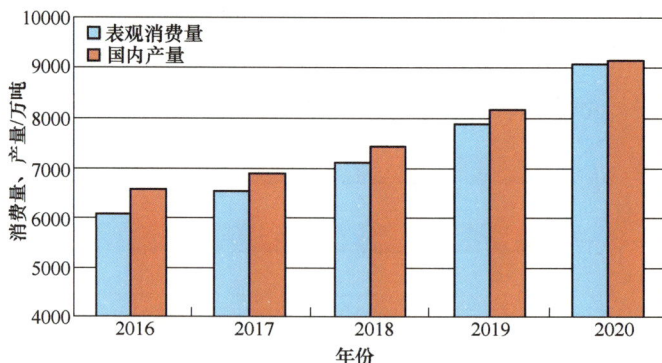

图 5-21　2016-2020 年我国中厚板表观消费量、产量情况

2020 年，我国中厚板产量增速较快，增幅高于钢材平均增幅 4 个百分点，产量占钢材总量的比重为 6.9%，同比上升 0.3 个百分点。

中厚板产量多年来主要为会员企业生产，产量占比多年保持在 90% 左右。2020 年会员企业产量占比下降较快，降至 75%，非会员企业占比升到 25%（图 5-22）。

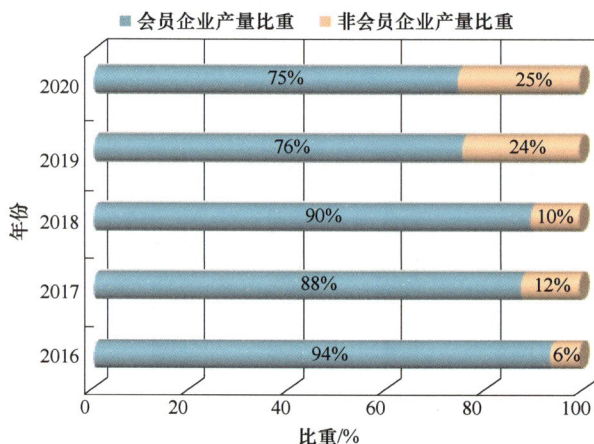

图 5-22　2016-2020 年会员企业中厚板产量比重变化情况

2020 年，重点统计会员企业中厚板轧机生产的品种板产量占其总产量的比例为 26.9%。造船板是中厚板生产中的主要品种，2020 年重点统计会员企业造船板产量 966 万吨，同比增加 116 万吨，上升 13.7%，其中高强船板产量 592 万吨，同比增加 101 万吨，上升 20.5%，高强船板占造船板全部产量的 61.3%，上升幅度较大；重点统计会员企业生产锅炉和压力容器钢板 383 万吨，同比增加 82 万吨，上升 27.1%；桥梁板产量 330 万吨，同比增加 36 万吨，上升 12.4%；管线钢板产量 164 万吨，同比增加 11 万吨，上升 7.5%。

近几年我国中厚板消费呈较快上升趋势，华东地区仍为主要流入地区，2020 年占比达到 46.1%；中南占 20.2%；华北占 17.1%；西南占 5.4%；东北占 4.6%；西北占 3.0%；出口占 3.6%。对比 2020 年和 2019 年流向比重，流向华东、中南、华北地区占比呈现较快增长趋势，流向东北地区占比下降，出口占比连续 4 年下降（表 5-5）。

表 5-5 2016-2020 年会员企业中厚板产品流向区域情况 %

年份	华北	东北	华东	中南	西北	西南	出口
2016	17.2	5.8	43.1	16.5	3.0	2.6	11.8
2017	17.6	5.5	46.3	17.7	2.9	3.3	6.5
2018	18.1	6.1	42.9	19.2	2.6	4.9	6.2
2019	14.9	4.8	40.0	17.7	2.5	4.7	5.4
2020	17.1	4.6	46.1	20.2	3.0	5.4	3.6

2020 年重点统计会员企业全年中厚板产销率为 99.7%，年初库存 155 万吨，期末库存 162 万吨，库存增加 7 万吨。

（二）2020 年中厚宽钢带供需情况

2020 年我国中厚宽钢带表观消费量 16575 万吨，比上年增加 2072 万吨，上升 14.3%。其中国内生产 17046 万吨，同比增长 12.2%；进口 180 万吨，同比下降 0.4%；出口 651 万吨，同比下降 25.5%（图 5-23）。

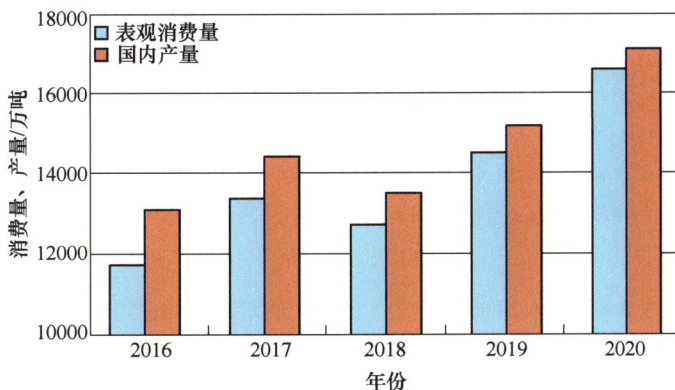

图 5-23 2016-2020 年我国中厚宽钢带表观消费量、产量情况

2020 年中厚宽钢带产量占钢材比重 12.9%，同比上升 0.5 个百分点，在全部钢材产量中排名第 2 位。中厚宽钢带是热连轧机的主要产品之一，在重点统计会员企业中，2020 年中厚宽钢带产量占热连轧机总产量的 44.8%，同比下降 1.3 个百分点；下工序用料占全部轧机产量的 42.3%，同比上升 1.4 个百分点；热轧薄宽钢带占全部轧机产量的 12.9%，同比下降 0.1 个百分点。

2020 年重点统计会员企业的热连轧机生产中，中厚宽钢带的主要品种板产量同比大部分呈上升趋势，其中汽车板产量 621 万吨，同比增加 56 万吨，上升 9.9%；集装箱板产量 160 万吨，同比增加 41 万吨，上升 34.6%；热轧酸洗板产量 350 万吨，同比增加 8 万吨，上升 2.3%；管线钢板产量 202 万吨，同比减少 52 万吨，下降 20.5%。

我国中厚宽钢带产量大部分为会员企业生产，2020 年会员企业中厚宽钢带产量 12643 万吨，同比增长 12.6%。近年会员企业产量占比连续下降，2020 年会员企业产量占比 75%，非会员企业占比 25%（图 5-24）。

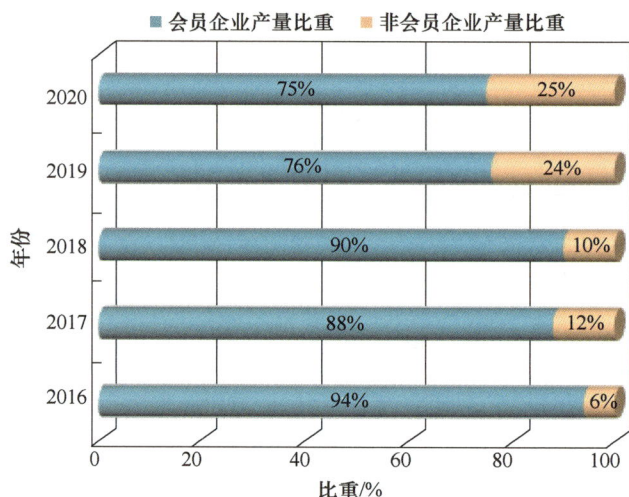

图 5-24　2016-2020 年会员企业中厚宽钢带产量比重变化情况

近几年我国中厚宽钢带消费呈现较快增长，华东、华北地区仍为主要流入地区，2020 年占比分别达到 38.3% 和 26.8%；中南占 16.1%；东北占 8.1%；西南占 6.6%；西北占 2.2%；出口占 2.0%。对比 2020 年和 2019 年流向比重，流向华北、东北地区占比上升幅度较大，流向西南、中南、西北地区占比有所下降，出口占比连续下降（表 5-6）。

表 5-6　2016-2020 年会员企业中厚宽钢带产品流向区域情况 %

年份	华北	东北	华东	中南	西北	西南	出口
2016	29.5	5.5	32.1	17.2	2.6	5.7	7.3
2017	26.3	5.0	36.0	17.1	2.6	7.1	5.9
2018	25.0	5.9	37.6	15.8	2.5	8.8	4.3
2019	25.1	6.7	38.2	16.6	2.5	7.7	3.2
2020	26.8	8.1	38.3	16.1	2.2	6.6	2.0

2020 年，在重点统计会员企业中，中厚宽钢带产销率为 99.8%，年初库存 145 万吨，期末库存 171 万吨，库存增加 26 万吨。

（三）2020 年热轧薄宽板带供需情况

2020 年全国热轧薄宽板带（包含热轧薄板，热轧薄宽钢带，下同）表观消费量 10018 万吨，比上年增加 1222 万吨，上升 13.9%。其中国内生产 9476 万吨，同比增长 8.8%；进口 558 万吨，同比增长 387.5%；出口 16 万吨，同比下降 34.0%（图 5-25）。

图 5-25　2016-2020 年我国热轧薄宽板带表观消费量、产量情况

2020 年热轧薄宽板带产量占全部钢材产量的比重为 7.2%，同比下降 0.1 个百分点。在重点统计会员企业中，热轧薄宽钢带的主要品种汽车板产量 557 万吨，同比增加 42 万吨，上升 8.3%；集装箱板产量 112 万吨，同比增加 37 万吨，上升 48.9%；热轧酸洗板产量 310 万吨，同比增加 44 万吨，上升 16.5%。

近些年，热轧薄宽板带会员企业产量占比呈逐年下降走势，2020 年会员企业产量占比 39%，非会员企业产量占比达 61%（图 5-26）。

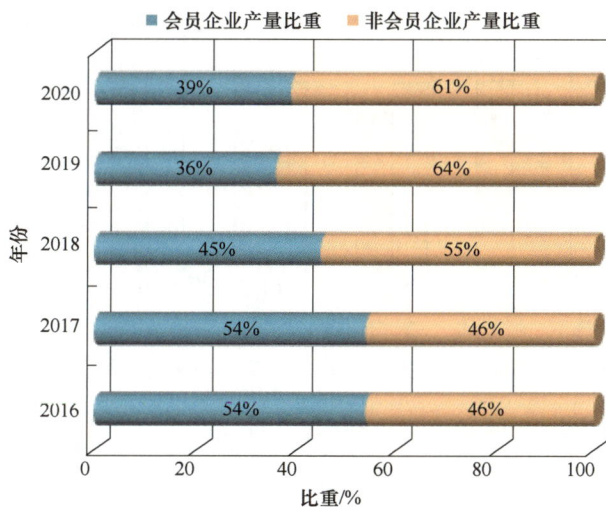

图 5-26　2016-2020 年会员企业热轧薄宽板带产量比重变化情况

2020 年我国热轧薄宽钢带消费较上年增加较多，华东仍为主要流入地区，2020
年占比 47.3%；中南占 20.8%；华北占 12.8%；东北占 6.6%；西南占 4.2%；西北
占 2.0%；出口占 6.2%。对比 2020 年和 2019 年流向比重，流向华东、中南、东北、
西南地区占比有所上升，流向华北、西北地区占比有所下降，出口占比较上年有所
上升（表 5-7）。

表 5-7　2016-2020 年会员企业热轧薄宽钢带产品流向区域情况　　　　　%

年份	华北	东北	华东	中南	西北	西南	出口
2016	34.8	3.1	35.9	14.0	1.6	1.8	8.9
2017	30.8	2.4	38.0	16.8	1.9	2.4	7.7
2018	23.2	2.5	44.7	16.7	3.6	2.4	6.8
2019	23.0	2.7	46.5	15.0	3.7	3.5	5.5
2020	12.8	6.6	47.3	20.8	2.0	4.2	6.2

2020 年，在重点统计会员企业中，热轧薄宽板带产销率为 99.6%，年初库存 39
万吨，期末库存 53 万吨，库存增加 14 万吨。

（四）2020 年冷轧薄宽板带供需情况

2020 年全国冷轧薄宽板带（含冷轧薄板、冷轧薄宽钢带，下同）表观消费量
9906 万吨，比上年增加 851 万吨，上升 9.4%。其中国内生产 9973 万吨，同比增长
7.7%；进口 303 万吨，同比增长 32.3%；出口 370 万吨，同比下降 14.9%
（图 5-27）。

图 5-27　2016-2020 年我国冷轧薄宽板带表观消费量、产量情况

2020 年，冷轧薄宽板带产量占全部钢材产量的 7.5%，与上年持平。汽车板是冷
轧薄宽板带的主要品种板之一，重点统计会员企业 2020 年冷轧汽车板产量 1239 万
吨，同比减少 7 万吨，下降 0.6%；家电板产量 357 万吨，同比增加 11 万吨，上
升 3.2%。

会员企业冷轧薄宽板带产量占比逐年下降，2020 年会员企业产量占比 39%，非会员企业产量占比 61%（图 5-28）。

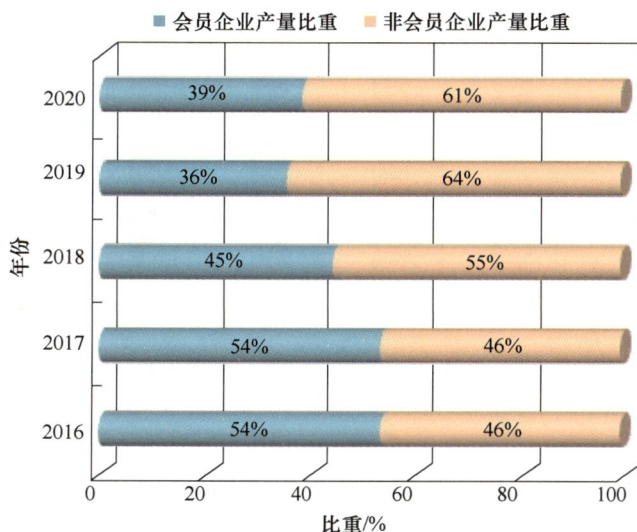

图 5-28　2016-2020 年会员企业冷轧薄宽板带产量比重变化情况

2020 年，重点统计会员企业年初库存 68 万吨，期末库存 64 万吨，库存减少 4 万吨。

近年我国冷轧薄宽钢带消费增长较快，华东仍为主要流入地区，2020 年占比 45.4%；中南占 25.5%；华北占 11.2%；西南占 8.0%；东北 4.3%；西北占 1.5%；出口占 4.1%。对比 2020 年和 2019 年流向比重，流向华东、中南、华北、西南地区占比有所上升，流向东北地区占比略有下降，出口占比呈连续下降走势（表 5-8）。

表 5-8　2016-2020 年会员企业冷轧薄宽钢带产品流向区域情况　　　　　　　%

年份	华北	东北	华东	中南	西北	西南	出口
2016	14.3	4.8	43.5	21.5	1.4	6.9	7.5
2017	14.2	4.6	41.6	23.3	1.6	7.8	6.9
2018	23.2	2.5	44.7	16.7	3.6	2.4	6.8
2019	10.6	4.4	44.8	25.2	1.4	7.7	5.8
2020	11.2	4.3	45.4	25.5	1.5	8.0	4.1

（五）2020 年镀层板（带）供需情况

2020 年全国镀层板（带）表观消费量 5235 万吨，比上年增加 497 万吨，上升 10.5%。其中国内生产 6138 万吨，同比增长 6.8%；进口 206 万吨，同比下降 5.0%；出口 1109 万吨，同比下降 9.4%（图 5-29）。

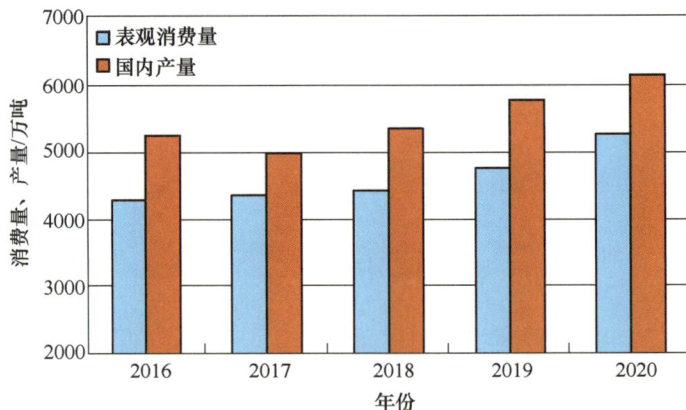

图 5-29　2016-2020 年我国镀层板（带）表观消费量、产量情况

2020 年镀层板（带）产量占全部钢材的比重为 4.6%，镀锌板同比下降 0.04 个百分点。镀锌板是镀层板中的主要产品，2020 年重点统计会员企业产量 1563 万吨，占其全部镀层板产量的 81.7%；其中镀锌汽车板产量 750 万吨，同比减少 59 万吨，下降 8.6%；镀锌家电板产量 427 万吨，同比增加 21 万吨，增长 5.2%。

我国镀层板产量大部分为非会员企业生产，2020 年会员企业产量占比 31%，非会员企业产量占比 69%（图 5-30）。

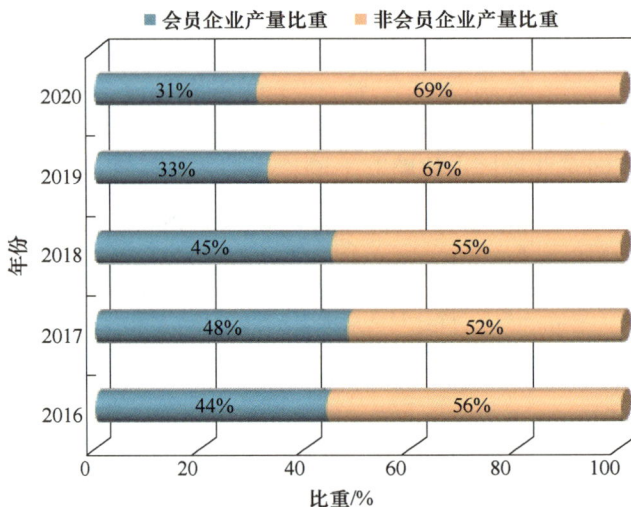

图 5-30　2016-2020 年会员企业镀层板带产量比重变化情况

我国镀层板带消费近年稳步上升，华东仍为主要流入地区，2020 年占比 38.9%；中南占 22.7%；华北占 12.3%；西南占 5.5%；东北占 3.8%；西北占 1.4%；出口占 15.5%。对比 2020 年和 2019 年流向比重，流向中南、华北、西南、东北地区占比有

所上升，流向西北、华东地区占比基本持平，出口占比有所下降（表 5-9）。

表 5-9　2016-2020 年会员企业镀层板产品流向区域情况 %

年份	华北	东北	华东	中南	西北	西南	出口
2016	12.8	3.1	36.3	19.0	1.1	5.3	22.4
2017	13.4	3.3	35.6	20.9	0.9	5.1	20.7
2018	12.5	3.2	37.4	21.9	1.0	4.6	19.4
2019	10.8	3.2	38.8	21.5	1.4	4.6	19.7
2020	12.3	3.8	38.9	22.7	1.4	5.5	15.5

2020 年，在重点统计企业中，全年镀层板（带）产销率为 97.1%，年初库存 36 万吨，期末库存 38 万吨，库存增加 2 万吨。

（六）2020 年涂层板（带）供需情况

2020 年全国涂层板（带）产量 982 万吨，同比增加 104 万吨，上升 11.8%；进口 10 万吨，同比下降 12.7%；出口 658 万吨，同比下降 1.0%（图 5-31）。

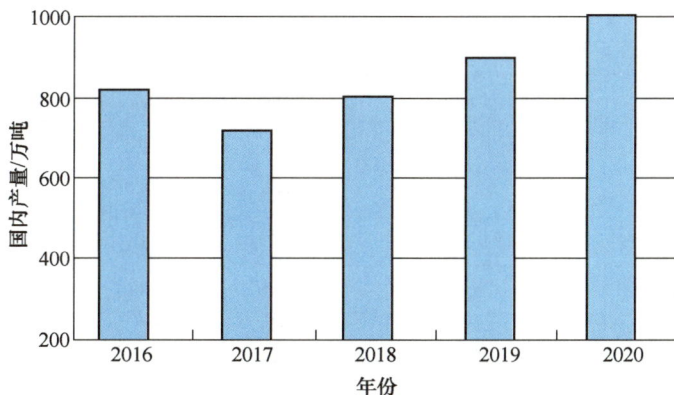

图 5-31　2016-2020 年我国涂层板（带）产量情况

受我国出口政策及海关税号细分调整等因素影响，近几年我国涂层板出口量包含其他钢材品种。

2020 年，涂层板（带）产量占全部钢材产量的比重为 0.7%，同比上升 0.03 个百分点。

我国涂层板带大部分为非会员企业生产，2020 年会员企业产量占比 18%，非会员企业占比 82%（图 5-32）。

2020 年我国涂层板带消费华东仍为主要流入地区，2020 年占比 49.4%；中南占 20.5%；华北占 12.9%；西南占 6.8%；东北占 3.1%；西北占 1.5%；出口占 5.7%。

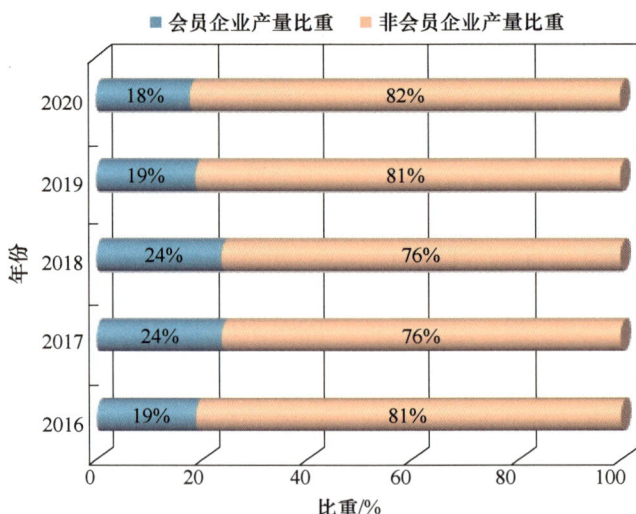

图 5-32 2016-2020 年会员企业涂层板带产量比重变化情况

对比 2020 年和 2019 年流向比重，流向华东、中南地区占比上升较快，出口占比下降较多（表 5-10）。

表 5-10 2016-2020 年会员企业涂层板产品流向区域情况   %

年份	华北	东北	华东	中南	西北	西南	出口
2016	15.0	2.4	46.1	19.1	1.9	3.5	12.0
2017	15.1	3.3	45.3	18.3	1.8	4.0	12.1
2018	13.1	3.8	50.0	15.0	1.1	6.1	10.9
2019	12.4	3.1	48.3	18.6	1.3	6.1	10.2
2020	12.9	3.1	49.4	20.5	1.5	6.8	5.7

重点统计会员企业中，全年涂层板（带）产销率为 99.4%，年初库存 3 万吨，期末库存 5 万吨，库存增加 2 万吨。

（七）2020 年电工钢板（带）供需情况

2020 年全国电工钢板（带）表观消费量 1180 万吨，比上年增加 22 万吨，上升 1.9%。其中国内生产 1189 万吨，同比增长 2.1%；进口 43 万吨，同比增长 2.6%；出口 52 万吨，同比增长 6.1%（图 5-33）。

2020 年，电工钢板（带）产量占全部钢材产量的比重为 0.9%，同比下降 0.05 个百分点。

我国电工钢板（带）产量基本为会员企业生产，2020 年会员企业产量占比 72%，非会员企业占比 28%，近两年会员企业产量占比下降幅度较大（图 5-34）。

图 5-33　2016-2020 年我国电工钢板（带）表观消费量、产量情况

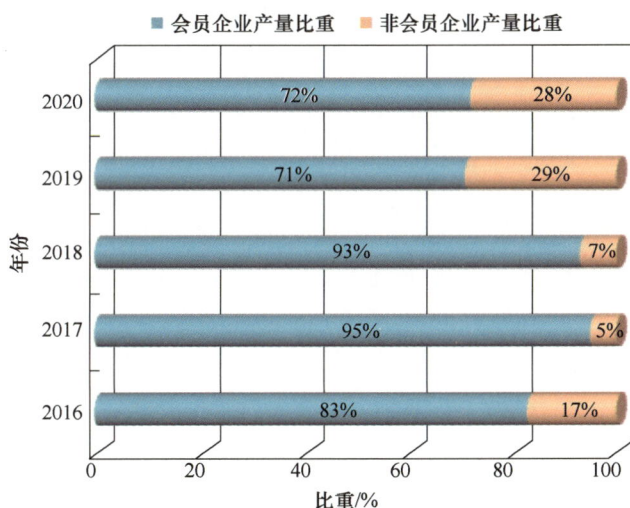

图 5-34　2016-2020 年会员企业电工钢板（带）产量比重变化情况

近两年我国电工钢板带消费增长较快，华东仍为主要流入地区，2020 年占比 59.0%；中南占 28.1%；华北占 4.6%；东北占 1.7%；西南占 1.3%；西北占 0.4%；出口占 4.9%。对比 2020 年和 2019 年流向比重，流向华东地区占比上升较快，中南占比下降较多（表 5-11）。

表 5-11　2016-2020 年会员企业电工钢板（带）产品流向区域情况　　　　%

年份	华北	东北	华东	中南	西北	西南	出口
2016	6.1	1.7	53.6	32.9	0.4	1.0	4.2
2017	6.0	1.7	49.9	35.8	0.6	1.4	4.6

续表 5-11

年份	华北	东北	华东	中南	西北	西南	出口
2018	5.5	1.9	51.1	34.1	0.3	1.6	5.5
2019	4.6	1.8	56.1	31.6	0.6	1.1	4.2
2020	4.6	1.7	59.0	28.1	0.4	1.3	4.9

　　重点统计会员企业中，全年电工钢板（带）产销率为 100.2%，年初库存 24 万吨，期末库存 22 万吨，库存减少 2 万吨。

　　（本章撰写人：刘彪，汤宏雪，徐晶，中国钢铁工业协会）

第 6 章

2020 年中国铁矿石进口情况

2020 年，中国粗钢产量和表观消费量（折合粗钢）均突破 10 亿吨，粗钢产量为 10.65 亿吨，同比增长 7.0%，粗钢产量占全球的 57.85%；表观消费量（折合粗钢）为 10.48 亿吨；高炉生铁产量 8.88 亿吨，同比增长 4.3%，高炉生铁产量占全球的 68.31%。

尽管世界经济自 2020 年 5 月开始逐步复苏，但属于弱复苏或差异性的复苏进程，各国之间的复苏是不稳定和不平衡的。因此，中国钢铁产量的增长并未能对冲世界其他地区钢铁产量的下降，2020 年全球高炉生铁和粗钢总产量同比均有所下降，分别下降 0.6% 和 0.3%；除中国外，世界高炉生铁产量同比下降 9.9%，粗钢产量同比下降 8.2%。

鉴于此，2020 年，世界铁矿石进口总量同比下降 2.6%，而中国进口铁矿石量再创历史新高，达到 11.7 亿吨，同比增长 9.5%，占世界进口铁矿石量的 76.1%。

2011-2020 年世界主要铁矿石进口国的进口量及出口国的出口量见表 6-1 和表 6-2。

表 6-1　2011-2020 年世界主要铁矿石进口国的进口量　　　　亿吨

年份	世界合计	中国	日本	韩国
2011	11.40	6.87	1.28	0.65
2012	12.06	7.45	1.31	0.66
2013	12.76	8.20	1.36	0.63
2014	14.35	9.33	1.36	0.74
2015	14.65	9.53	1.31	0.73
2016	15.28	10.25	1.30	0.72
2017	15.76	10.75	1.27	0.72
2018	15.86	10.65	1.24	0.73
2019	15.79	10.69	1.20	0.75
2020	15.38	11.70	0.99	0.70

表 6-2   2011-2020 年世界主要铁矿石出口国的出口量   亿吨

年份	世界合计	澳大利亚	巴西	南非	加拿大	印度	乌克兰	俄罗斯
2011	11.50	4.66	3.31	0.53	0.34	0.39	0.34	0.27
2012	12.13	5.24	3.27	0.54	0.34	0.28	0.35	0.25
2013	13.40	6.13	3.30	0.63	0.38	0.14	0.38	0.26
2014	14.87	7.54	3.44	0.65	0.40	0.10	0.41	0.23
2015	15.11	8.11	3.66	0.65	0.37	0.04	0.46	0.21
2016	15.92	8.54	3.74	0.65	0.41	0.22	0.39	0.19
2017	16.46	8.73	3.84	0.66	0.41	0.28	0.37	0.21
2018	16.67	8.87	3.94	0.63	0.48	0.18	0.37	0.19
2019	15.91	8.36	3.40	0.67	0.52	0.31	0.40	0.22
2020	15.74	8.69	3.42	0.66	0.50	0.48	0.42	0.23

与 2019 年相比，2020 年我国铁矿石进口出现了几个结构性变化，但有喜有忧：

一是进口铁矿石主要来源地依然是澳大利亚和巴西，且进口量继续保持增长，但占进口铁矿石总量的比重有所下降。2019 年我国进口铁矿石总量中，澳大利亚占 62.7%，巴西占 21.4%；2020 年中国进口铁矿石总量中，澳大利亚占 60.9%、巴西占 20.1%。即进口增量来源趋向多元化。

二是随着我国高炉大型化和源头治理污染的需要，块矿、精粉、球团进口增长明显。

三是铁矿石月度进口量不均衡，且波动较大。一季度生铁产量基本保持稳定，随着国产矿产量增加，铁矿石进口量下降；二季度随着生铁产量增加，加之国产矿产量变化不大，铁矿石进口量随之增加，且于 7 月份达到峰值；随后铁矿石进口量基本上随着生铁产量的下降而下降。

四是月度进口铁矿石港存量偏低。由于下游需求旺盛，进口铁矿石港存量较低，低于近 5 年平均水平（年中港存消耗天数接近 5 年来的极值），但供给呈现紧平衡状态。

五是月度进口铁矿石价格波动攀升。前三季度，受国内需求增长及全球新冠肺炎疫情抑制铁矿石供应等因素影响，进口铁矿石价格持续攀升，8 月份升至 123 美元/吨，创近 6 年来新高。之后小幅回落，但年底又反弹到年内最高点。

2019-2020 年我国铁矿石进口分国别情况见表 6-3，2019-2020 年我国铁矿石进口量及同比增长情况如图 6-1 所示，2019-2020 年我国进口铁矿石港存量变化如图 6-2 所示。

表 6-3　2019-2020 年我国铁矿石进口分国别情况　　　　　万吨

项　目		2019 年	2020 年	增减量	增幅/%
进口总量		106883	117037	10154	9.5
分国别	澳大利亚	66457	71313	4856	7.3
	巴西	22895	23574	679	3.0
	其他	17531	22151	4620	26.4
	南非	4288	4640	352	8.2
	印度	2386	4484	2098	87.9
	乌克兰	1395	2482	1087	77.9
	加拿大	1131	1735	604	53.4
	俄罗斯	840	1264	424	50.5
	蒙古	831	837	6	0.7
	智利	690	1308	618	89.6
	秘鲁	1499	1359	−140	−9.3
分品种	粗粉	74111	80271	6160	8.3
	块矿	18400	20046	1646	8.9
	精粉	11110	12216	1106	10.0
	球团	3262	4504	1242	38.1

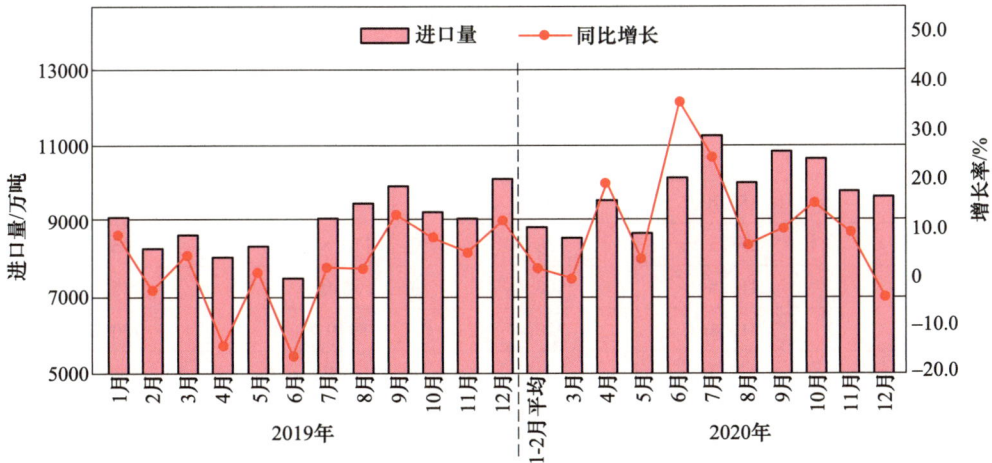

图 6-1　2019-2020 年我国铁矿石进口量及同比增长情况

　　2020 年，正是受中国钢铁产量保持稳定增长和占世界产量比重较高支撑，世界铁矿业生产和贸易保持了相对稳定。然而，中国庞大的进口铁矿石市场规模并未转化为经济优势。

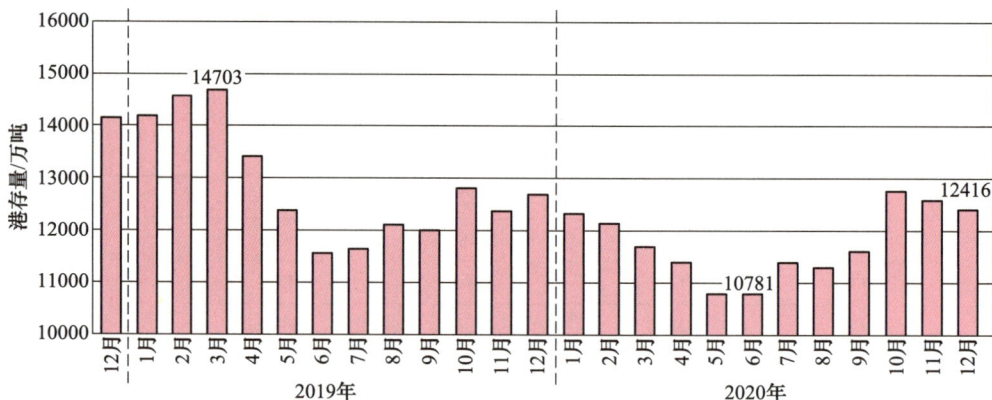

图 6-2　2019-2020 年我国进口铁矿石港存量变化

2020 年，在全球高炉生铁减产和全球进口铁矿石总量下降，以及海运费基本稳定的大背景下，我国进口铁矿石到岸价格从年初的 94 美元/吨飙升至年末的 160 美元/吨；进口铁矿石年度到岸价均价为 101.7 美元/吨，为"十三五"期间最高年度均价；而同期我国钢铁行业利润总额却同比下降 7.5%，严重侵蚀着中国钢铁业的利润。2019-2020 年铁矿石价格变化见表 6-4。

表 6-4　2019-2020 年铁矿石价格变化

时　间	中国铁矿石价格指数	国产铁矿石价格/元·吨$^{-1}$	进口铁矿石到岸价格/美元·吨$^{-1}$	进口铁矿石现货贸易含税价格/元·吨$^{-1}$
2019 年 1 月	294.8	626.5	81.7	670.0
2 月	297.5	643.1	82.8	673.3
3 月	304.3	646.2	84.9	682.5
4 月	329.5	630.8	92.9	727.6
5 月	357.8	678.4	99.2	796.7
6 月	398.3	738.0	110.8	903.2
7 月	419.5	808.5	116.0	955.7
8 月	313.1	719.4	83.9	760.6
9 月	337.7	734.3	91.4	813.0
10 月	314.2	727.0	84.0	720.5
11 月	319.3	705.0	86.2	717.3
12 月	333.0	708.0	90.5	731.0
2020 年 1 月	345.0	715.6	94.2	680.5
2 月	311.3	714.4	83.4	681.6
3 月	309.2	703.6	83.0	709.3

时　间	中国铁矿石价格指数	国产铁矿石价格/元·吨⁻¹	进口铁矿石到岸价格/美元·吨⁻¹	进口铁矿石现货贸易含税价格/元·吨⁻¹
4 月	306.5	686.0	82.5	699.7
5 月	359.8	715.5	91.6	815.9
6 月	364.4	768.8	99.2	839.8
7 月	399.6	787.8	110.0	920.0
8 月	443.5	825.6	123.3	1033.4
9 月	432.5	815.5	120.0	983.1
10 月	421.4	816.7	116.4	941.0
11 月	465.2	832.6	130.1	974.7
12 月	566.7	967.6	159.5	1191.2

注：国产铁矿石和进口澳大利亚铁矿石（品位 62%）月末价格。

目前，国际上主要铁矿石供应商包括巴西淡水河谷和澳大利亚力拓、必和必拓、FMG。"四大矿"合计产量约占全球的 50%，出口量约占全球的 68%，依托规模优势、成本优势（比世界平均成本低 1/3）、品质优势（"四大矿"铁矿石平均品位在 60% 左右，全球平均品位为 44.7%）等，使国际铁矿石供给市场呈现寡头垄断格局。2020 年，由于"四大矿"铁矿石出口价格持续升高，其盈利水平较好。

2000-2020 年中国进口铁矿石年度均价如图 6-3 所示，2019-2020 年巴西、澳大利亚至我国青岛港国际铁矿石海运价格见表 6-5，2017-2020 年四大矿山公司铁矿石出口量见表 6-6，2018-2020 年四大矿山公司铁矿石离岸成本见表 6-7，2018-2020 年四大矿山公司经营情况见表 6-8。

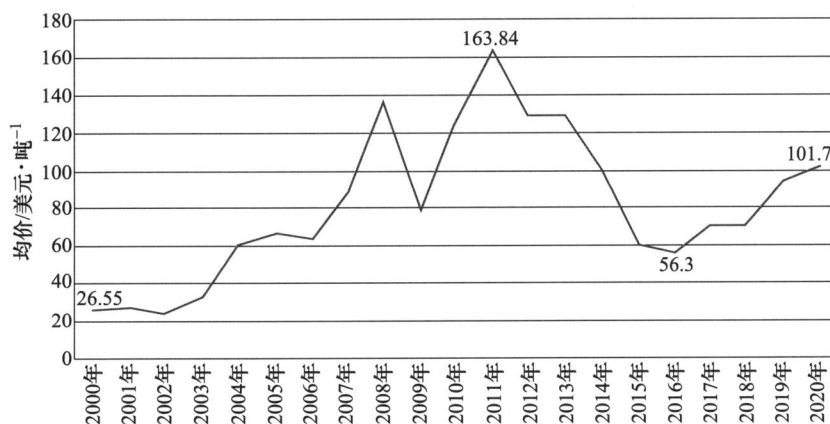

图 6-3　2000-2020 年中国进口铁矿石年度均价

表 6-5 2019-2020 年巴西、澳大利亚至我国青岛港国际铁矿石海运价格　　　美元/吨

时　间	巴西图巴朗-青岛	西澳-青岛
2019 年 1 月	13.9	4.9
2 月	12.5	4.9
3 月	12.0	4.7
4 月	14.2	6.5
5 月	16.2	7.2
6 月	18.3	7.0
7 月	23.2	9.8
8 月	26.2	10.3
9 月	22.8	8.5
10 月	20.6	8.9
11 月	22.0	9.6
12 月	19.0	7.7
2020 年 1 月	16.7	6.3
2 月	12.6	5.3
3 月	10.3	5.4
4 月	10.0	4.3
5 月	8.1	4.1
6 月	21.1	10.5
7 月	17.5	7.2
8 月	18.3	8.1
9 月	21.5	8.7
10 月	15.1	7.1
11 月	13.7	7.0
12 月	16.1	8.1

注：国际铁矿石海运月末价格。

表 6-6 2017-2020 年四大矿山公司铁矿石出口量　　　百万吨

企业名称	2017 年	2018 年	2019 年	2020 年
力拓	330	338	327	327
必和必拓	268	274	272	288
FMG	171	168	168	176
淡水河谷	328	351	288	274
4 家合计	1097	1131	1055	1065
世界铁矿石出口量	1614	1667	1591	
"四大矿"所占比重/%	68.0	67.8	66.3	

注：2020 年为预测值。

表 6-7　2018-2020 年四大矿山公司铁矿石离岸成本

企业名称	2018 年		2019 年		2020 年	
	销售量 /亿吨	离岸成本 /美元·吨⁻¹	销售量 /亿吨	离岸成本 /美元·吨⁻¹	销售量 /亿吨	离岸成本 /美元·吨⁻¹
FMG	1.68	18.3	1.78	17.5		
必和必拓	2.38	19.3	2.48	19.2		
淡水河谷	3.09	16.9	3.02	19.5	3.00	20.0
力拓	3.53	20.1	3.45	22.8	3.51	22.6
世界平均		30.1		32.2		31.8

注：FMG 和必和必拓为财年，淡水河谷和力拓为日历年。

表 6-8　2018-2020 年四大矿山公司经营情况　　　　　　　　　亿美元

企业名称	2018 年		2019 年		2020 年	
	销售收入	净利润	销售收入	净利润	销售收入	净利润
FMG	99.65	31.87	128.20	47.46		
必和必拓	442.88	94.66	429.31	90.60		
淡水河谷	365.75	68.60	375.70	−16.83	400.18	48.81
力拓	405.22	136.38	431.65	80.10	446.11	97.69

注：FMG 和必和必拓为财年，淡水河谷和力拓为日历年。

综上，有四点值得关注。

首先，进口铁矿石价格大幅上涨导致的成本增加可能沿着产业链向下传导，并最终影响到下游各行各业的成本，可能会削弱一些成本敏感型企业和低附加值产品的竞争力。

第二，自普氏指数成为定价基准起，真实成交样本量小和不公开、不透明等问题就饱受多方质疑。国外铁矿石供给的高度垄断使得任何市场手段的定价最终演变成几大矿山控制的交易，往往通过少数几单平台的交易或高报价就能影响价格和市场情绪。同时，尽管指数有其方法论，但样本的具体情况和编制等是个"暗箱"，金融属性越来越强。

商品价格由供需决定，铁矿石期货改变不了供需关系，却可以明显影响价格涨跌的高度，助跌推涨作用明显。所以，不管供需关系及价格如何变化，铁矿石期货本身应始终推进完善相关规则和制度，打击违法违规行为和加强市场监管，创造真正有利于产业和国家、真正服务实体经济的环境。

为此，需要推进完善和优化期货交易和现货平台交易来促进完善铁矿石定价机制，推动建立更加公开、公正、透明的铁矿石定价体系。

第三，据不完全统计，目前我国在境外拥有的铁矿石权益资源量超过 240 亿吨，但有相当多的资源因投资强度大、投资周期长、投资主体单一而未开发，亟待成立投资主体多元化的境外铁矿资源开发集团，统筹所有海外资源，集中资金、资源、力量，促进海外资源开发和扩产，减少对"四大矿"的依存度。

第四，国际铁矿石价格飙升牵引了国产铁矿石价格的"水涨船高"。2020年我国黑色金属采矿业利润同比大增74.9%，但高矿价格却没能刺激国产铁矿石产量的激增和投资的增长，进而未能通过国产铁矿石产量的大幅释放来平衡供求关系和抑制国际铁矿石价格的上涨。2020年，我国铁矿石原矿产量86672万吨，仅比上年增长2.61%；比2014年的峰值产量下降43.2%，而2020年与2014年进口铁矿石均价基本相当，因此价格调节供给的作用近乎失灵。

2000-2020年中国铁矿石原矿及成品矿产量如图6-4所示，2006-2020年国内铁矿山固定资产投资情况如图6-5所示。

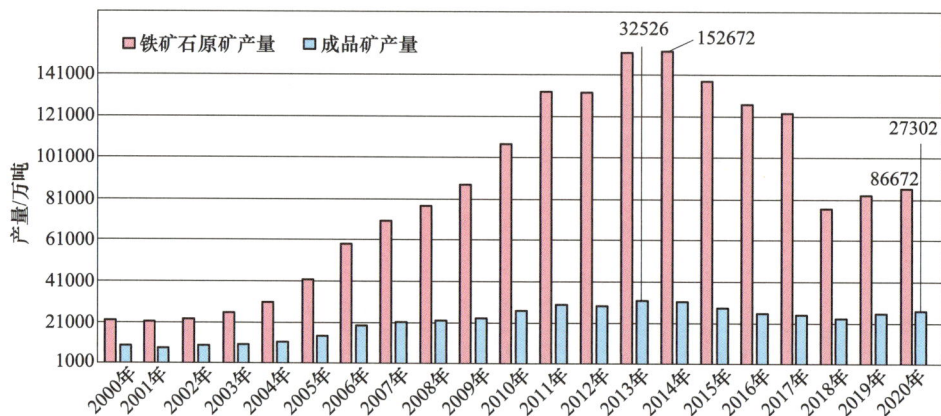

图6-4　2000-2020年中国铁矿石原矿及成品矿产量

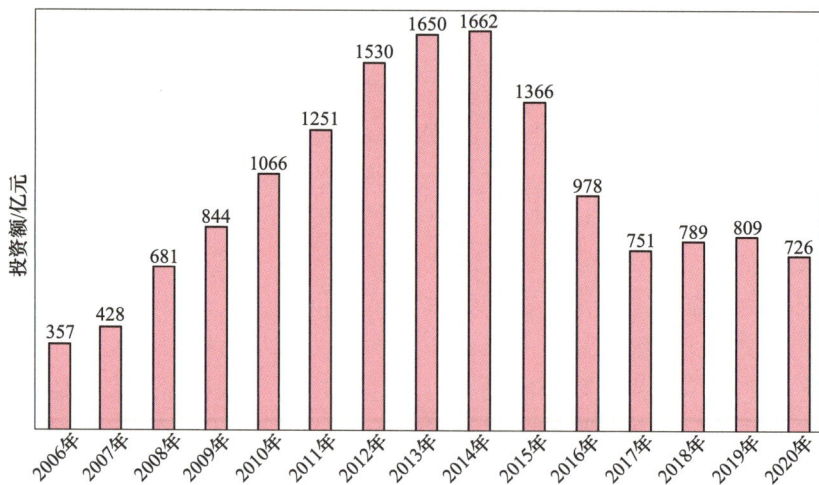

图6-5　2006-2020年国内铁矿山固定资产投资情况

究其原因，一是近年来各地严格的环保政策使得国产铁矿的生产规模被严格控制，一些矿山企业被迫关停、退出，现有矿山也由于在重点区域范围内原则上禁止新建露天矿山项目，对已有矿山露天矿山禁止平面扩大范围、由露天改为地下等要求；二是近年来我国对新建铁矿资源的勘探力度明显滞后，国内铁矿山资源禀赋差、采选难度大，投资收益预期低，国产铁矿山固定资产投资下降；三是国内铁矿山开采项目受国土、环保、安全等方面的限制较多，行政许可事项多、环节多、周期长，不利于国产矿供给能力的提升。

鉴于此，应在认识上将铁矿石作为战略性金属资源，维持国内铁矿石供应的一定弹性是保障我国钢铁行业产业安全的重要之举。不要"一刀切"地关闭小矿山，在环保监控达标的前提下允许部分矿山企业采取间歇性生产，对铁矿石生产企业，政府部门应给予一定的融资和税收支持，以及做好停产期间的员工安置或补助工作；鼓励企业和地方政府合作勘探开发新的铁矿石资源，弥补存量老矿山资源的枯竭；加快国内铁矿石企业的联合重组，通过整合形成合力和协同优势，推进智慧矿山建设，以科技赋能传统矿山，降低国内铁矿石生产成本，进而保持和提升国产铁矿石的有效供给能力。

（本章撰写人：马续香，赵磊，冶金工业经济发展研究中心）

第 **7** 章
2020 年矿山、 废钢、 焦化行业运行情况

一、2020 年冶金矿山行业运行基本情况及开展的重点工作

2020 年，面对极其严峻复杂的国内外形势，特别是新冠肺炎疫情严重冲击，冶金矿山系统坚持守初心、担使命，战疫情、促发展、保稳定、增供给，行业运行总体平稳，质量效益持续改善，高质量发展基础进一步夯实，资源供给保障能力稳步提升，各项工作取得新进展。

（一）2020 年冶金矿山行业运行情况

1. 抗疫保产两不误，生产经营创佳绩

众志成城抗疫情。在艰苦的抗疫过程中，矿山企业严格贯彻落实党中央、国务院和地方政府关于疫情防控的部署要求，坚决扛起疫情防控主体责任，完善防控机制举措，关停公共场所，封闭厂区社区，严管重点部位，筑牢铜墙铁壁。针对疫情形势变化，及时调整防控策略，落实落细各项防控措施，持续守护矿区阵地，确保了冶金矿山行业疫情防控 "零病例" "零感染"。

抢抓机遇保生产。认真落实习近平总书记关于复工复产重要指示批示，坚持一手抓疫情防控，一手抓复工复产。为解决员工急缺，非常时期超常应对，"四班" 改 "三班"，管理人员下班组，日夜鏖战保运转，克服多方面困难，有序推进各产线、各重点工程复工复产，夺取了疫情防控与生产经营双胜利。

全力推进增产增效。2020 年，铁精矿需求增长，价格上扬，矿山企业抢抓难得市场机遇，积极作为，调整计划，优化组产模式，强化系统协同，多产多销，超产保供，守住了资源保障线，实现了高矿价下的高产量、高效益。2020 年规模以上矿山企业生产铁矿石原矿 86671.69 万吨，同比增长 3.7%，矿山协会统计的铁精粉产量 27047 万吨，同比增长 1.8%；2020 年规模以上矿山企业实现营业收入 3951.1 亿元，同比增长 11.2%，实现利润总额 380.6 亿元，同比增长 74.9%，营业收入利润率同比提高 3.19 个百分点，见表 7-1、表 7-2 和图 7-1。

表 7-1　2020 年全国铁矿石产量

地区	2020 年产量/万吨	2019 年产量/万吨	与上年同期比		各区占全国总量比重/%	
			增量	%	2020 年	2019 年
全国	86671.69	83579.26	3092.43	3.70	100.00	100.00
华北地区	42834.59	40618.20	2216.39	5.46	49.42	48.60
北京	1457.65	1559.94	-102.29	-6.56	1.68	1.87
河北	32117.60	29952.21	2165.39	7.23	37.06	35.84
山西	4986.71	5782.17	-795.46	-13.76	5.75	6.92
内蒙古	4272.63	3323.88	948.75	28.54	4.93	3.98
东北地区	14175.26	13359.30	815.96	6.11	16.36	15.98
辽宁	13311.26	12567.01	744.25	5.92	15.36	15.04
吉林	608.30	503.79	104.51	20.74	0.70	0.60
黑龙江	255.70	288.50	-32.80	-11.37	0.30	0.35
华东地区	8661.97	8263.78	398.19	4.82	9.99	9.89
江苏	61.95	70.76	-8.81	-12.45	0.07	0.08
浙江		26.56	-26.56	-100.00	0.00	0.03
安徽	2615.67	2863.46	-247.79	-8.65	3.02	3.43
福建	2080.08	1894.23	185.85	9.81	2.40	2.27
江西	756.64	950.14	-193.50	-20.37	0.87	1.14
山东	3147.63	2458.63	689.00	28.02	3.63	2.94
中南地区	2516.10	3457.44	-941.34	-27.23	2.90	4.14
河南	601.34	741.80	-140.46	-18.94	0.69	0.89
湖北	591.49	1600.30	-1008.81	-63.04	0.68	1.91
湖南	109.78	142.10	-32.32	-22.74	0.13	0.17
广东	593.37	526.28	67.09	12.75	0.68	0.63
广西	7.14	12.49	-5.35	-42.83	0.01	0.01
海南	612.98	434.47	178.51	41.09	0.71	0.52
西南地区	13080.01	13098.69	-18.68	-0.14	15.09	15.67
四川	10796.36	10928.81	-132.45	-1.21	12.46	13.08
贵州	99.83	110.80	-10.97	-9.90	0.12	0.13
云南	2170.30	2043.76	126.54	6.19	2.50	2.45
西藏	13.52	15.32	-1.80	-11.75	0.02	0.02
西北地区	5403.76	5638.20	-234.44	-4.16	6.23	6.75
陕西	1355.97	2049.66	-693.69	-33.84	1.56	2.45
甘肃	970.02	896.04	73.98	8.26	1.12	1.07
青海	0.89	6.01	-5.12	-85.19	0.00	0.01
新疆	3076.88	2686.49	390.39	14.53	3.55	3.21

注：2019 年全国产量合计数，根据国家统计局发布的 2020 年全国铁矿石产量降幅推算出来的，2019 年分
　　省合计数据为上年月报累计数 84435.61 万吨，两个数据没有直接的对等关系。

表 7-2　2020 年分月铁矿石生产情况

月份	1-2月	3月	4月	5月	6月	7月
生产量/万吨	11119.0	7475.7	7437.9	7464.2	7831.7	7302.7
同比增长/%	-4.6	9.1	11.2	8.1	8.4	0.0
月份	8月	9月	10月	11月	12月	全年合计
生产量/万吨	7699.9	7348.1	7842.1	7521.2	7702.1	86671.7
同比增长/%	4.8	-3.8	0.7	-3.6	2.0	3.7

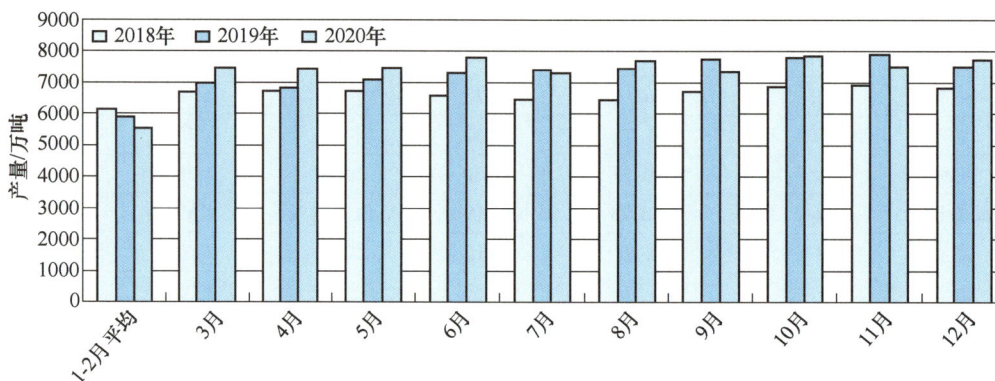

图 7-1　2018-2020 年按月国产铁矿石生产情况

2. 国内矿产能利用率恢复正常水平

按产能规模计，12 月末样本矿山产能利用率达到 66.0%，比上年同期提高 4.4 个百分点。其中大型矿山产能利用率达到 72.2%，比上年同期提高 3.1 个百分点。

3. 铁矿石需求旺盛，供给明显增加

全年规模以上企业累计生铁产量 81290 万吨，生铁产量增长增加铁矿石消费约 12895 万吨，同比增长 9.7%，创历史新高。供给端，全年进口铁矿石 117010 万吨，同比增加 10145 万吨，增长 9.5%；12 月末主要港口库存 12416 万吨，同比减少 280 万吨，下降 2.2%。铁矿石供需上半年偏紧，下半年略有宽松，全年总体处于紧平衡状态，供需略有缺口，见图 7-2。

4. 铁矿石市场价格大幅波动，整体处于高位运行

受全球疫情、澳洲天气、矿山检修等因素影响，国际铁矿石供给端不确定性加大，矿山生产、港口发货恢复缓慢。而需求保持高增长，港口库存继续下降，支撑铁矿石价格整体高位运行，并创近 7 年来新高。铁矿石价格波动范围在 79.8~176.9 美元/吨，幅度达到 121.8%。

全年普氏 62% 铁矿石价格指数平均 108.87 美元/吨，同比上涨 15.46 美元/吨，涨幅 16.6%；进口铁矿石平均到岸价格 101.65 美元/吨，同比增加 6.83 美元/吨，上涨 7.2%；钢厂采购国产铁精矿（折 62%）平均价格 769.17 元/吨，同比上涨

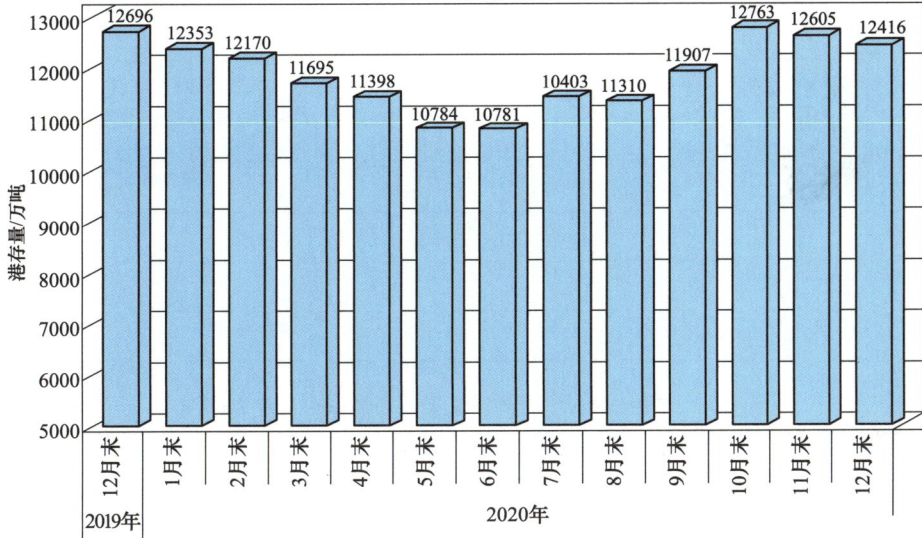

图 7-2　2019 年末-2020 年末进口铁矿石港口库存变化图

11.4%；钢厂采购进口粉矿平均价格 811.35 元/吨，同比上涨 10.4%，见图 7-3。

图 7-3　2018-2020 年进口铁矿石普氏 62% 价格走势

5. 国内矿山固定资产投资继续下降

近几年国内矿山投资出现大幅下滑，大量企业关闭退出，新建大型矿山项目建设节奏一再放缓、资源接续工程和矿山技改项目进度不理想，严重影响国内矿山产能的释放。2020 年铁矿采选业完成固定资产投资同比下降 10.3%，降幅扩大，其中民间投资由增转降，同比下降 10.5%，见图 7-4。

6. 矿山企业效益好于预期

2020 年，规模以上铁矿企业实现销售收入同比增长 11.2%，利润总额同比增长 74.9%，营业收入利润率由上年的 6.17% 提升到 9.63%，盈利能力明显增强。矿山协会统计的 70 家重点企业 2020 年主营业务收入同比增长 5.6%，实现利润同比增长

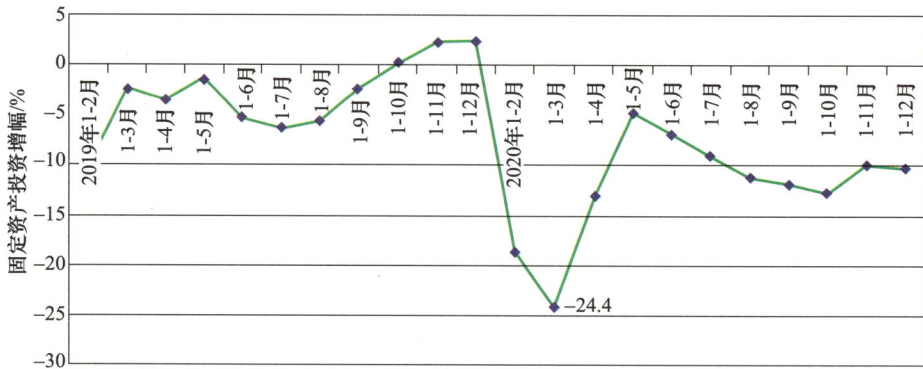

图 7-4　2019-2020 年黑色金属采选业固定资产投资情况

40.7%，销售收入利润率达到 21.64%，高于采掘业 12.49 个百分点、高于钢铁工业 18.25 个百分点。

（二）冶金矿山行业开展的主要工作

1. 实施对标挖潜，推进降本增效

围绕稳定生产、优化工艺、能效管理、资产使用、物资消耗，建立两维对标指标体系，开展精准对标，依托项目化管理，提升成本改善水平。充分享受国家政策红利，实现政策减税降费近 20 亿元。鞍钢矿业全年实现降本增效 13.6 亿元。太钢矿业实现降本增效 2.06 亿元。包钢巴润矿业创新性提出"时间管理"项目，统筹安排生产与设备检修，采、选、运各生产工序效率明显提升，全年共实现降本增效 2.99 亿元。南方锰业集团充分利用电力交易规则，通过签订专场电量、长协电量、增量用电及月度竞价等方式，全年降低用电成本超亿元。海南石碌铁矿推行"高效率、低成本"运行模式，通过大力开展劳动竞赛，全年实现成品矿综合成本同比下降 46 元/吨，实现降本增效 1.44 亿元。

2. 加快项目建设，保障有效产能

千方百计克服疫情导致复工困难、征地搬迁协调难度大、办理行政审批手续复杂等制约因素，有序推进重点项目建设，提高资源供给保障能力。首钢矿业马城铁矿、建龙思山岭铁矿等重点特大型新建矿山按计划顺利实施，鞍矿矿业眼前山铁矿露天转井下、弓长岭井下延伸、鞍千二期等能力接续项目稳步推进，马钢矿业罗河矿一期年产 500 万吨扩能项目和钟九铁矿年产 200 万吨采选工程项目顺利开工，武钢资源金山店矿持续推进-500 米阶段开采工程施工，山钢矿业积极推进彭集铁矿探转采工作。

3. 提升创新能力，实现发展新突破

牢牢抓住创新驱动这个关键，持续完善科研管理体系，夯实科技管理基础，提

升全员创新意识，推动各类创新要素集聚、产学研用深度融合，提高创新链整体效能。全年完成重点科研项目 580 余项，科技创效 29.36 亿元；推进全员创新，职工创新工作室完成创新项目 2300 余项，创效 14.98 亿元。

持续推进关键技术研攻关，《冶金行业选冶渣场典型重金属污染识别与防控 NQI 技术体系研究与应用》等 5 项国家科技支撑项目获得立项，《深部岩体变形破坏现场监测与支护控制》等 20 余项国家重点研发项目稳步推进。2020 年共获得 60 余项获省部级以上科技进步奖，2 项成果入选工信部国家工业节能技术装备推荐目录，取得国家授权专利 380 余项，获软件著作权 36 项；技术秘密 58 项；获第 24 届全国发明展金奖 4 项、银奖 18 项；制（修）订《绿色矿山建设规范》等标准 40 余项。

4. 深挖资源潜力，拓展增收渠道

充分利用建筑砂石骨料供需矛盾突出的窗口期，用足用好相关鼓励政策，优化产品规格和质量标准，提高产品档次和边际利润，扩大市场辐射半径，探索海运模式，加快推进尾矿和废石综合利用产业发展，提高矿山资源综合利用率，持续释放固废资源创效潜力。积极利用专业优势，拓展承包经营、技术咨询、技术支撑、技术服务、运输服务等非矿业务，努力拓展新的经济增长点。

马钢矿业全年生产综合利用产品 2203 万吨，实现收入 3.5 亿元。首钢矿业全年生产建材产品 1015 万吨，销售 962 万吨，实现收入 1.7 亿元。中钢矿业销售石子和尾砂实现收入 1.09 亿元。河钢矿业研山铁矿排岩废石综合利用项目顺利投产，司家营北区石渣加工等一批非矿新项目加紧推进。建龙矿业将新兴建材作为第二主业，产品不断满足北京及雄安新区的建设需求。

5. 抓实抓好安全环保，彰显责任担当

全面落实企业安全生产主体责任，加强职业危害防治，深入开展安全生产三年专项整治、防范化解尾矿库风险、危险化学品使用等专项行动，以"双重预防体系"为抓手，积极推进"双标准"安全检查体系建设，拓展安全管理广度、延伸安全管理深度，将外委施工单位作为本企业的一个车间来管理，真正纳入本企业安全管理体系，积极推进安全生产科技创新和"3D"智慧制造，着力提升安全本质化水平，努力筑牢安全防线，夯实安全基础。

切实履行企业环境责任，全面实施矿区生态修复、环境治理与改善工程，规范处置危险废物和工业垃圾，推进超低排放改造、露天矿山综合整治、扬尘综合治理，落实土壤和地下水监测，推进长江经济带重点尾矿库污染治理、黄河流域矿山生态修复等专项行动，常态化开展环境问题排查整治，主要环保指标持续改善，实现环境污染"零"事件。攀钢矿业投资 1.39 亿元实施选矿厂噪声深度治理、白马选矿厂堆场扬尘治理等生态环境提升工程。河钢矿业投资 2587.24 万元，持续开展矿山生态修复工作，生态修复治理完成率 114%。

持续推进绿色矿山建设，矿山"颜值"普遍提升，重钢矿业太和铁矿、中信大锰大新锰矿、西藏矿业罗布莎铬铁矿、陕西华源矿业千家坪钒矿等 27 家黑色金属矿山进入 2020 年国家级绿色矿山名录。

6. 推进智慧矿山建设，增强可持续发展动力

智能矿山建设步伐显著加快。以"现场无人化、操控集约化、管理智慧化"为目标，加强两化融合应用深度，探索互联网+矿山创新模式，编制智慧矿山标准，实施基础自动化、远程控制和无人值守改造。会宝岭铁矿与中国移动和华为公司合作，在井下−430 米水平作业面部署 5G 网络，并已实现 5G 电机车无人驾驶，正在加大 5G 信号覆盖范围，实现斜坡道车辆调度、尾矿库无人巡检、工业巡检机器人等智能控制，矿山智慧智能水平整体提升。包钢白云鄂博东矿区基于 5G 网络条件下的矿车无人驾驶取得多项新突破，正在推进电铲、钻机的无人化。马钢矿业和尚桥采场无人驾驶矿用卡车项目成为安徽省首个应用 5G 无人驾驶技术的露天矿山。梅山铁矿完成全国首个金属矿山生产在线管理微信平台开发、无人值守抓斗智能装运系统、选矿自动化信息数据采集及监控系统升级。

7. 深化机构改革，激发发展活力

深化混合所有制改革取得突破。中信大锰通过引进高质量战略投资者，实现混合所有制改革，成为国企成功混改新标杆。鞍钢矿业所属矿建公司已完成股权改革并按新体制运行，设计研究院混改工作进入实质性阶段；东烧厂市场化改革成为国企改革示范工程。本钢集团实施核心主业管控模式优化调整，对矿业公司核心主业实行集中管理，24 个部门实现集中办公，管理层级由五级压缩为三级。

直面矛盾，攻坚克难，切实解决历史遗留问题，持续推进"三供一业"分离移交、厂办大集体改革、退休人员社会化改革，减轻企业负担，激发内生动力和发展活力。鞍钢矿业与 44682 名集体职工签订和解协议。攀钢矿业完成退休人员社会化管理工作，整编和移交人事档案 11433 份。武钢资源圆满完成了"三供一业"分离，实现了 23360 名退休人员社会化管理职能移交。

二、2020 年废钢铁产业运行情况

废钢铁是节能载能的绿色资源，是唯一可大量替代铁矿石的铁素原料，用废钢铁炼 1 吨钢，比用铁矿石相比可减少 1.6 吨二氧化碳排放，加强废钢铁资源的利用，提高废钢铁应用比例，将是我国实现碳达峰、碳中和的重要抓手。2020 年，全球发生严重的新冠肺炎疫情，废钢行业积极应对，克服困难，为钢铁行业提供了重要的原料保障，全年行业运行相对平稳，主要表现在以下几个方面。

（一）全行业积极抗击疫情，按时保障复工复产

疫情发生后，中国废钢铁应用协会受相关主管部门委托，对全行业受疫情影响和复工复产情况进行全面监测，利用电话、微信等多种方式，积极与废钢铁产业链上下游的企业进行沟通，了解企业情况和诉求，并及时向有关部门反馈。

到 2 月中旬，全行业还基本处于停工状态，只有部分钢铁企业的保供废钢基地

开始逐渐复工复产；到 3 月中旬，全行业的复工率已达到 70%左右，但由于人员流动的限制，从业人员的返岗率只有 30%左右，多数企业以值班和轮岗为主；直到 4 月底，全行业开工率达到 90%以上，人员返岗率也达到 80%以上，企业生产情况基本恢复正常。

（二）炼钢废钢消耗总量和废钢比再创新高

虽然一季度受到疫情的严重影响，炼钢废钢铁消耗总量同比减少了近 500 万吨，但在全行业的共同努力下，从二季度开始，钢铁企业用废钢炼钢的热情高涨，全年炼钢废钢消耗总量和废钢比双双创新高。

2020 年我国生铁产量 88752 万吨，同比增长 4.3%；粗钢产量 106476.7 万吨，同比增长 7%。全国废钢铁消耗总量 23262 万吨，同比增加 1669 万吨，增长 7.7%，综合废钢单耗 218.5 千克/吨，同比增加 1.8 千克/吨，增长 0.8%，其中转炉废钢单耗 164.9 千克/吨，同比减少 2.9 千克/吨，下降 1.7%；电炉废钢单耗 681.5 千克/吨，同比增加 33.7 千克/吨，增长 5.2%；废钢比 21.85%，同比增加 0.18 个百分点；电炉钢比 10.37%，同比增加 0.17 个百分点。全国废钢资源总量达到 2.6 亿吨（其中炼钢消耗 2.3 亿吨、铸造消耗 0.2 亿吨，库存 0.1 亿吨）。全国炼钢废钢消耗总量变化如图 7-5 所示。

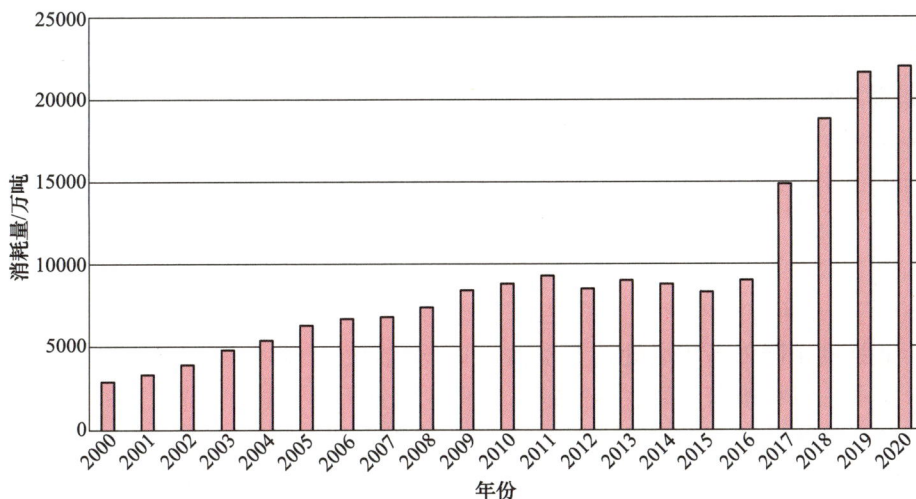

图 7-5　全国炼钢废钢消耗总量变化

（三）废钢价格先抑后扬，持续高位运行

从一季度初到 4 月中旬，由于疫情影响，人员、物流等各方面受到限制，钢铁企业废钢用量下降，废钢价格也出现下跌；从 4 月下旬开始，企业复工复产基本完成，钢铁企业炼钢生产基本恢复正常，废钢价格也逐渐恢复。自 5 月份疫情基本过

去以后，废钢供应基本处于相对紧平衡的状态，价格长期保持在高位运行。全年主要废钢品种价格周报如图 7-6 所示。

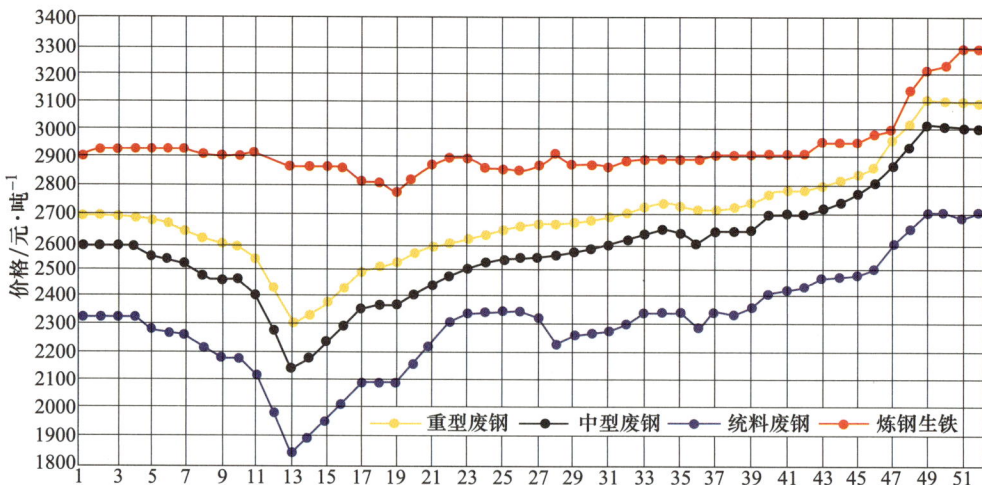

图 7-6　2020 年主要废钢铁品种价格周报

（四）进口政策调整，再生钢铁原料放开进口

2017 年 7 月，国务院办公厅印发《禁止洋垃圾入境推进固体废物进口管理制度改革实施方案》，提出"分批分类调整进口固体废物管理目录""逐步有序减少固体废物进口种类和数量"；2018 年 4 月，目录调整，废五金、废船、废汽车压件列入禁止进口，12 月 31 日起执行，废不锈钢列入禁止进口，2019 年底执行；2018 年 12 月，生态环境部、商务部、国家发改委、海关总署联合印发调整进口废物管理目录公告（2018 年第 68 号）废钢铁由非限制类调入限制类，2019 年 7 月 1 日起执行。到 2020 年底，所有固体废物实现零进口。

为加强利用国外高质量的铁素资源，中国钢铁工业协会、中国废钢铁应用协会和冶金工业信息标准研究院联手制定了《再生钢铁原料》国家标准，并于 2020 年底发布。该标准规定了再生钢铁原料的术语和定义、技术指标、检验方法、验收规则等内容，对在产生、收集过程中混入的非金属夹杂物，根据品种类别、分等级进行了严格规定，对放射性污染物、爆炸性物品、危险废物等进行了极为严格的限定，对保证再生钢铁原料产品的质量、提高资源的品质起到了重要的技术支撑作用。

新国标的出台，不仅可以推动优质再生钢铁原料资源进口，提高我国铁素资源保障能力，缓解钢铁行业过度依赖铁矿石作为铁素原料境况，还能提高再生钢铁原料的品质，满足我国钢铁行业高质量发展的需求。

为规范再生钢铁原料的进口管理，生态环境部等五部委 2020 年 12 月 31 日印发的《关于规范再生钢铁原料进口管理有关事项的公告》明确了符合《再生钢铁原料》（GB/T 39733—2020）标准的再生钢铁原料，不属于固体废物，可自由进口。根据《中华人民共和国进出口税则》《进出口税则商品及品目注释》，再生钢铁原料的海关商品编码分别为：7204100010、7204210010、7204290010、7204410010、7204490030。不符合《再生钢铁原料》（GB/T 39733—2020）国家标准规定的，禁止进口。公告自 2021 年 1 月 1 日起实施。

三、2020 年焦化行业情况

（一）行业经济运行基本平稳，焦炭产量基本持平

据国家统计局统计，2020 年焦炭产量 4.71 亿吨，同比基本持平，其中，钢铁联合焦化企业焦炭产量为 1.07 亿吨，同比增长 1.23%，占总产量的 22.64%；其他焦化企业焦炭产量为 3.64 亿吨，占总产量的 77.36%，同比下降 0.31%。总体看，全年焦化行业经济运行基本平稳。

（二）焦炭价格持续上涨，副产品价格起伏波动较大

据焦化行业协会统计，2020 年 12 月，>40 毫米焦炭价格指数为 448.82 点，同比增长 79.84 点，环比增长 28.74 点；平均价格 2134 元/吨，最高 2450 元/吨，最低 2140 元/吨，自 7 月份以后焦炭价格基本呈现持续上涨的态势，调查 230 多家焦化生产企业，吨焦平均利润 220 多元。2020 年，受山东省实施"以煤定焦"，江淮地区、河北、山西、河南等省落实去产能及环保治理等影响，产能释放受限，以及生铁产量增长而焦炭产量下降，市场供需总体偏紧，使得焦炭价格总体上涨。近几年焦炭价格基本呈现随煤炭、钢铁企业效益的增减和供需平衡状态而波动的情势，焦化企业自身成本控制水平是盈利优劣的关键。2020 年 12 月，煤焦油价格指数为 359.94 点，同比增长 7.56 点，环比下降 1.4 点，平均价格为 2579 元/吨，最高 2800 元/吨，最低 1950 元/吨；粗苯价格指数为 251.52 点，同比下降 156.13 点，环比下降 0.44 点，平均价格为 2895 元/吨，最高 3200 元/吨，最低 2750 元/吨，煤焦油和粗苯价格涨跌状态，石油价格和下游需求变化仍是主要因素。

（三）焦炭出口量明显减少，进口量大幅增长

据海关总署统计，2020 年，焦炭出口量为 348.91 万吨，同比下降 46.53%，焦炭出口平均价格为 221.51 美元/吨，同比下降 19.70%。进口我国焦炭前三位的国家分别是印度尼西亚 82.99 万吨、马来西亚 77.72 万吨和印度 39.30 万吨，占我国累计出口总量的 57.32%，焦炭出口目的地，亚洲地区占 86.38%。2020 年焦炭出口量大幅下降与国内供需偏紧有着一定的关系。由于除中国外全球经济恢复短期内仍很艰难，大宗原燃料需求明显减少，全年焦炭出口降至近几年来的最低水平。

2020 年，国内累计进口焦炭为 297.98 万吨，同比增长 469.64%，进口焦炭平均价格为 231.88 美元/吨，同比增长 1.18%。向我国出口焦炭前三位是日本 123.02 万

吨、波兰 51.99 万吨和澳大利亚 37.12 万吨，占进口总量的 71.19%。虽然焦炭进口量明显高于上年，涨幅也很大，但仅相当于国内焦炭产量 0.63%，对国内焦炭市场供需几乎没有影响。冶金焦炭进口是国内外两种资源供需变化的一个新情况，应给予必要的关注。2010-2019 年中国炼焦煤总消耗量和进口情况见表 7-3，2010-2019 年主焦煤价格情况见表 7-4，2016-2020 年进口炼焦煤量价表见表 7-5，2020 年我国分省焦炭产量见表 7-6，2010-2020 年中国和世界焦炭产量见表 7-7，2016-2020 年我国焦炭、生铁、粗钢产量如图 7-7 所示。

表 7-3　2010-2019 年中国炼焦煤总消耗量和进口情况　　　　万吨

年　份	炼焦煤总耗量	炼焦煤进口数量	进口焦煤占比/%
2010	54894	4727	8.61
2011	61675	4465	7.24
2012	62240	5361	8.61
2013	68414	7542	11.02
2014	67721	6244	9.22
2015	63585	4800	7.55
2016	63774	5931	9.29
2017	51451	6990	13.59
2018	51091	6491	12.7
2019	54666	7296	13.35

表 7-4　2010-2019 年主焦煤价格情况　　　　美元/吨

年份	2010	2011	2012	2013	2014	2015	2016	2017	2018	2019
年均价	147.01	149.6	142.59	129.42	103.34	79.5	78.25	133.73	146.03	139.42
国内煤价折美元	201.09	229.13	205.62	160.89	117.33	90.79	104.62	190.89	194.67	183.05

表 7-5　2016-2020 年进口炼焦煤量价表　　　　万吨，美元/吨

国家	2016 年		2017 年		2018 年		2019 年		2020 年	
	进口量	单价	进口量	单价	进口量	单价	进口量	单价	进口量	单价
澳大利亚	2681.91	105.58	3097.87	175.58	2872.44	194.51	3020.36	175.86	3536.81	143.2
蒙古	2356.16	40.13	2626.96	76.3	2767.65	91.81	2771.12	89.1	2376.6	77.95
加拿大	518.82	94.59	425.28	176.66	221.45	191.88	309.81	184.98	466.42	128.52
俄罗斯	262.01	102.03	462.08	127.42	442.72	145.63	956.75	140.81	672.52	99.5
印度尼西亚	57.4	104.18	71.41	144.04	19.05	165.5	32.96	121.71	75.39	110.06
新西兰	53.37	84.97	24.71	136.48	10.92	149.98	0	—	2.2	164.02
哈萨克斯坦	1.05	80.42	0	—			3.35	141.48	17.22	132.77
美国	0	—	281.76	151.67	197.75	176.31	160.64	146.02	95.04	118.64

续表 7-5

国家	2016 年		2017 年		2018 年		2019 年		2020 年	
	进口量	单价	进口量	单价	进口量	单价	进口量	单价	进口量	单价
韩国	0	—	0	—			194.64	171.65	0	—
日本	0	—	0	—			16.12	112.55	0	—
莫桑比克	0	—	0	—	0	—	0	—	7.7	124.1
哥伦比亚	0	—	0	—	0	—	0	—	5.35	128.04
阿联酋	0	—	0	—	0	—	0	—	1.68	194.7

注: 蒙古炼焦煤为原煤, 其他国家为洗精煤。

表 7-6　2020 年我国分省焦炭产量　　　　　　　　　　　　万吨

地区	2020 年	占比/%	地区	2020 年	占比/%
山西	10493.7	22.27	江西	688.5	1.46
陕西	4896.5	10.39	湖南	604	1.28
河北	4825.5	10.24	广东	597	1.27
内蒙古	4222.5	8.96	上海	540.6	1.15
山东	3162.6	6.71	甘肃	516.8	1.1
辽宁	2297.1	4.88	贵州	428.4	0.91
新疆	2246.9	4.77	吉林	368.7	0.78
河南	1847.8	3.92	重庆	279.7	0.59
江苏	1312.9	2.79	福建	223.5	0.47
安徽	1228.4	2.61	浙江	213.2	0.45
云南	1093.3	2.32	青海	182.6	0.39
四川	1074.2	2.28	天津	175.4	0.37
黑龙江	1062.7	2.26	北京	0	0
宁夏	920.8	1.95	海南	0	0
广西	811.8	1.72	西藏	0	0
湖北	801.2	1.7			
华北	19717.1	41.85	中南	4661.8	9.89
东北	3728.5	7.9	西南	2875.6	6.10
华东	7369.7	15.64	西北	8763.6	18.60

表 7-7　2010-2020 年中国和世界焦炭产量　　　　　　　　　万吨

年份	2010	2011	2012	2013	2014	2015	2016	2017	2018	2019	2020
中国	38685.00	43433.00	43831.00	47636.00	47691.00	44778.00	44911.00	43143.00	43820.00	47126.00	47116.00
世界	59573.00	63313.00	65119.00	68362.00	68829.00	65464.00	65504.00	64002.00	64955.00	68256.00	66555.00
中国占世界产量比重/%	64.94	68.60	67.31	69.68	69.29	68.40	68.56	67.41	67.46	69.04	70.49

图 7-7　2016-2020 年我国焦炭、生铁、粗钢产量图

（四）焦化行业的发展趋势

1. 做精做强焦化产业仍任重道远

纵观 2020 年焦化行业经济运行状态，新冠肺炎疫情仅对一季度生产影响较大，进入二季度已逐步恢复到正常水平，且由于焦炭市场供需状况的有效调整，焦化企业的经营效益也有所改善。根据 2021 年我国经济发展总体向好的状态，以及全球经济贸易的发展趋势判断，焦炭产量将保持上年水平。工信部提出压减钢铁产量的要求，对焦炭消费不会有大幅度减少。从长远看，随着钢铁消费量的减少，废钢消费量的增加，焦炭消费量减少是必然趋势。但是从产业高质量发展的要求看，至少在几十年内，焦化行业仍是相关产业链不可缺少的一环，发达国家的发展历程可以说明这一点，尤其是我国高炉-转炉炼钢流程占粗钢产量90%的现状，焦炭消费量减少将是一个较为缓慢的过程。需要注意的是，有关企业，由于去年下半年以来，焦炭利润相对较高，近期个别地区新建焦炭产能存在过热现象，新建项目务必遵循合规原则，切实做好资源、环境、市场、用户、物流等深入调研，科学决策。

2. "十四五"期间焦炭、炼焦煤资源保障

（1）焦炭资源保障条件： 2020 年我国生铁产量为 8.88 亿吨，按目前吨铁综合焦比 500 千克计算，消费焦炭 4.44 亿吨，从现有机焦产能 5.51 亿吨的供给能力看，消费量仅占产能负荷的 80.7%；另外，根据相关焦炭主生产省区要求到 2025 年左右以更先进特大型焦炉产能替代 4.3 米焦炉产能的趋势分析，无论从数量上还是质量

上都完全可以满足冶金焦的消费需求。

（2）炼焦煤资源保障条件：我国是炼焦煤储藏较为丰富的国家，弱点是优质主焦煤比较紧缺，且由于产地较为集中对钢铁、焦化企业分布多而广的状况，物流运输受到一定限制。从目前情况看，按照 2020 年我国焦炭产量 4.71 亿吨，消费炼焦精煤 6.3 亿吨，其中国内供应炼焦精煤 5.58 亿吨，进口炼焦煤 7200 吨，进口炼焦煤占总消费量的 11.43%。"十三五"期间我国进口炼焦煤年消费占比最高为 13.59%，总体依存度在可控范围内。炼焦煤资源供应从"十四五"时期看，以国内资源为主，进口资源为补充调节的格局不会有根本性改变。从中长期看，随着我国钢铁消费量的减少以及废钢消费量的增加，焦炭消费总体上是下降趋势，因此炼焦煤的消费量也会逐步较少，资源保障问题应有保持较为稳定的条件。

（本章撰写人：马增风，中国冶金矿山企业协会；

王方杰，中国废钢铁应用协会；崔丕江，中国炼焦行业协会）

第 8 章

2020 年会员钢铁企业经济效益及财务状况分析

2020 年，面对新冠肺炎疫情的严重冲击，随着国家陆续出台疫情防控和"六保""六稳"等各项政策措施，积极支持企业复工复产、减税降费，使国民经济持续稳定恢复，为钢铁工业发展提供了良好的外部环境。同时，钢铁行业努力克服疫情影响、铁矿石价格上涨、环保压力上升等困难，行业呈现出稳中向好的运行态势，经济效益持续好转。

一、经济效益及财务状况分析

（一）主要效益指标同比增长

据钢协统计，2020 年会员钢铁企业实现销售收入 49407 亿元，比上年增长 11.40%；销售成本 44487 亿元，比上年增长 12.16%，成本增幅高于收入增幅 0.76 个百分点。实现利税 3219 亿元，比上年增长 6.64%；利润总额 2164 亿元，比上年增长 6.26%。全年会员钢铁企业销售利润率为 4.38%，比上年下降 0.21 个百分点；12 月末会员钢铁企业资产负债率 62.35%，同比下降 0.13 个百分点。主要效益指标见表 8-1。

表 8-1　2020 年会员钢铁企业主要效益指标情况　　　　　　　　　　亿元

指标名称	2020 年	2019 年	增减额	增减幅度/%
销售收入	49407	44351	5055	11.40
销售成本	44487	39664	4823	12.16
期间费用	3122	3030	93	3.06
实现利税	3219	3019	200	6.64
利润总额	2164	2037	128	6.26
销售利润率/%	4.38	4.59	下降 0.21 个百分点	
资产负债率/%	62.35	62.48	下降 0.13 个百分点	

（二）销售利润率总体低于上年

2020 年，会员钢铁企业销售利润率 4.38%，比上年下降 0.21 个百分点。从 2019、2020 年两年月度销售利润率趋势看，2019 年各月利润率均保持在 3% 以上，全年最高值出现在 5 月份，达到 6.75%。2020 年 2-4 月受疫情影响，各月利润率均不足 3%。从 5 月份开始，月度利润率逐步回升，下半年维持在较高水平波动，全年最高值出现在 6 月份，为 5.79%。

（三）资产负债率同比下降

2020 年钢铁企业非常重视债务优化工作，加强资金周转，提高资金使用效率，负债总额增幅小于资产增幅。同时，钢铁企业重视改善贷款结构，增加长贷比例，长期借款同比大幅增加，短期借款同比小幅下降。通过加强资金周转，改善贷款结构，2020 年会员钢铁企业资产负债率为 62.35%，同比下降 0.13 个百分点；流动比率为 96.81%，同比上升 7.39 个百分点；速动比率为 70.34%，同比上升 5.06 个百分点。资产负债率进一步降低，流动比率和速动比率同比提高，具体情况见表 8-2。

表 8-2　2020 年末会员钢铁企业资产负债率、流动比率、速动比率变化情况　　%

项　　目	2020 年末	2019 年末	增减百分点
资产负债率	62.35	62.48	-0.13
流动比率	96.81	89.42	7.39
速动比率	70.34	65.28	5.06

二、影响效益变化的原因分析

2020 年初爆发的新冠肺炎疫情，给中国的发展带来巨大的挑战。面对史无前例的重大疫情，钢铁行业在党中央的坚强领导下，通过深化供给侧结构性改革，疫情防控成效显著，生产经营基本平稳，产品供应保障有力，改革创新稳步推进。随着国内新冠肺炎疫情得到有效防控，下游用钢行业复工复产进度不断推进，钢材需求形势持续改善，钢铁产量保持增长，行业经济效益明显好转。

（一）钢材结算价格小幅下降

2020 年，钢材综合平均结算价格同比下降 79 元/吨，降幅为 2.12%。其中：长材下降 3.87%，板带材下降 0.58%，管材下降 10.97%。长材与管材价格降幅高于板带材。从按月情况看，1-5 月逐月下降，6-12 月逐月上升，9 月份后价格水平均高于上年同期。2020 年主要钢材品种结算价格见表 8-3。

表 8-3 2020 年会员钢铁企业钢材结算价格　　　　　元/吨

项　目	2020 年	2019 年	增减额	增减率/%
钢材综合	3643	3722	−79	−2.12
其中：长材	3432	3570	−138	−3.87
板带材	3800	3822	−22	−0.58
管材	4942	5551	−609	−10.97

从主要钢材品种的结算价格看，除中厚宽钢带、热轧薄宽钢带和冷轧薄宽钢带结算价格同比增长外，其他品种结算价格均比上年下降。2020 年各主要品种钢材结算价格见表 8-4。

表 8-4 2020 年主要钢材品种结算价格　　　　　元/吨

项目	2020 年	2019 年	增减额	增减率/%
钢筋	3289	3459	−170	−4.91
线材	3471	3594	−123	−3.42
厚板	3856	3948	−92	−2.33
中板	3891	3968	−77	−1.94
中厚宽钢带	3507	3498	9	0.26
热轧薄宽钢带	3528	3489	39	1.12
冷轧薄宽钢带	4235	4234	1	0.02
热轧窄带钢	3274	3275	−1	−0.03
热轧无缝钢管	5243	5769	−526	−9.12

（二）主要原料采购成本大幅上升

由于钢铁生产保持高水平，对原燃材料的需求不断释放。受进口铁矿石供给端高度垄断、进口焦煤渠道不畅等因素影响，叠加各地为完成节能减排和环保目标采取的限制措施，原燃材料市场总体上呈现出供不应求的偏紧局面，在 2020 年疫情防控形势趋于稳定后，价格呈现出持续、大幅上涨走势。2020 年，除喷吹煤、炼焦煤和冶金焦平均采购成本有所下降外，铁矿石和废钢采购成本均同比上升。2020 年会员钢铁企业主要原燃料采购成本见表 8-5，进口铁矿石、冶金焦和废钢采购成本走势图如图 8-1~图 8-3 所示。

表 8-5　2020 年会员钢铁企业主要原燃料采购成本　　　　　元/吨

项　目	2020 年	2019 年	增减额	增减率/%
国产铁精矿	785	705	80	11.35
进口粉矿	793	718	75	10.40
炼焦煤	1233	1380	−148	−10.70
冶金焦	1883	1988	−105	−5.29
喷吹煤	814	921	−107	−11.61
废　钢	2420	2392	28	1.15

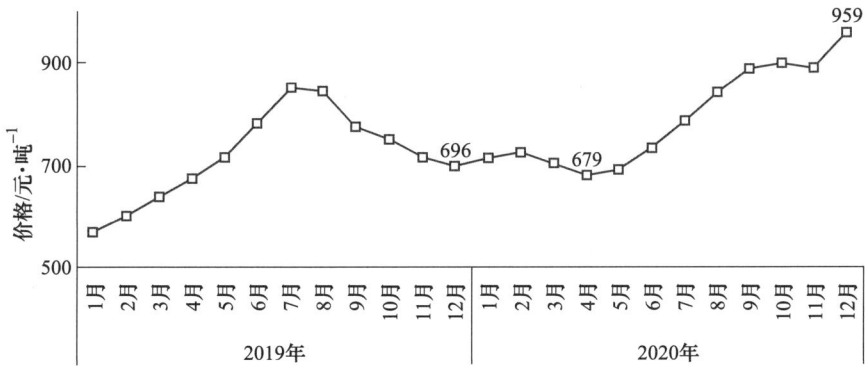

图 8-1　2020 年会员钢铁企业进口铁矿石采购成本走势图

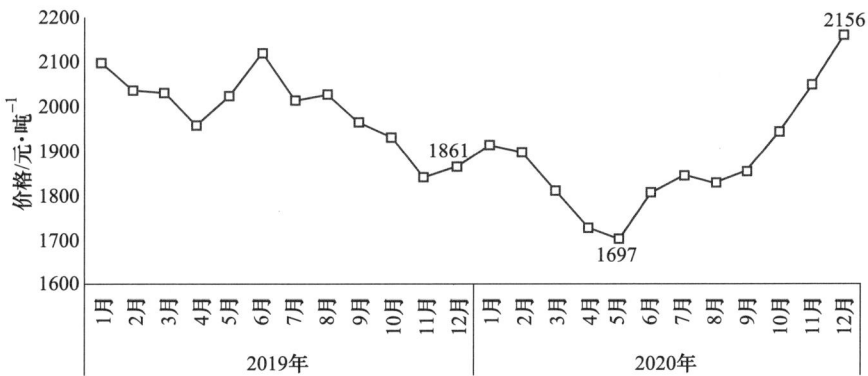

图 8-2　2020 年会员钢铁企业冶金焦采购成本走势图

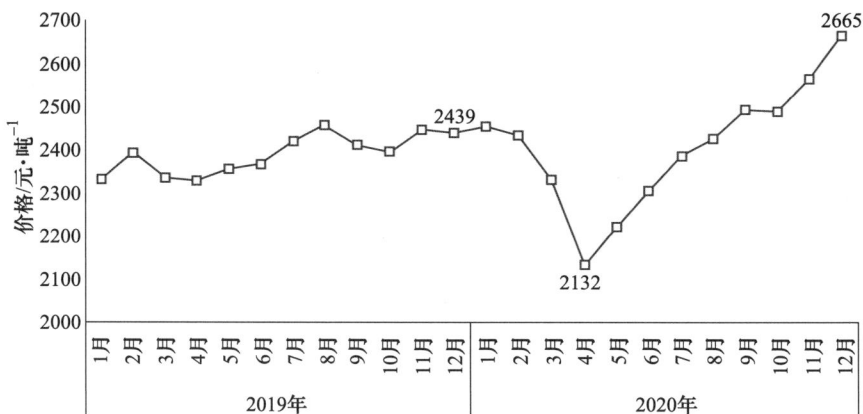

图 8-3　2020 年会员钢铁企业废钢采购成本走势图

2020 年，受疫情影响，钢材价格总体低于上年。由于铁矿石等原料价格大幅上涨，导致钢铁企业采购成本上升。在国家一系列复工复产和减税降费政策支持下，国民经济逐渐回暖，钢铁需求快速恢复，钢材销售保持增长，带动钢铁行业经济效益逐步好转。同时，钢铁企业大练内功，通过优化工艺流程、对标挖潜、加强管理等措施，实现经济效益同比增长。

（本章撰写人：董志强，中国钢铁工业协会）

第 9 章

2020 年国内外钢材市场价格走势分析

2020 年，尽管面对严峻复杂的国际形势，以及新冠肺炎疫情对国内经济发展的严重冲击，但在党中央的坚强领导下，中国政府疫情防控和"六保""六稳"等各项政策措施陆续出台，国民经济逐渐回暖，钢铁需求快速恢复，钢铁行业运行总体平稳。从全年运行情况看，钢材价格逐步回升，但总体水平低于上年同期。

一、钢材价格总体走势

（一）国内市场

2020 年 1-12 月，中国钢材价格指数（CSPI）平均值为 105.57 点，同比下降2.41 点，降幅为 2.24%。从分月情况看，1-4 月份呈下降走势，5-12 月呈波动上行走势，后两个月环比升幅有所加大，见图 9-1。

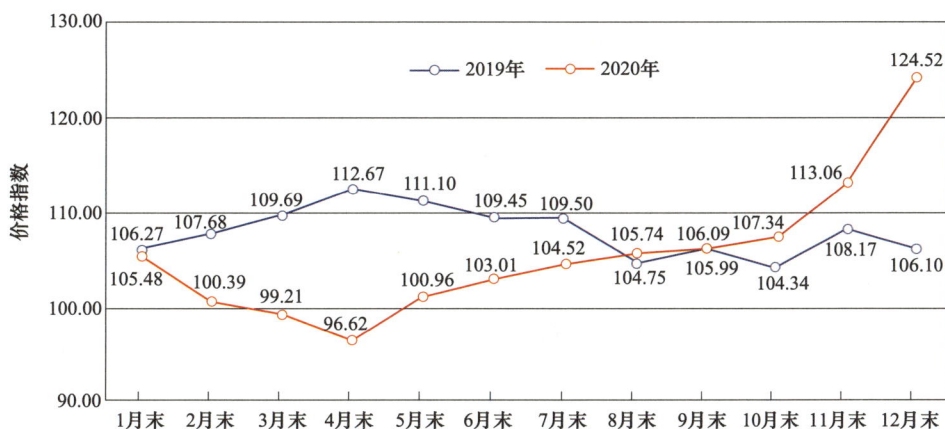

图 9-1　2020 年中国钢材价格指数（CSPI）走势图

1. 长、板材价格变动情况

从结构情况看，CSPI 长材指数平均值为 109.76 点，同比下降 4.21 点，降幅为3.69%；CSPI 板材指数平均值为 103.63 点，同比下降 0.61 点，降幅为 0.59%。板材价格降幅比长材低 3.10 个百分点（图 9-2 和图 9-3）。

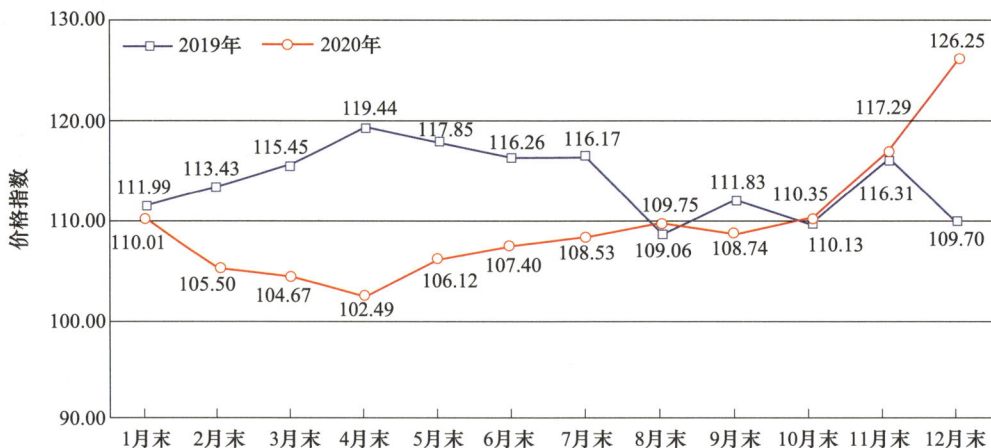

图 9-2　2020 年 CSPI 长材价格指数走势图

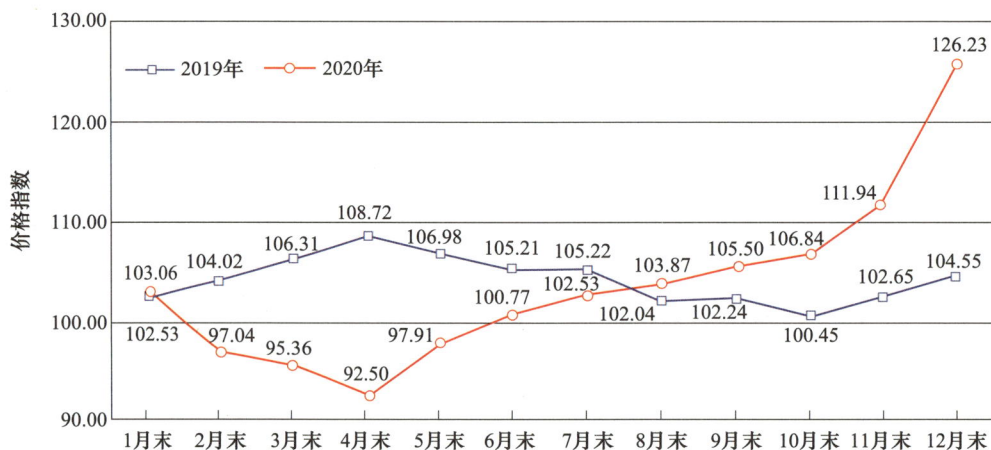

图 9-3　2020 年 CSPI 板材价格指数走势图

2. 主要钢材品种价格变化情况

2020 年，钢协监测的 8 大钢材品种中，冷轧薄板涨 164 元/吨；热轧卷板涨 1 元/吨；镀锌板和无缝管降幅较大，分别下降 326 元/吨和 209 元/吨（见表 9-1）。

表 9-1　2020 年主要钢材品种平均价格情况表　　　　　　　　元/吨

钢材品种	2020 年平均	2019 年	价差	增幅/%
高线 HPB300	3916	4102	−186	−4.53
螺纹钢 HRB400	3725	3908	−183	−4.68
角钢 Q235	3931	4096	−166	−4.04

钢材品种	2020 年平均	2019 年	价差	增幅/%
中厚板 Q235	3906	3912	-5	-0.13
热轧卷板 Q235	3919	3919	1	0.01
冷轧薄板 SPCC	4534	4370	164	3.76
镀锌板 SGCC	4737	5063	-326	-6.44
无缝管 20#	4637	4847	-209	-4.31

3. 主要区域市场钢材价格变化情况

2020 年，各大地区钢材价格平均指数均有所下降，华北地区降幅相对较大，降幅为 2.47%；东北和华东地区降幅相对较小，降幅均为 1.68%；中南、西南及西北地区指数分别下降 2.26%、2.38% 和 2.05%，见表 9-2。

表 9-2　中国钢材价格指数（CSPI）变化情况表

项目	2020 年平均	上年同期	指数差	增幅/%
华北地区	103.90	106.52	-2.63	-2.47
东北地区	103.30	105.07	-1.76	-1.68
华东地区	107.36	109.20	-1.83	-1.68
中南地区	109.03	111.55	-2.52	-2.26
西南地区	107.31	109.93	-2.62	-2.38
西北地区	107.09	109.33	-2.24	-2.05

（二）国际市场

2020 年，CRU 国际钢材价格平均指数为 155.0 点，同比下降 8.5 点，降幅为 5.17%，降幅大于国内 2.93 个百分点，见图 9-4。

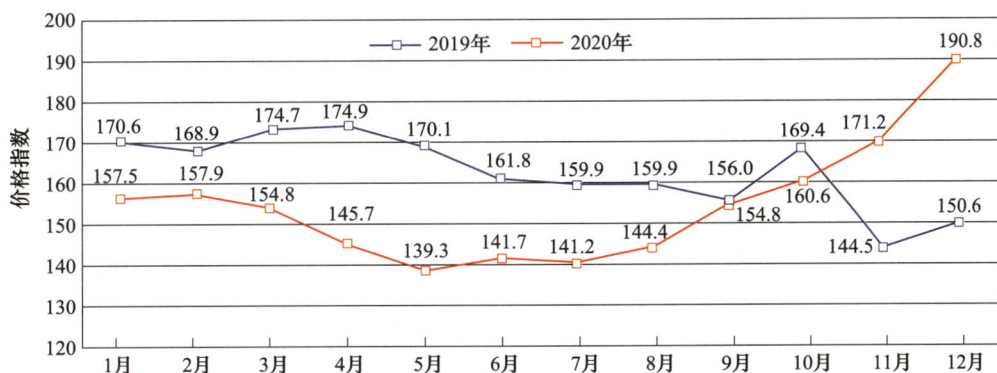

图 9-4　2020 年 CRU 国际钢材价格指数走势图

　　从结构上看，CRU 长材价格下降 7.37%，而 CRU 板材价格下降 2.21%，板材降幅低于长材 5.16 个百分点（表 9-3、图 9-5 和图 9-6）；从分地区情况看，北美、欧洲和亚洲的价格指数同比分别下降 4.61%、5.69% 和 2.57%（表 9-4 和图 9-7）。

表 9-3　2020 年 CRU 分品种钢材价格指数变化情况

项目	2020 年平均	上年同期	指数差	增幅/%
综合指数	155.0	163.4	-8.5	-5.17
长材指数	161.1	173.9	-12.8	-7.37
板材指数	151.7	155.1	-3.4	-2.21

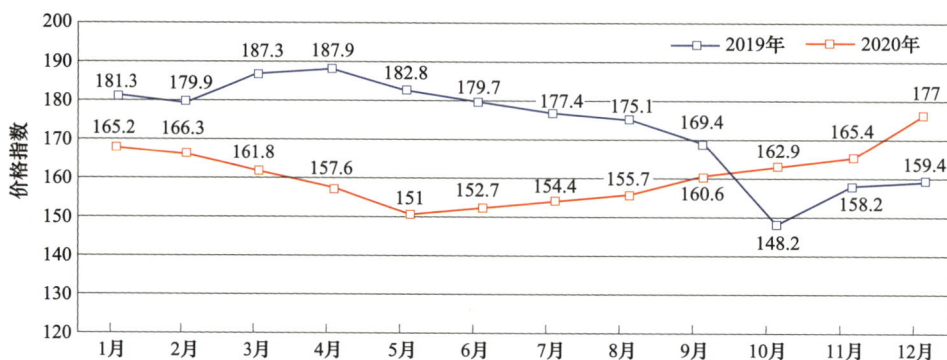

图 9-5　2020 年 CRU 长材价格指数变化情况

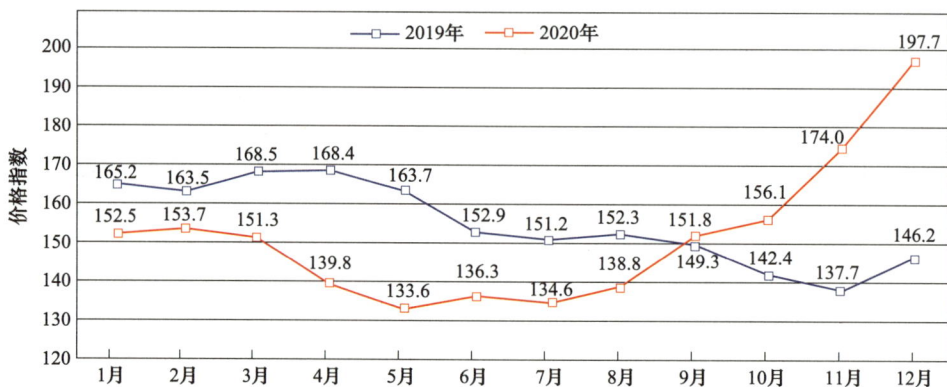

图 9-6　2020 年 CRU 板材价格指数变化情况

表 9-4　2020 年 CRU 北美洲、欧洲、亚洲钢材价格指数变化情况

项目	2020 年平均	上年同期	价差	增幅/%
综合指数	155.0	163.4	-8.5	-5.17
北美地区	164.2	172.1	-7.9	-4.61
欧洲地区	160.9	170.6	-9.7	-5.69
亚洲地区	146.7	150.6	-3.9	-2.57

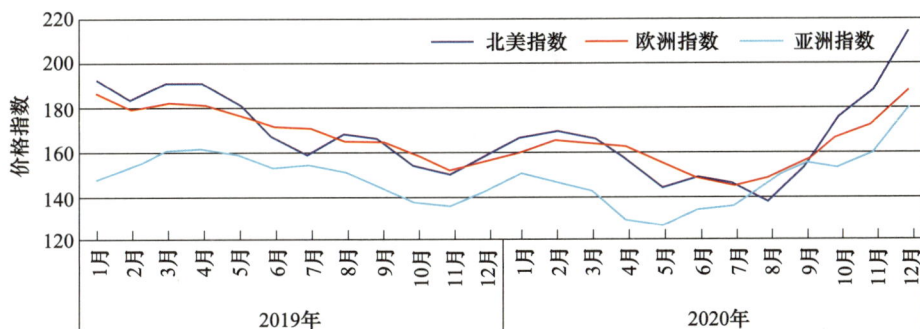

图 9-7　2019-2020 年 CRU 北美洲、欧洲、亚洲钢材价格指数变化情况

二、钢材价格走势分析

2020 年，我国宏观经济运行总体平稳、稳中有进，带动国内市场钢材需求保持增长。

（一）国民经济快速恢复，为钢材价格回升奠定了基础

2020 年，全年国内生产总值（GDP）1015986 亿元，比上年增长 2.3%。其中：一季度同比下降 6.8%，二季度增长 3.2%，三季度增长 4.9%，四季度增长 6.5%，增速呈逐季加快的态势。

从 2020 年全年情况看，随着统筹疫情防控和经济社会发展成效持续显现，固定资产投资在年初大幅下降的情况下增速稳步回升。其中：基础设施投资平稳增长，比上年增长 0.9%，增速比 1-11 月份小幅回落 0.1 个百分点。信息传输业投资增长 16.0%，生态保护和环境治理业投资增长 8.6%，水利管理业投资增长 4.5%，道路运输业投资增长 1.8%；制造业投资降幅持续收窄，比上年下降 2.2%，降幅比 1-11 月份收窄 1.3 个百分点。原材料制造业投资增长 2.1%，增速比 1-11 月份加快 2.0 个百分点，装备制造业投资降幅比 1-11 月份收窄 1.6 个百分点；房地产开发投资较快增长，比上年增长 7.0%，增速比 1-11 月份加快 0.2 个百分点。房地产开发企业到位资金增长 8.1%，增速加快 1.5 个百分点。

（二）下游用钢行业逐步复工复产，钢材需求保持增长

从主要工业品产量看，2020 年，挖掘机、大型拖拉机产量分别同比大幅增长了 36.7% 和 56.0%；中型拖拉机、金属集装箱、金属切削机床以及家用冰箱、洗衣机和彩色电视实际也有所增长；汽车产量虽同比下降，但降幅较上年同期明显收窄；船舶、铁路机车、动车组和小型拖拉机等用钢行业有所下降。

（三）原燃料价格持续上涨，推动钢材价格不断回升

2020 年上半年，钢铁生产用原燃材料价格基本处于小幅上行走势；进入下半年

以来，特别是进入四季度，价格呈现出大幅上涨走势，见表9-5。

表9-5　2020年1-4季度主要原燃材料市场价格变动情况表

项目	单位	一季度	二季度	三季度	四季度
进口粉矿	美元/吨	86.85	93.54	117.75	135.33
国产铁精矿	元/吨	795	818	940	996
炼焦煤	元/吨	1505	1356	1347	1455
冶金焦	元/吨	1793	1749	1832	2146
废　钢	元/吨	2592	2503	2666	2859

　　需要指出的是，原燃材料价格总体上是前低后高的走势。与年内低点相比，12月末，进口铁矿石、国产铁精矿、炼焦煤、冶金焦和废钢价格分别升至159.54美元/吨、1085元/吨、1488元/吨、2335元/吨和2990元/吨，分别比年内低点累计上涨了93.36%、39.46%、12.73%、44.49%和25.58%。原燃材料价格在二季度逐月走高，后两个月明显攀升，对钢材价格起到了较大推动作用。

（本章撰写人：邹昆昆，尹东玲，中国钢铁工业协会）

第 10 章

2020 年会员钢铁企业
钢材流通情况分析

参与中国钢铁工业协会营销统计的会员企业粗钢产量占全国的 75%左右。因此，这些企业在钢材流通方面出现的新变化、新特点，在一定程度上代表了全国钢铁企业钢材流通方面的调整与演变。

一、会员企业钢材产量、国内销量、出口量、自用量概况分析

本章仅对近 2 年营销统计中的会员企业钢材产量、钢材销售量等指标进行名义比较，未剔除近 2 年营销统计企业名录上的差异性，即未考虑个别会员企业退出营销统计，同时又有新会员加入而造成的营销统计口径上的差异性。经测算，在未剔除营销统计口径差异性的前提下，整个会员企业营销状况的基本面依然与剔除后基本一致。

2020 年参与营销企业的会员企业钢材产量 74465.55 万吨，与上年名义比较增长 8554 万吨，增幅为 12.98%。其中国内市场钢材销量 71912.98 万吨，与上年名义比较增长 8928 万吨，增幅为 14.17%；钢材出口量 2083.23 万吨，与上年名义比较下降 673.07 万吨，降幅为 24.42%；会员企业钢材自用量 313.2 万吨，与上年名义比较增长 18.25 万吨，增幅为 6.19%。上述统计现象表明会员企业钢材增产量、钢材出口减少量都转为钢材供应增量，企业钢材自用量的增长相当于减少了钢材供应量，三者合计值为 9208.61 万吨，高于国内市场钢材销售增长量，二者差值为 280.61 万吨，这一方面表明会员企业 2020 年钢材增产量、钢材出口减少量大部分转为国内市场钢材销售增长量，另一方面表明会员企业有一少部分钢材供应增量转化为企业库存。

2020 年会员企业长材产量 35633.53 万吨，与上年名义比较增长 3793.83 万吨，增幅为 11.92%。其中国内长材销量 34913.42 万吨，与上年名义比较增长 3778.63 万吨，增幅为 12.14%；长材出口量 598.47 万吨，与上年名义比较下降 168.35 万吨，降幅为 21.95%；会员企业长材自用量 24.54 万吨，与上年名义比较下降 8.86 万吨，降幅为 26.53%。上述统计现象表明会员企业长材增产量及出口转内销的长材量、企业自用钢材减少量均转化国内市场供应增量，三者合计达 3971.04 万吨，高于国内

市场长材销售增长量，差值为192.4万吨，这一方面表明会员企业2020年长材增产量、钢材出口减少量、企业自用钢材减少量大部分转为国内市场钢材销售增长量，另一方面表明会员企业有一少部分长材供应增量转化为企业库存。

2020年会员企业板带材产量36974.6万吨，与上年名义比较增长4904.9万吨，增幅为15.29%。其中国内板带材销量35312.32万吨，与上年名义比较增长5214.254万吨，增幅为17.32%；板带材出口量1318.84万吨，与上年名义比较下降429.08万吨，降幅为24.55%；会员企业板带材自用量288.52万吨，与上年名义比较增长29.13万吨，增幅为11.23%。上述统计现象表明会员企业板带材增产量、板带材出口减少量都转为板带材供应增量，企业板带材自用量的增长相当于减少了板带材供应量，三者合计值为5304.86万吨，高于国内市场板带材销售增长量，二者差值为90.61万吨，这一方面表明会员企业2020年板带材增产量、板带材出口减少量大部分转为国内市场钢材销售增长量，另一方面表明会员企业有一少部分板带材供应增量转化为企业库存。

二、各区域市场钢材流入量增减情况及结构情况

各区域市场的钢材流入量即为会员企业在各区域市场的钢材销售量，也可视作各区域市场的钢材消费量。各区域市场的钢材流入量与会员企业国内市场钢材总销量的比值，可以看作是各区域市场占全国的市场份额。同理各区域市场的长材（板带材）流入量与会员企业国内市场长材（板带材）总销量的比值，可以看作是各区域市场长材（板带材）占全国的市场份额。各区域市场钢材流入量的增减，不仅反映了各区域市场钢材消费量的变化，同时也影响各区域市场份额的变化。

（一）近2年各区域市场钢材流入量及流入增量的比较

会员企业国内市场钢材销量增长了8928万吨，从各区域市场钢材流入量增量角度看，华北市场钢材流入量增长2192.45万吨，占国内市场钢材销售增量比重为24.56%；东北市场增长602.58万吨，占钢材销售增量比重为6.75%；华东市场增长3193.4万吨，占钢材销售增量比重为35.77%；中南市场增长2095.12万吨，占钢材销售增量比重为23.47%；西北市场增长385.21万吨，占钢材销售增量比重为4.31%；西南市场增长459.23万吨，占钢材销售增量比重为5.14%。这表明2020年国内市场钢材消费增量主要来自华东、华北、中南三个区域市场，其中华东区域市场的作用更为突出一些。

从各区域市场钢材流入量增幅角度看，会员企业国内市场钢材销量增幅为14.17%，东北、华北、中南、西北四个区域市场的钢材流入量增幅分别为20.63%、18.63%、16.53%、14.98%，均高于全国钢材销量增幅。华东、西南两个区域市场的钢材流入量增幅分别为11.91%、7.36%，其中西南市场落后于钢材国内市场销量增幅6.81个百分点。但西南区域上年钢材流入量增幅高达总体16.57%，在六个区

域市场中钢材流入量增幅最高。2020 年西南区域钢材流入量增幅回落，是该区域在上年钢材需求快速增长的基础上所进行的适度调整。

由于东北、华北、中南、西北四个区域市场的钢材流入量增幅高于钢材国内市场销量增幅，因此，2020 年东北市场份额较上年提高了 0.26 个百分点，达到了 4.9%；华北市场份额较上年提高了 0.73 个百分点，达到了 19.42%；中南市场份额较上年提高了 0.41 个百分点，达到了 20.54%；西北市场份额较上年提高了 0.03 个百分点，达到了 4.11%。由于华东、西南两个区域市场的 2020 年钢材流入量增幅低于钢材国内市场销量增幅，因此，华东市场份额较上年下降了 0.84 个百分点，降至 41.72%；2020 年西南市场份额较上年下降了 0.59 个百分点，降到了 9.31%。

2018 年以前，华北市场份额始终位居第 2 位。2019-2020 年，中南市场连续 2 年市场份额高于华北市场，其中 2019 年中南市场份额却高出华北市场 1.44 个百分点，2020 年高出 1.13 个百分点，差距有所缩小。目前看，华北市场、中南市场钢材流入量规模基本接近，但中南市场属于钢材净流入区域，其未来市场发展预期更好一些。

总体看，华东市场是全国最大的钢材消费市场，2020 年钢材市场份额高达 41.72%，市场规模优势异常突出，属于第一梯队区域市场；中南市场、华北市场的钢材市场份额连续 2 年保持在 20% 左右，市场规模明显优于西南、东北、西北三个区域市场，属于第二梯队区域市场；西南市场的钢材市场份额保持在 9% 左右，其市场规模虽然与中南市场、华北市场相比有较大差距，但对东北市场、西北市场保持着较大的规模优势，属于第三梯队区域市场；东北、西北的钢材市场份额保持在 4% 左右，这两个区域市场份额相加才接近西南市场，故属于第四梯队区域市场，但东北市场的 2020 年钢材消费要略好于西北市场。

（二）近 2 年各区域市场长材流入量及流入增量的比较

从各区域市场长材流入量增量角度看，会员企业国内市场长材销量增长 3778.63 万吨，其中华北市场长材流入量增长 239.29 万吨，占国内市场长材销售增量比重为 6.33%；东北市场增长 224.05 万吨，占长材销售增量比重为 5.93%；华东市场增长 1439.92 万吨，占长材销售增量比重为 38.11%；中南市场增长 1254.25 万吨，占长材销售增量比重为 22.4%；西北市场增长 370.35 万吨，占长材销售增量比重为 9.8%；西南市场增长 250.77 万吨，占长材销售增量比重为 6.64%。这表明国内市场长材消费量的增长主要来自华东、中南两个区域市场，华东市场、中南市场的长材消费增量各占全国长材消费增长量的三分之一，合计增量占比超过了 70%。

从各区域市场长材流入量增幅角度看，会员企业 2020 年国内长材销量增幅为 12.14%，西北、中南、东北的长材钢材流入量增幅超过了全国长材销量增幅，这三个区域市场长材流入量分别增长了 22.12%、19.1%、18.26%，属于长材消费增长较快的区域市场。华东、西南、华北的长材流入量增幅分别为 11.06%、5.99%、5.36%（图 10-1），低于国内市场长材销量增幅。如果对各区域近 2 年长材流入量增幅进行对比可知，中南、西北连续 2 年长材流入量增幅保持在 15% 以上，属于长材流入量持续高增长区域；东北、华东连续 2 年长材流入量增幅保持在 10% 以上，属于长材流入量持续较高增长区域；西南则是在 2019 年 20.73% 的高增长基础上，增速大幅回落了 14.74 个百分点，即西南市场长材消费连续高增长的势头弱于中南、西北、华东、东北四个区域；华北连续 2 年长材流入量增幅在六个区域市场垫底，表明华北市场长材消费增长态势弱于其他区域市场。

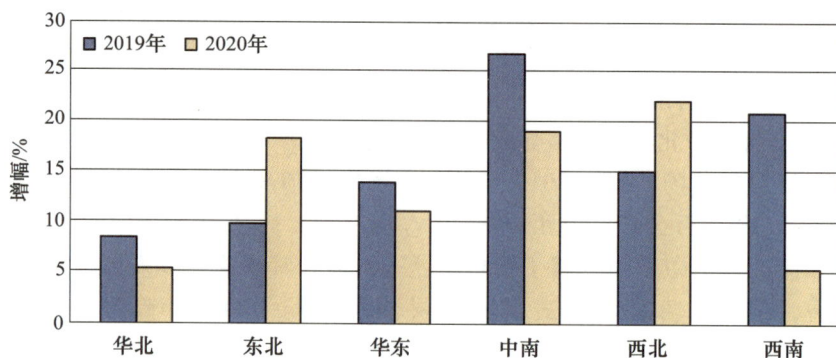

图 10-1　2019 年、2020 年各区域近两年长材流入量增幅

由于西北、中南、东北三个区域市场的长材流入量增幅高于国内市场长材销量增幅，故 2020 年西北市场长材市场份额较上年提高了 0.48 个百分点，达到了 5.86%；中南市场长材市场份额较上年提高了 1.31 个百分点，达到了 22.40%；东北市场长材市场份额较上年提高了 0.22 个百分点，达到了 4.16%。由于华东、西南、华北三个区域市场的长材流入量增幅低于国内市场长材销量增幅，因此，2020 年华东市场长材市场份额较上年下降了 0.4 个百分点，降到了 41.41%；西南市场长材市场份额较上年下降了 0.74 个百分点，降到了 12.71%；华北市场长材市场份额较上年下降了 0.87 个百分点，降到了 13.47%。上述统计现象表明华北市场板带材需求增长较快，并"抢占"华东、中南、西南的市场份额。中南区域市场依靠规模及良好的需求增长，"抢占"了华北、西南的市场份额。

总体看，华东市场在长材市场份额方面具有明显的领先优势，长材市场份额高达 41.41%，属于第一梯队区域市场。2020 年华东市场长材市场份额虽然有所下降，但相对于其他区域市场依然保持着至少 19 个百分点的领先优势，故华东市场长材供需关系所决定的长材价格依然是全国长材价格的风向标；中南、华北、西南三个区域市场的长材市场份额在 13%-21% 之间波动，属于第二梯队区域市场。但近 3 年中南市场对华北市场的领先优势持续扩大，如 2018 年中南市场长材市场份额领先华北市场 3.98 个百分点，2019 年领先 6.75 个百分点，2020 年进一步领先 8.93 个百分点。同时西南市场长材市场份额与华北市场的差距进一步缩小；东北、西北两个区域市场的长材市场份额在 4%-6% 之间波动，与其他 4 个区域市场存在较大的差距，故对全国长材价格的影响力亦偏弱，属于第三梯队区域市场。

（三）近 2 年各区域市场板带材流入量及流入增量的比较

从各区域市场板带材流入量增量角度看，会员企业国内市场板带材销量增长5214.25 万吨，其中华北市场板带材流入量增长 1936.67 万吨，占国内市场板带材销售增量比重为 37.14%；东北市场增长 378.05 万吨，占板带材销售增量比重为7.25%；华东市场增长 1780.01 万吨，占板带材销售增量比重为 34.14%；中南市场增长 866.05 万吨，占板带材销售增量比重为 16.61%；西北市场增长 39.61 万吨，占板带材销售增量比重为 0.76%；西南市场增长 213.86 万吨，占板带材销售增量比重为 4.1%。这表明 2020 年国内市场板带材消费的增长主要来自华北、华东两个区域市场，这两个区域市场合计占比达到了 71%。

从各区域市场板带材流入量增幅角度看，会员企业国内市场板带材销量增幅为17.32%。仅华北、东北两个区域市场板带材流入量增幅高于会员企业国内市场板带材销量增幅，其中华北市场板带材流入量增长 28.26%，东北市场增长 23.68%，属于板带材消费增长较快的区域市场。中南、华东、西南、西北的板带材流入量增幅分别为 14.73%、13.61%、11.04%、5.26%（图 10-2）。

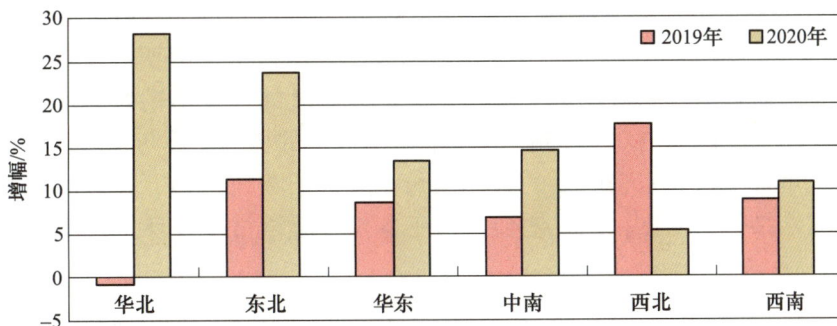

图 10-2　2019 年、2020 年各区域近 2 年板带材流入量增幅

如果对各区域近 2 年板带材流入量增幅进行对比可知，仅西北 2020 年板带材流入量增幅出现回落，由 2019 年的 17.68% 回落至 2020 年的 5.26%；东北连续 2 年板带材流入量增幅保持在 10% 以上，且 2020 年大幅提升了 12.4 个百分点，属于板带材流入量持续高增长区域；华北 2019 年板带材流入量同比下降 0.75%，2020 年大幅增长了 28.26%；华东、中南、西南 2020 年板带材流入量增幅分别提升了 4.88 个百分点、7.88 个百分点、2.26 个百分点，表明这 3 个区域板带材消费稳步增长。

由于华北、东北两个区域市场的板带材流入量增幅高于国内市场板带材销量增幅，故 2020 年华北市场板带材市场份额较上年提高了 2.12 个百分点，达到了24.89%；东北市场板带材市场份额较上年提高了 0.29 个百分点，达到了 5.59%。由于中南、华东、西南、华北三个区域市场的板带材流入量增幅低于国内市场板带材销量增幅，因此，中南市场板带材市场份额较上年下降了 0.43 个百分点，降至 19.1%；2020 年华东市场板带材市场份额较上年下降了 1.38 个百分点，降至 42.08%；西南市场板带材市场份额较上年下降了 0.34 个百分点，降至 6.09%；西北市场板带材市场份额较上年下降了 0.26 个百分点，降至 2.24%。上述统计现象表明华北市场板带材需求增长较快，并"抢占"华东、中南、西南的市场份额。

总体看，华东市场是全国最大的板带材消费市场，市场份额连续 2 年稳定在 42% 以上，2020 年高出第二位华北市场将近 19 个百分点，属于第一梯队区域市场。华北、中南两个市场的板带材市场份额都保持在 20% 左右，与西南、东北、西北三个区域市场相比具有较大的规模优势，故属于第二梯队的区域市场，但华北领先中南的优势由 2019 年的 3.24 个百分点扩大至 2020 年的 5.79 个百分点。西南、东北、西北三个区域市场的板带材市场份额在 2%-6.5% 之间波动，属于第三梯队区域市场，其中西南、东北的市场规模要略高于西北市场。

三、钢材流通渠道分析

2020 年 1 月底受新冠肺炎疫情冲击，钢材供需形势由此出现大幅度波动。1 月底至 3 月，是疫情最严重时期，但钢铁行业在所有大类工业行业及建筑业中，保持了最高的开工率，1-2 月份粗钢产量同比增长 3.1%，3 月粗钢产量同比仅下降 1.7%，整个生产水平同比没有出现大幅度下滑，且保持历史同期较高水平。同时面对一季度钢材需求出现的阶段性下降，会员企业通过加大直供销售力度，将钢材库存控制在可承受范围之内。4 月起，伴随着全国经济的快速复苏与发展，中国粗钢产量步入快速增长阶段。粗钢产量的快速增长，支撑了建筑用钢、制造用钢需求总量的增长和需求结构的变化，同时使会员企业自 4 月起钢材库存环比处于持续下降的态势。

（一）直供渠道是消化国内市场钢材销售增长量的主渠道

会员企业 2020 年在国内市场共销售钢材 71912.98 万吨，较上年名义增长 8928 万吨，名义增幅为 14.17%。各渠道钢材销量增减量情况如下：会员企业通过直供渠道在国内市场销售的钢材数量（简称"钢材直供销量"）比上年增长了 5745 万吨，占国内市场钢材销售总增长量的比重为 64.35%；通过分销渠道销售的钢材数量（简称"钢材分销销量"）比上年增加了 2469.38 万吨，占国内市场钢材销售总增长量的比重为 27.66%；通过企业分支机构在国内市场销售的钢材数量（简称"钢材分支机构销量"）比上年增加了 19.91 万吨，占国内市场钢材销售总增长量的比重为 0.28%；通过零售渠道在国内市场销售的钢材数量（简称"钢材零售销量"）比上年增长了 693.72 万吨，占国内市场钢材销售总增长量的比重为 18.83%。上述数据表明 2020 年面对新冠肺炎疫情冲击，以及 4 月份起钢材需求的快速增长，会员企业钢材销售的增量首先是通过直供渠道来完成的，其次是分销渠道，揭示出会员企业为应对疫情冲击，加大了对钢材终端用户的销售力度。

从各渠道钢材销售增幅的角度看，会员企业 2020 年钢材直供销量为 32338.12 万吨，与上年名义比较增长了 21.6%；钢材分销销量为 27960.58 万吨，名义增幅为 9.69%；钢材分支机构销量为 7235.5 万吨，名义增幅为 0.28%；钢材零售销量为 4378.78 万吨，名义增幅为 18.83%。鉴于直供渠道、零售渠道钢材销量增幅均高于同期会员企业国内市场钢材销量增幅，故直供渠道钢材销量占钢材总销量比重（以下简称"钢材直供销量占比"）提高了 2.75 个百分点，达到了 44.97%；零售渠道钢材销量占钢材总销量比重（以下简称"钢材零售销量占比"）提高了 0.24 个百分点，达到了 6.09%。鉴于分销渠道、分支机构钢材销量增幅低于同期会员企业国内市场钢材销量增幅，则分销渠道钢材销量占钢材总销量比重（以下简称"钢材分销销量占比"）下降了 1.59 个百分点，降至 38.88%；分支机构钢材销量占钢材总销量比重（以下简称"钢材分支机构销量占比"）下降了 1.39 个百分点，降至 10.06%。

2019 年会员企业钢材直供销量占比 42.22%，钢材分销销量占比降至 40.47%，二者相差 1.75 个百分点。这是 2012 年以来，会员企业钢材直供销量占比首次高于钢材分销销量占比。2020 年会员企业钢材直供销量占比进一步提升至 44.97%，钢材分销销量占比则降至 38.88%，二者相差 6.09 个百分点。表明 2020 年会员企业直供渠道优势在 2020 年有了进一步提升。总体看，会员企业 2020 年钢材直供销量占比创历史新高，较近 9 年来的历史低点（2012 年）高出了 9.2 个百分点（图 10-3）；对应着 2020 年钢材分销销量占比创历史新低，较近 9 年来的历史高点（2012 年）下降了 7.78 个百分点。这一现象表明钢铁企业与下游钢材用户之间的紧密度在加强，钢铁企业正在从钢材生产商向钢材综合服务商转变。

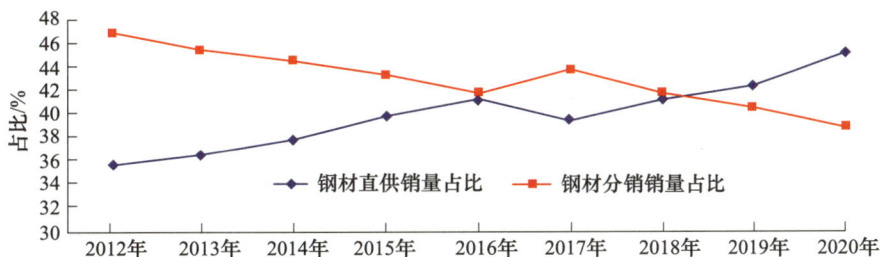

图 10-3　2012-2020 年会员企业钢材直供销量占比、钢材分销销量占比

（二）直供渠道中长材、板带材销量情况

会员企业 2020 年直供渠道钢材销量较上年名义增长 5745 万吨，其中直供长材销量增长 1519.98 万吨，占直供钢材销售增量的比重为 26.46%；直供板带材销量增长 4292.64 万吨，占直供钢材销售增量的比重为 74.72%。这表明直供渠道钢材销量的增长主要由直供渠道板带材销量增长所拉动。

从直供渠道钢材销量的增幅角度看，会员企业 2020 年直供渠道钢材销量 32338.12 万吨，较上年名义增长 21.6%。其中直供长材销量 11927.06 万吨，较上年名义增长 14.61%；板带材直供销量 19502.97 万吨，较上年名义增长 28.22%。由于直供板带材销量增幅高于直供渠道钢材销量增幅，故会员企业 2020 年直供渠道板带材销量占直供渠道钢材销量的比重（以下简称"直供销量长材占比"）较上年提高了 3.11 个百分点，提高至 60.31%；由于直供长材销量增幅低于直供渠道钢材销量增幅，故会员企业 2020 年直供渠道长材销量占直供渠道钢材销量的比重（以下简称"直供销量板带材占比"）较上年降低了 2.25 个百分点，降至 36.88%。总体看，直供渠道中仍以板带材销售为主，再次印证板带材具有较好的直供流通属性。

（三）分销渠道中长材、板带材销量情况

会员企业 2020 年分销渠道钢材销量较上年名义增长 2469.38 万吨，其中分销长材销量增长 1800.45 万吨，占分销钢材销售增量的比重为 72.91%；分销板带材销量增长 691.38 万吨，占分销钢材销售增量的比重为 28%。这表明 2020 年分销渠道钢材销量的增长主要由分销长材销量增长所拉动，而直供渠道却是由直供板带材所拉动。

从分销渠道钢材销量的增幅角度看，会员企业 2020 年分销渠道钢材销量 27960.58 万吨，较上年名义增长 9.69%。其中长材分销销量 17128.07 万吨，较上年名义增长 11.75%；板带材分销销量 10290.67 万吨，较上年名义增长 7.2%。由于分销渠道长材销量增幅高于分销渠道钢材销量增幅，故会员企业 2020 年分销渠道长材销量占分销渠道钢材销量的比重（简称"分销销量长材占比"）较上年提高了 1.13 个百分点，增长至 61.26%；由于板带材分销销量增幅低于分销渠道钢材销量增幅，故会员企业 2020 年分销渠道板带材销量占分销渠道钢材销量的比重（简称"分销销量板带材占比"）较上年降低了 0.85 个百分点，降至 36.8%。总体看，分销渠道中仍以长材销售为主，且分销销量长材占比有进一步加强的态势，再次印证长材在流通环节具有较好的分销属性。

（本章撰写人：李拥军，中国钢铁工业协会）

第 11 章

2020 年钢铁工业固定资产投资情况分析

钢铁工业涵盖黑色金属矿采选业（以下简称"黑色采选业"）、黑色金属冶炼和压延加工业（以下简称"黑色金属业"）。国家统计局发布的黑色金属矿采选业固定资产投资完成额（累计）同比（以下简称"黑色采选业投资额增速"）、黑色金属冶炼和压延加工业固定资产投资完成额（累计）同比（以下简称"黑色金属业投资额增速"）都是基于名义比较，没有剔除价格因素。从 2018 年 2 月起，国家统计局仅发布各大类工业行业固定资产投资完成额累计同比，不再发布各大类工业行业固定资产投资完成额的具体数值。本章重点分析黑色采选业投资额增速、黑色金属业投资额增速的变化情况，并对相关影响因素进行探究。

一、黑色采选业投资额增速走势及相关影响因素

黑色金属矿采选活动是指对铁矿石、锰矿、铬矿等钢铁工业黑色金属原料矿的采矿、选矿活动，其主体活动是铁矿采选。故黑色采选业投资额的主体是铁矿采选业。

（一）黑色采选业投资额增速的两阶段划分

本章对近 16 年黑色采选业投资额增速情况进行对比分析，依据各年投资额增速的变化幅度，将这 16 年黑色采选业投资情况分为两个阶段：第一阶段是 2005-2013 年，黑色采选业投资高速发展期；第二阶段是 2014-2020 年，黑色采选业投资低谷期。

2005-2013 年，黑色采选业投资额高速发展期。对 2005-2020 年黑色采选业投资额增速进行对比可知，2005-2013 年黑色采选业投资额增速基本保持在 20% 左右（仅 2013 年降至 10.4%），其中增速最高值是 2005 年的 114.6%，次高值是 2008 年的 59%（图 11-1）。这 9 年黑色采选业投资额高速发展对应着铁矿石原矿产量的高速增长，如这 9 年铁矿石原矿产量增速保持在 10% 以上（2009 年除外），其中产量增速最高值是 2006 年的 38%，次高值是 2011 年的 27.2%。

2014-2020 年，黑色采选业投资额增速连续 7 年低于 6%，其中 2015-2017 年黑色

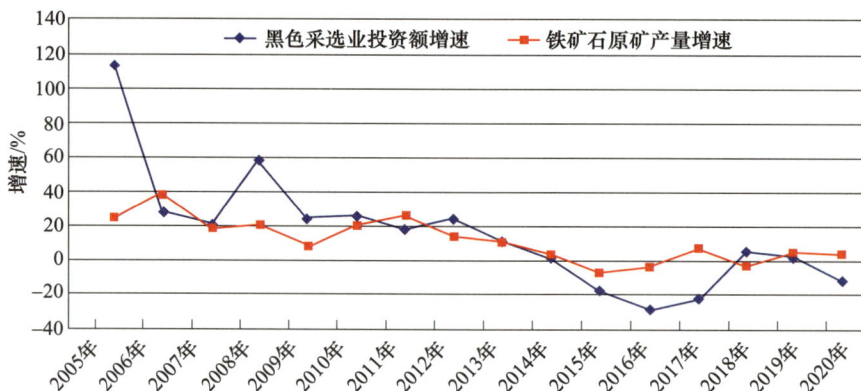

图 11-1 近 16 年黑色采选业投资额增速、铁矿石原矿产量增速

采选业投资额连续 3 年负增长，每年的降幅均在 15% 以上，降幅最大值是 2016 年的 28.4%（图 11-1）。2018 年、2019 年黑色采选业投资额增速实现了正增长，但这一增速仍然低于 2006-2013 年的各年投资增速。2020 年黑色采选业投资额增速下降 10.3%，投资规模再次出现回落。总体看，2014-2020 年是黑色采选业固定资产投资的"低谷期"，整个行业投资动力不足。对应着这 7 年中有 3 年（2015 年、2016 年、2018 年）铁矿石原矿产量同口径比较出现下降。

（二）对各年黑色采选业投资额的评估

本章假定 2004-2020 年黑色采选业投资额的统计口径保持一致，以 2004 年投资额为基数"1"，根据各年黑色采选业投资额增速，可推算出 2005-2020 年各年黑色采选业投资额与 2004 年的倍数关系（图 11-2）。从投资额规模的角度看，2010-2016 年，各年黑色采选业投资额是 2004 年的 8 倍以上，国家统计局发布的这 7 年黑色采选业投资额规模基本保持在 1000 亿元以上，据此可判定这 7 年黑色采选业投资额保持了较高的规模。其中 2015 年、2016 年黑色采选业投资额增速为负值，但由于 2014 年投资基数较高，因此这 2 年投资规模依然较大。

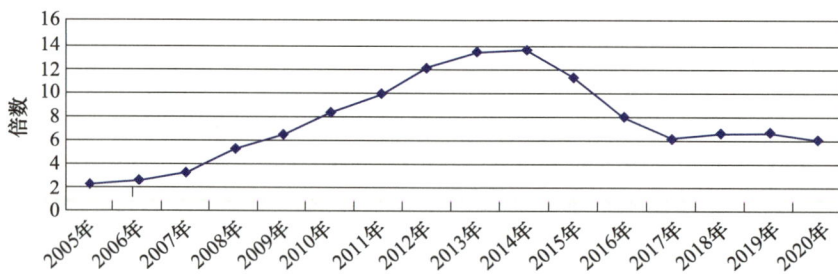

图 11-2 2005-2020 年黑色金属矿采选业投资额与 2004 年的倍数关系

2005-2009 年黑色采选业投资额增速较高，但由于 2004 年投资额基数较低，所以这 5 年黑色采选业投资额规模依然偏低。2004 年黑色采选业铁矿石原矿产量规模仅为 4.2 亿吨，2009 年铁矿石原矿产量规模仅为 8.8 亿吨，与后续年份铁矿石原矿产量规模存在一定差距，表明这 5 年铁矿石原矿产能及产量规模均较低，低规模产能所要求的"改建和技术改造"投资规模也偏低，特别是技术改造方面的投资比重较低。因此，这 5 年黑色采选业投资额的高速增长，更多对应着铁矿石原矿产能的高速增长，进而带来铁矿石原矿产量的高速增长。

伴随着铁矿石原矿产能及产量规模的增长，铁矿石产能所要求的"改建和技术改造"投资规模也会增长，从而制约矿山新增产能投资额的增长。如 2017-2020 年黑色采选业投资额虽然是 2004 年 6 倍左右，该投资额规模与 2009 年基本持平，但明显高于 2005-2008 年。但由于我国现有铁矿石原矿产能基本在 10 亿吨以上，已经远远高于 2005-2008 年的产能规模，因此黑色采选业这几年的投资额中有相当高的投资比重用于矿山机器设备和工具的更新改造；矿山生产工艺改革、节约能源和原材料的改造；矿山厂房建筑和公共设施的改造；矿山保护环境进行的"三废"治理改造；劳动条件和生产环境的改造等。通过技术改造，更多的黑色采选业企业用先进的技术代替落后的技术，用先进的工艺和装备代替落后的工艺和装备，达到提高产品质量、节约能源、降低消耗、全面提高社会经效益的目的。但铁矿石原矿产能并没有大的增长，对应着铁矿石原矿产量没有大的增长，2018 年铁矿石原矿产量甚至出现了下降。

（三）关于黑色采选业投资额增速的相关影响因素分析

影响黑色采选业投资额增速高低的因素有很多，本章对 2005-2020 年各年黑色采选业投资额增速与铁矿石年度进口量、铁矿石进口量同比、进口铁矿石进口均价、黑色采选业销售利润率等多个因素的相关性进行了测算，相关系数绝对值较大的分别是铁矿石年度进口量、黑色采选业销售利润率。

1. 黑色采选业投资额增速与铁矿石年度进口量的相关性分析

黑色采选业投资额增速与铁矿石年度进口量的相关系数为-0.8，属于高度负相关（图 11-3），即二者之间存在如下高度相关的现象：一是铁矿石进口量基本呈逐年增长的态势，仅 2010 年、2018 年出现了下降，分别较上一年减少了 915 万吨、1027 万吨，而黑色采选业投资额增速自 2009 年起基本呈回落态势；二是铁矿石进口量较高的年份通常对应着黑色采选业投资额增速也比较低，如 2020 年铁矿石进口量为 11.7 亿吨，是近 16 年中的最高值，对应着该年度黑色采选业投资额增速为-10.3%，是近 16 年中第四个投资额下降的年度。上述统计现象表明铁矿石进口规模的增长，抑制黑色采选业投资额的增长，甚至导致黑色采选业投资额的下降。

2. 黑色采选业投资额增速与黑色采选业销售利润率的相关性分析

黑色采选业投资额增速与黑色采选业销售利润率的相关系数均为 0.7，属于显著

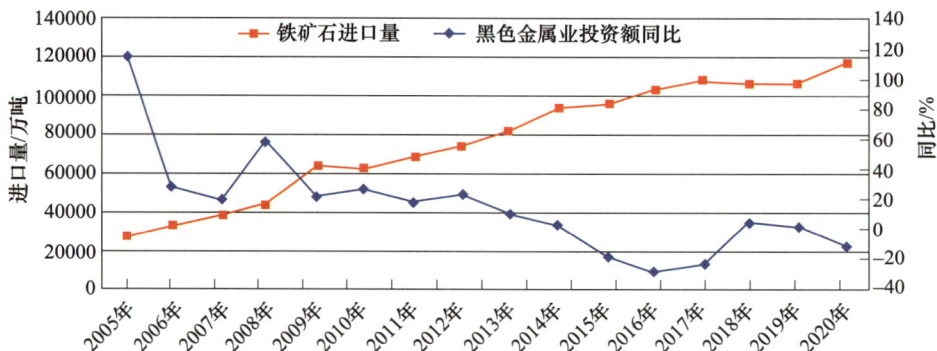

图 11-3　近 16 年黑色采选业投资额同比及各年铁矿石进口量

正相关（图 11-4），即二者之间具有如下现象：黑色采选业销售利润率保持较高水平时，国内黑色采选业投资额增速也会比较高；当黑色采选业销售利润率处于较低水平时，国内黑色采选业投资额增速会出现一定的回落甚至负增长。

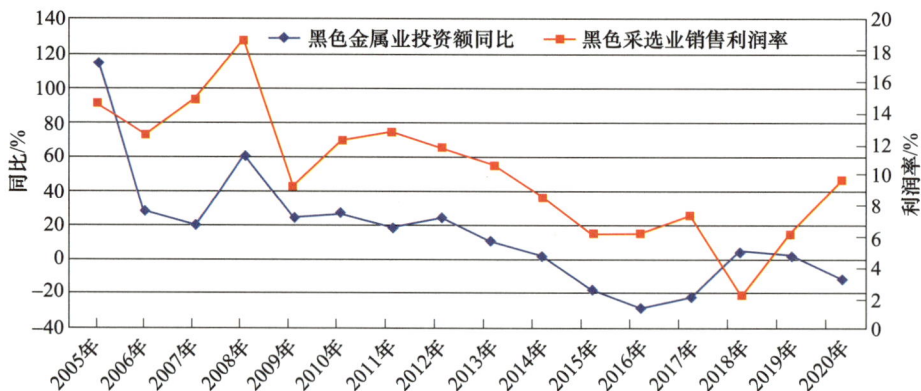

图 11-4　2005-2020 年黑色采选业投资额增速及销售利润率

　　黑色采选业投资额增速与销售利润率的正相关性揭示出当前黑色采选业较低的行业利润率抑制了行业内外资本对该行业的投资热情，反之亦然。间接反映出黑色采选业面临的各种税费负担较重，投资及运营所面临的各种行政约束框架较多，导致该行业近几年运营成本较高，与进口铁矿石相比缺少综合成本竞争优势。

　　3. 对 2020 年黑色采选业投资额同比下降的认识

　　2020 年进口铁矿石均价达到了 101.65 美元/吨，已经超过了 2014-2019 年的进口铁矿石均价，属于历史上的价格高位。受铁矿石价格上涨的影响，2020 年黑色采选业销售利润率 9.63%，为 2014 年以来的最高值，但黑色采选业投资额增速却下降了 10.3%。这一反差主要源于以下三点：

　　一是 3 月底新冠肺炎疫情得到基本控制，受国家各项拉动经济增长政策的影响，

4 月份钢材需求出现增长。多数企业为了提高生铁产量,在高炉生产操作上提高了入炉铁矿石的品位,从而带动了对国外高品位铁矿石的需求,而国内铁矿在品位上处于劣势。在这样的背景下,国内资本对黑色采选业投资动力不足。

二是 2020 年 1 季度受新冠肺炎疫情冲击,黑色采选业一季度营业利润率仅为2.63%,是历史上较低的盈利水平,从 4 月份起色采选业营业利润率逐月提高,全年达到了 9.63%,但是年初较低的盈利水平,对本年度黑色采选业投资起到了一定的抑制作用。

三是 2020 年各月铁矿石进口量不是均匀分布,而且集中分布,如 2020 年铁矿石当月进口量连续 5 个月(6-10 月)保持在 1 亿吨以上,以往仅在 2017 年 9 月、2018 年 1 月、2019 年 12 月出现过铁矿石当月进口量超过 1 亿吨的现象(图 11-5)。2020 年铁矿石进口量连续 5 个月保持 1 亿吨以上的历史高位,必然对国内铁矿石生产形成抑制,进而对国内铁矿石投资形成抑制。

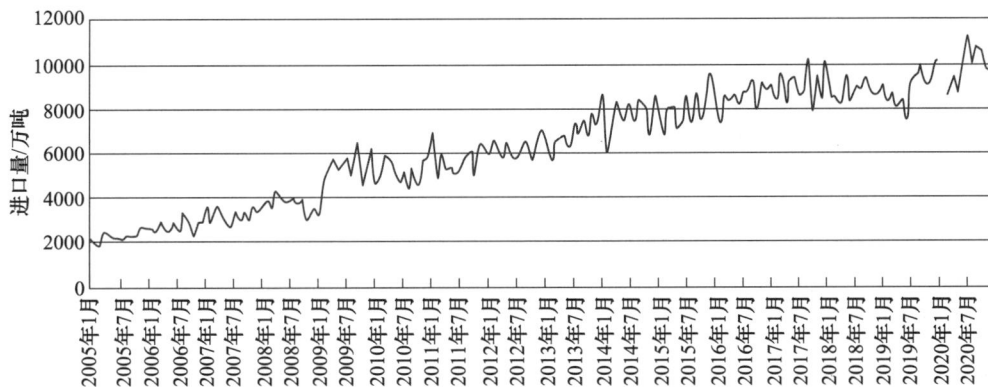

图 11-5 2005-2020 年铁矿石当月进口量

(四) 对两阶段黑色采选业投资特点的分析

1. 对第一阶段(2005-2013 年)的认识

2005-2013 年是黑色采选业投资额高速发展期。这一阶段铁矿石进口量保持较快增长,其中有 7 个年头(2010 年、2012 年除外)铁矿石进口量增速保持在 10%以上,2009 甚至达到了 41.9%;这一阶段的 2005-2011 年,进口铁矿石价格总体保持增长,2011 年进口铁矿石价格高达 163.84 美元/吨,是进口铁矿石年度价格的历史最高值。且 2011-2013 年,进口铁矿石价格连续 4 年保持在 120 美元/吨,并带动了国内铁矿石价格的大幅上涨;国内铁矿石原矿产量保持较快增长,各年铁矿石原矿产量增速保持在 8%以上,远高于后续的 2014-2020 年。其中有 5 个年头(2005 年、2006 年、2008 年、2010 年、2011 年)铁矿石原矿产量增速在 20%以上。

上述统计现象表明,在此阶段中国铁矿石需求总量持续增长,铁矿石市场供需之间保持"紧平衡"关系，进口矿与国产矿之间存在着市场互补性，二者间的竞争关系并不是很突出。由于国内铁矿石市场中铁矿石价格保持较高水平，国内铁矿石企业得以保持较好的盈利水平，因而对黑色采选业固定资产投资保持了较高的增长态势。

2. 对第二阶段（2014-2020 年）的认识

2014-2020 年是黑色采选业固定资产投资的低谷期。这一阶段铁矿石进口量增速较 2005-2013 年出现大幅回落，其中有 6 个年头（2014 年除外）铁矿石进口量增速保持在 10%以下；这一阶段的 2014-2016 年，进口铁矿石价格连续 3 年下降，2015年降至 56.3 美元/吨，是这 16 年中进口铁矿石年度价格的最低点。2017-2020 年，进口铁矿石价格总体呈逐年增长的态势，2020 年增长至 101.65 美元/吨，但与 2011-2013 年依然存在一定的差距；国内铁矿石原矿产量保持低速增长，没有一年产量增速超过 8%，其中 2015 年、2016 年、2018 年铁矿石原矿产量为负增长，而且这一阶段各年国内铁矿石原矿产量与 2014 年名义比较均是下降的。

上述统计现象表明，国内铁矿石需求量保持适度增长，进口铁矿石以其综合成本优势、质量优势依然保持进口量的适度增长，但是世界范围内铁矿石市场供大于求的局面已基本形成，铁矿石进口数量的持续增长最终对国内铁矿石生产企业形成了市场挤压，进口矿与国产矿在此阶段由市场互补关系转向竞争关系。由于国产矿缺少进口矿的成本优势和质量优势，国内铁矿石企业的生存空间受到进口铁矿石的挤压，因而国内资本对黑色采选业固定资产投资的热情大幅减弱，投资额同比出现下降则成为必然。

二、黑色金属业投资额增速的走势变化

（一）近16年黑色金属业投资额增速的分阶段分析

国家统计局自 2018 年起不再公布各大类工业行业固定资产投资额，仅公布各大类工业行业投资额增速。2020 年黑色金属业投资额增速为 26.5%（图 11-6），在近16 年（2005-2020 年）中仅低于 2005 年，是历史上的较高值。

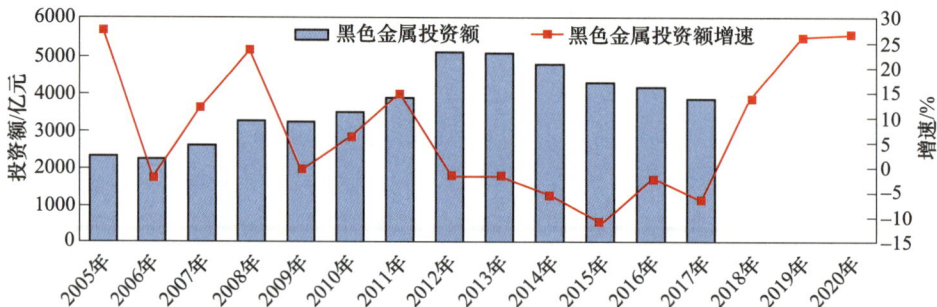

图 11-6　2005-2020 年黑色金属业投资额及投资额同比

从历史看，2012 年黑色金属业固定资产投资额为 5055.48 亿元，国家统计局发布的投资增速为下降 2.04%，但直接名义同比却增长了 30.92%，这主要源于国统局 2012 年将黑色金属铸造业纳入黑色金属业所致。2018 年，国家统计局将黑色金属铸造业归入金属制品业，即从 2018 年起黑色金属铸造业不再是黑色金属业的子行业，故 2012-2017 年黑色金属业投资额的子行业统计范围要大于以往年度。鉴于黑色金属铸造业投资额占黑色金属业投资额比重较低，故本章忽略 2012-2017 年投资额增速与其他年度在统计口径方面的差异性。

本章对近 16 年黑色金属业投资额增速情况进行对比分析，依据各年增速的变化幅度，将这 16 年黑色金属业投资情况分为三个阶段：第一阶段 2005-2011 年，黑色金属业投资高速发展期；第二阶段 2012-2017 年，黑色金属业投资衰退期；第三阶段 2018-2020 年，黑色金属业投资复苏期。

2005-2011 年，黑色金属业投资额增速呈高低循环波动态势，如 2005 年、2008 年、2011 年黑色金属业投资额增速分别为 27.5%、23.8%、14.6%，属于这 7 年中投资增速的高点；2006 年、2009 年黑色金属业投资额增速分别为 -2.5%、-1.3%，是这 7 年中投资增速的两个低点。这 7 年黑色金属业投资额增速的大幅波动，主要源于这 7 年是中国钢铁市场需求总量快速增长时期，黑色金属业投资额增速的巨幅波动，与当时整个钢铁行业对固定资产投资的矛盾态度相关联。在这一时期，较高的钢铁行业盈利水平使很多钢铁企业及行业内外资本对加大钢铁行业投资、增加钢铁产能的动力充足，但行业内外对"中国钢铁需求总量到底有多大"存在认识上的不足，对钢铁产能过快增长是否导致产能过剩存在种种担忧。这一方面使国家有关部门基于对钢铁产能过剩的担忧，对钢铁新增产能的审批更加严格；另一方面导致一部分企业，特别是国有企业在投资方面患得患失，徘徊不前。与此同时，2008 年美国金融危机、2009 年国家"四万亿投资"等多种因素也在对钢铁投资产生种种影响。上述各方面因素相互交织，共同导致这 7 年黑色金属业投资额增速出现了"忽高忽低"循环波动的态势，但总体保持高速增长。

2012-2017 年，黑色金属业投资额增速连续 6 年负增长，2015 年黑色金属业投资额增速降至 -11%，为近 16 年投资降幅最高的一年。这 6 年黑色金属业涵盖了黑色金属铸造行业，由于国家统计局不对外公布炼铁、炼钢、黑色金属压延、铁合金、黑色金属铸造等子行业的投资情况，因而难以判断这 6 年黑色金属业投资额下降是由哪个子行业所主导的。但可以明确这 6 年黑色金属业固定资产投资额呈现出连续收缩的态势。需要指出的是：投资额收缩（同比下降）并不意味着现有钢铁产能出现收缩，投资额收缩更多表明钢铁产能的增量会有所下降。如果投资更多集中于"改建和技术改造"方面，则说明现有钢铁产能得到了优化与升级，正在实现绿色发展。

2018-2020 年，黑色金属业投资额增速分别为 13.8%、26%、26.5%，连续 3 年超过 10%，连续 2 年超过 25%，这是黑色金属业 2005-2017 年中从来没有过的投资现象。但由于 2012-2017 年投资额连续负增长，导致 2017 年投资规模偏低，2018 年投资额的高速增长，并不代表投资规模会超过以往年度。

（二）对各年黑色金属业投资额的评估

本章假定 2004-2020 年黑色金属业投资额的统计口径保持一致，以 2004 年投资额为基数"1"，根据各年黑色金属业投资额增速，可推算出 2005-2020 年各年黑色金属业投资额与 2004 年的倍数关系（图 11-7）。从投资额规模的角度看，这 16 年中黑色金属业有两个投资规模高峰期：一是 2011-2013 年，二是 2019-2020 年。在 2011-2013 年投资规模高峰期内，各年黑色金属业投资额是 2004 年的 2 倍以上。其中 2012 年、2013 年黑色金属业投资额增速虽然为负值，但由于 2011 年投资基数较高，因此这 2 年投资规模依然较大，高于 2005-2010 年。

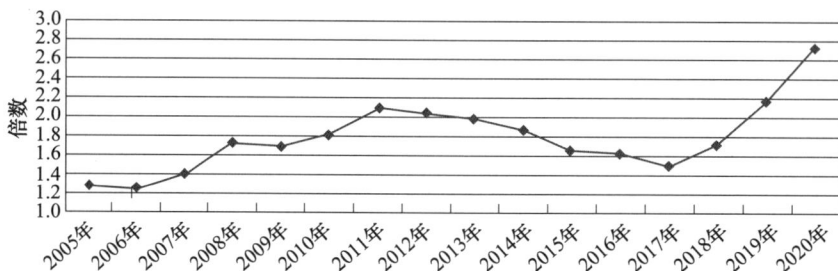

图 11-7　各年黑色金属冶炼及压延加工业投资额与 2004 年的倍数关系

在 2019-2020 年投资规模高峰期内，各年黑色金属业投资额分别是 2004 年的 2.17 倍、2.74 倍，是近 16 年投资规模最高的 2 年。2018 年黑色金属业投资额增速虽然高达 13.8%，但由于 2017 年投资规模已经降至历史较低点（仅高于 2005-2007 年），因此 2018 年黑色金属业投资额仅是 2004 年的 1.72 倍，投资规模无法与 2011-2013 年、2019-2020 年相比。

2005-2010 年，各年投资额增速较高（2008 年除外），由于 2004 年投资额基数较低，导致各年黑色金属业投资规模总体偏低，但投资规模基本呈逐年上升态势。在此期间，生铁、粗钢、钢材产量规模总体低于后续年份，如 2004 年生铁、粗钢、钢材产量规模分别为 2.52 亿吨、2.72 亿吨、2.97 亿吨，是这 16 年中产量最小的一年；2010 年生铁、粗钢、钢材产量规模分别增至 5.9 亿吨、6.27 亿吨、7.96 亿吨，依然无法与 2011-2020 年的产量规模有较大差距。较低的产量规模对应着固定资产投资中"改建和技术改造"投资规模也偏低，特别是技术改造方面的投资比重较低。因此，在这一阶段，单位投资额将带来较高的新增产能，突出表现是各年生铁、粗钢、钢材产量增量规模较大。

2014-2018 年也属于黑色金属业投资规模低峰期。在此期间内，黑色金属业投资额出现下降，且投资规模降至 2008-2010 年水平。而这一阶段生铁产量规模保持在 7

亿吨左右，粗钢产量规模保持在 8 亿吨左右、钢材产量规模保持在 11 亿吨左右。与 2008-2010 年相比，产量规模有了较大幅度提升，意味着此阶段生铁、粗钢、钢材的综合产能也较 2008-2010 年有了较大幅度提升，这意味着 2014-2018 年的黑色金属业投资额中用于"改建和技术改造"的投资比重将会上升，对应着单位投资额所带来的产能增量也在下降。

（三）对黑色金属业三个阶段的投资效果分析

根据各年投资额增速、各年投资额规模，本章将近 16 年黑色金属业投资情况划分为如下三个阶段：第一阶段是 2005-2013 年，该阶段的 2005-2011 年投资增速保持较高增长，2012 年、2013 年投资规模保持历史高位；第二阶段是 2014-2017 年，该阶段 2014-2017 年投资规模逐年下降，但整个投资规模在近 16 年中属于较低水平；第三阶段是 2018-2020 年，该阶段投资增速保持高位，2018 年投资额规模保持低位，但由于 2018 年黑色金属业中剔除了黑色金属铸造业，故其投资额保持 13.8% 的较快增长，对黑色金属业相关产能的拉动效果明显，同时第三阶段后两年投资规模均保持历史高位。

1. 对 2005-2013 年（第一阶段）的投资效果的分析

2005-2013 年（第一阶段）最为突出的投资效果是生铁、粗钢、钢材产量规模保持高位增长（2008 年除外）。产量规模保持高位增长的原因：一是 2005-2010 年黑色金属业投资额的高速增长；二是黑色金属业投资额规模保持历史高位。

2005-2007 年和 2009 年，生铁产量、粗钢产量同口径增量均 6000 万吨以上，但生铁产量增量规模基本都大于粗钢产量增量规模（2007 年除外），其中 2009 年生铁同口径增量为 7459.53 万吨，为近 16 年中生铁产量增量最大值。2010-2013 年，粗钢产量增量规模多在 5000 万吨以上（2012 年除外），且高于同期生铁产量增量规模。

该阶段钢材产量（含重复材）增量规模多在 6500 万吨以上（2008 年除外），其中 2007 年、2009 年、2010 年、2013 年钢材产量增量规模均超过了 1 亿吨，2013 年钢材产量增量规模 10925.4 万吨，为近 16 年中钢材产量增量最大值。2009-2011 年钢材产量增量规模连续 3 年超过 9000 万吨，是近 16 年中钢材增量规模最高、最为集中的一段时期（图 11-8）。总体看，这一阶段的前半程，炼铁、炼钢是投资重点，对应着生铁、粗钢年度产量增量规模较大。后半程，炼铁、炼钢投资比重下降，对应着生铁、粗钢年度产量增量规模有所回落；这一阶段轧钢工艺始终是投资重点，对应着钢材产量（含重复材）增量规模基本保持高位。

2. 对 2014-2017 年（第二阶段）的投资效果的分析

2014-2017 年（第二阶段）最为突出的投资效果是生铁、粗钢、钢材产量增量规模保持低位。该阶段黑色金属业投资额均为负增长，其中 2015 年黑色金属业投资额增速降至 -11%，为近 16 年投资增速最低值，同年生铁产量同比下降 3.5%，粗钢产量下降 2.3%，钢材产量仅增长 0.6%，即生铁、粗钢、钢材的产量同比均为近 16 年

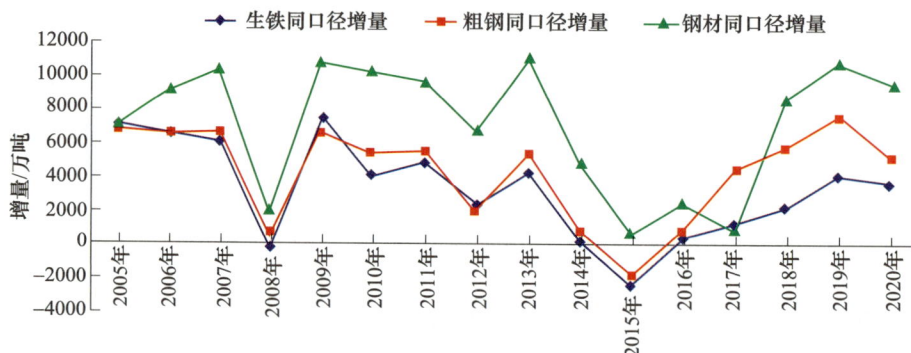

图 11-8　近 16 年生铁产量、粗钢产量、钢材产量同口径增量规模

最低值（图 11-8）；二是该阶段中生铁产量增量最大值为 2017 年的 1256.74 万吨，粗钢产量增量最大值为 2017 年的 4485.19 万吨，钢材产量增量最大值为 2014 年的 4846.96 万吨，与其他两个阶段相比，产量增量规模明显偏低。

3. 对 2018—2020 年（第三阶段）的投资效果的分析

2018—2020 年（第三阶段）最为突出的投资效果是粗钢、钢材产量规模保持高位增长。该阶段生铁、粗钢、钢材产量增量规模高于第二阶段；与第一阶段相比，生铁产量增量规模偏低，但粗钢、钢材产量增量规模基于与第一阶段持平，即粗钢产量增量规模在 5000 万吨以上，其中 2019 年粗钢产量增量规模 7635.86 万吨，为近 16 年中粗钢产量增量最大值。钢材产量增量规模连续 3 年保持在 8000 万吨以上（图 11-8），也是近 16 年中钢材增量规模较高、最为集中的一段时期。

2020 年投资额是 2004 年的 2.74 倍，该年度生铁、粗钢、钢材产量增量规模仅接近 2009 年。鉴于 2009 年投资额仅是 2004 年的 1.81 倍，与 2020 年有较大差距，据此可推断 2020 年单位投资额所带来的新增产能有限，这一方面与货币贬值、投资成本上升等因素相关联，另一方面，黑色金属业现有产能规模保持历史高位，决定了黑色金属业投资额中有相当高的投资比重用于"改建和技术改造"，如为提高生产效率、提高产出价值所进行的机器设备和工具的更新改造、冶炼及轧钢生产工艺技术改造、智能工厂改造等；国家加强环保倒逼钢铁企业进行节约降耗、"三废"治理、超低排放的改造等。

综上，2020 年黑色金属业投资额同比的高增长以及推算出的投资额规模创历史新高，并不能完全表明该年度钢铁投资存在过热现象，如果"改建和技术改造"投资比重上升，特别是钢铁智能制造、节约降耗、"三废"治理、超低排放等方面投资额的增长，对钢铁行业实现高质量发展有着积极的意义。

（本章撰写人：李拥军，中国钢铁工业协会）

第12章

2020年钢铁工业产业布局研究

一、中国钢铁工业产业布局现状及特征

中国钢铁工业产业布局总体上呈现北重南轻，东多西少的局面，生产力布局不平衡的问题较为突出。2020年，河北、江苏、辽宁、山东、山西五个省的粗钢产量合计5.93亿吨，占全国总产量比例高达56%。

（一）中国钢铁工业产业布局调整历程

新中国成立之初，国内钢铁企业主要集中在铁矿资源丰富的地区，钢铁企业不足20家（包括鞍钢、本钢、首钢等），粗钢产量只有十几万吨，其中辽宁省粗钢产量占全国的比重超过70%。

20世纪50~60年代，中国钢铁工业经历了三次基本建设高潮：第一次是第一个"五年计划"，实施苏联156个援建项目中的8大钢铁项目建设；第二次是1956年规划并开始建设的"三大、五中、十八小"；第三次是1964年开始的"三线建设"。至此，我国大部分省市自治区都有了钢铁企业，为我国钢铁产业布局打下了基础，初步形成了基本完整的钢铁工业体系。后来受"文化大革命"冲击，我国钢铁生产几经徘徊，到1978年粗钢产量只有3178万吨。

改革开放初期，中国钢铁工业转向以现有钢铁企业为基础，大力推进老企业技术改造扩大再生产的发展阶段，1978-1992年间，从国外引进700多项先进技术，利用外资60多亿美元。特别是引进国外先进技术装备新建宝钢、天津大无缝两座现代化大型钢厂，并对老钢厂实施一系列重点改造项目，使中国钢铁工业技术结构发生明显变化，缩小了与世界先进水平的差距。

20世纪90年代，我国建立了完善的社会主义市场经济体制，这个时期中国钢铁工业发展的突出特点是由数量规模为主向调整、优化结构为主转变，由钢铁产品长期数量短缺向控制总量转变。1996年，我国粗钢产量突破1亿吨，从此至今我国成为世界最大的钢铁产品生产中心和消费中心。

进入21世纪以后，我国改革开放进入新的历史时期，钢铁工业实现跨越式发

展，发展的外部环境出现新变化。随着我国加入 WTO，经济快速发展，东中部地区经济发展更快。一方面东中部发达地区，制造业、房地产业及基础设施建设对钢材需求旺盛，成为钢材主要消费地；另一方面我国粗钢产量快速增长，相继建设先进沿海钢铁基地，标志着中国钢铁工业产业布局从资源依托型向东部沿海沿江及长三角发达地区和靠近钢铁产品消费市场区域转移，初步形成消费主导型与资源主导型并举的产业布局。

同时，随着改革开放的不断深化，我国民营钢铁企业从无到有，由小变大，目前已被工信部纳入规范条件名单的钢铁企业中，民营钢铁企业数量超过 200 家。民营企业粗钢产量占全国粗钢产量的 60% 以上。民营钢铁企业大多依托当地矿石、煤炭和废钢资源而建，因此，矿石资源丰富的河北、煤炭资源丰富的山西、废钢资源丰富的江苏成为我国民营钢铁企业的聚集地。河北省钢铁企业分布如图 12-1 所示。

（二）中国钢铁工业产业布局特征

1. 产业布局由资源依托型向消费主导型转变

21 世纪以来，中国钢铁工业产业布局调整逐步从资源依托型向临近沿海、沿江地区和靠近钢铁产品消费市场转变，即向消费主导型布局转变。相继形成的鞍钢鲅鱼圈、首钢曹妃甸、宁波钢铁、宝武湛江、河钢乐亭、纵横丰南等钢铁生产基地，以及山东日照、福建罗源、广西防城港等企业集群，江苏南通、盐城也在陆续建设，推动我国钢铁沿海布局的战略实施。近几年，随着淘汰落后钢铁产能、置换新产能工作的进一步实施，沿海沿江钢铁项目不断增多。据不完全统计，我国沿海已建、在建及拟建钢铁产能约 2.7 亿吨，其中已建和在建产能约 1.9 亿吨。总体上看，目前我国钢铁工业产业布局已经呈现出内陆资源型和沿江沿海消费型并举的格局。

2. 地区间钢材生产与消费不协调现象仍然存在

改革开放加快了我国东部特别是沿海地区经济的快速发展，对钢材需求量持续较大幅增加，而钢铁产能布局调整步伐赶不上需求变化步伐。比较突出的是，华北、东北地区钢产量大于消费，而华东、中南和西南地区钢产量小于消费。2020 年，我国粗钢产量最大的华北地区粗钢产量占全国比重达到 34.7%，钢材消费仅占 19.4%；而华东地区钢材消费比重占全国的 41.7%，粗钢产量比重仅为 30.0%；中南地区钢材消费比重占全国的 20.6%，粗钢产量比重仅为 15.5%。与 2005 年相比，2020 年我国钢铁生产及消费结构不协调的局面没有发生根本性改变（图 12-2 和图 12-3）。

3. 中国钢铁生产北重南轻局面仍未缓解

我国北方地区铁矿石资源丰富，许多钢铁企业，例如鞍钢、本钢、包钢、太钢、唐钢等都是在当地铁矿石资源基础上发展起来的，至今仍是我国重要的钢铁生产基地。2020 年，我国铁矿石原矿产量 8.67 亿吨，其中华北和东北地区占比达 66%，这两个地区粗钢产量占比达 44%。

在开放的市场中，一定比例的钢铁产品跨地区流动是正常的，但流动比例过大反映产业布局不够经济合理。中国钢铁工业"北重南轻"的生产布局长期未能彻底

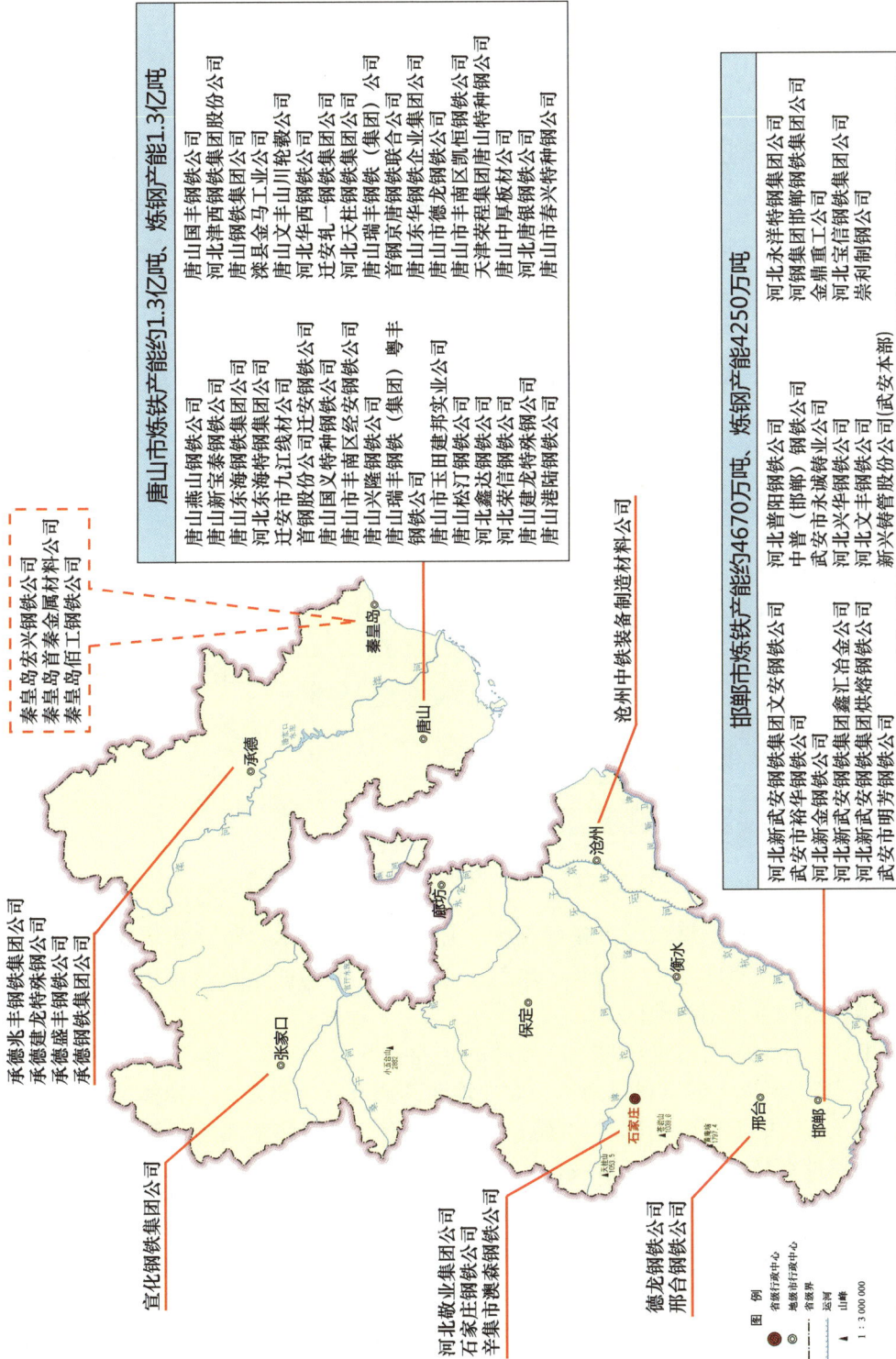

图 12-1　河北省钢铁企业分布图

审图号：GS(2021)4346号

西南 9.3% / 6.0%
西北 4.1% / 4.3%
中南 20.6% / 15.5%
华东 41.7% / 30.0%
东北 4.9% / 9.5%
华北 19.4% / 34.7%

□ 消费比重
■ 产量比重

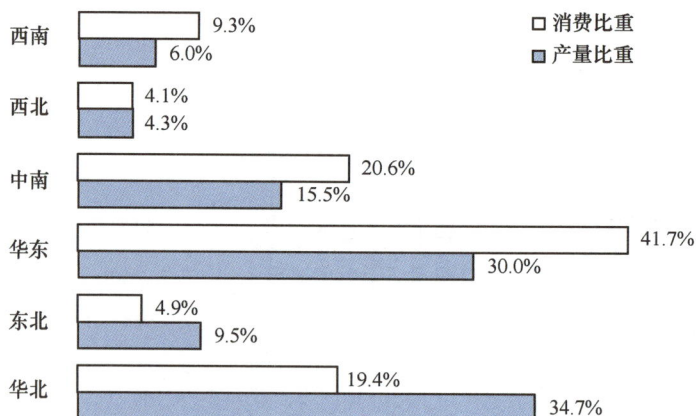

图 12-2 2020 年我国分地区钢铁生产及消费结构

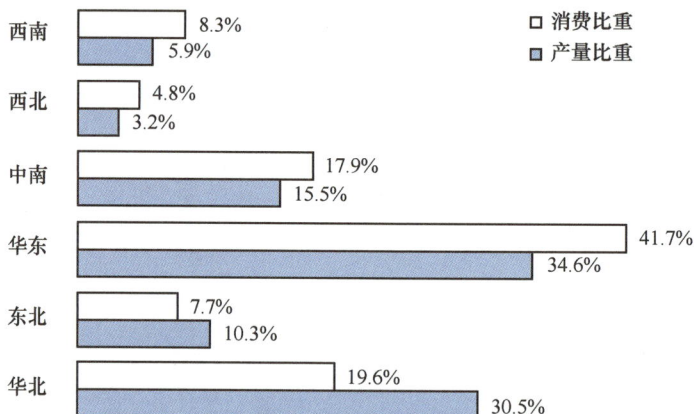

西南 8.3% / 5.9%
西北 4.8% / 3.2%
中南 17.9% / 15.5%
华东 41.7% / 34.6%
东北 7.7% / 10.3%
华北 19.6% / 30.5%

□ 消费比重
■ 产量比重

图 12-3 2005 年我国分地区钢铁生产及消费结构

改善，导致国内大量钢材从北方销往南方，加大了物流成本。东北和华北是我国钢铁产能过剩较为严重的地区，鞍钢、本钢、首钢等大型钢铁企业均将华东、中南等地作为国内钢材重点销售地区。

目前，我国北钢南运量超过 500 万吨的企业有 3 家：鞍钢、本钢和首钢（迁钢及京唐），其一半以上的钢材要南销。北方地区其他重点板材企业，如舞阳钢铁、邯钢、太钢及营口中板等南销比重均超过 40%，石钢、邢钢和东北特钢等特钢企业南销比例也超过 40%。未来，随着我国东南沿海地区钢铁产能的逐步释放，北钢南运钢材的市场阻力将可能增大。

4. 环保问题严重地区、缺水地区钢铁产能比重仍然过大

河北省深受雾霾等环境问题影响，而该地区钢铁产能大、占比高，2020 年河北省粗钢产量 2.5 亿吨，占全国比重 23.5%。我国粗钢产量 70% 以上分布在人均水资源低于 1700 立方米缺水警戒线的 17 个省份或直辖市，近 60% 集中分布在人均水资

源低于 500 立方米的 9 个极度缺水省份或直辖市。

我国重点统计钢铁企业近 60% 分布在缺水地区，近 40% 分布在极度缺水地区。河北省人均水资源只有 311 立方米，却集中了全国近 23.5% 的粗钢产量。随着水资源价格的大幅提升和费改税制度的实施，已经对极度缺水地区钢铁企业生产成本和生存能力造成影响。

5. 大中型钢铁企业与人口聚集区重合情况仍然突出

国内钢铁企业中有很大一部分位于城市，相当一部分钢铁企业位于省会城市或地区中心城市，与人口聚集区高度重合，"城市型"钢厂特点明显。据钢协重点统计企业数据，2020 年我国钢产量 300 万吨以上的中国钢铁工业协会会员企业（集团口径）有 60 家，粗钢产量占全国总产量的 75%，其中 500 万吨以上的有 40 家，粗钢产量占比达 66%，这些钢铁企业大部分都与人口聚集区重合。我国钢产量 500 万吨以上钢铁企业分布如图 12-4 所示。

当前，城市钢厂在支撑当地经济社会发展的同时，与城市扩大和功能定位的矛盾日益突出，加上我国城市钢厂大多以长流程生产工艺为主，污染物排放源头多，环保达标排放压力大。环境容量限制已经成为这些城市钢厂进一步发展的瓶颈。

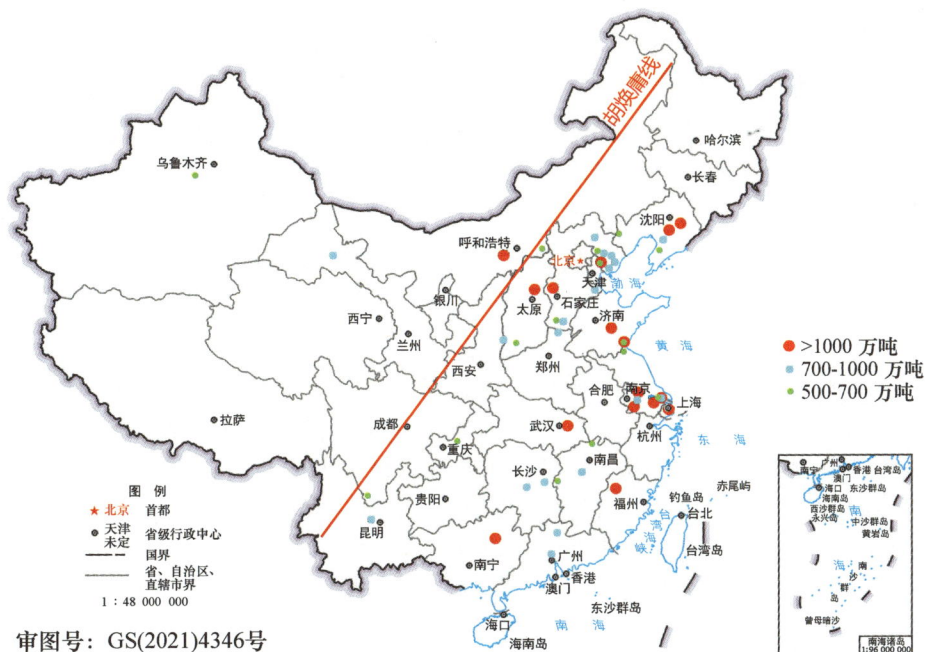

审图号：GS(2021)4346号

图 12-4 我国钢产量 500 万吨以上钢铁企业分布

二、中国钢铁工业产业布局趋势分析

中国钢铁工业产业布局调整的动因主要来自区域要素禀赋和比较优势的转化，

包括资源条件、市场条件、环境条件、政策条件等因素，而这些也是影响我国钢铁产业跨区域转移的主要因素。因此，中国钢铁工业产业布局调整模式主要包括资源导向、市场导向、环境导向、物流导向和政策导向等。

（一）资源导向

钢铁产业所需资源包括铁矿石、焦炭、土地、水资源等，其中铁矿石是主要的原材料资源，因此，以下以铁矿石为例说明资源条件对我国钢铁产业跨区域布局调整的影响。

我国钢铁工业发展初期，由于交通运输行业和国际贸易还不发达，原材料供应主要依靠本地。因此，这一时期那些原材料资源丰富的地区，特别是煤、铁复合区由于具备综合比较成本优势，获得了优先发展，从而表现为钢铁产业的资源依托型布局。随着交通运输业特别是水运的发展，原材料运输成本大幅降低，而且随着钢铁产业技术进步，投入产出比提高，资源对钢铁企业选址的约束力减弱，为钢铁产业布局调整提供了可能。我国铁矿石分布虽广但储量差距相对较大，其中以辽宁、四川、河北、山东储量最为丰富，现有多数大型钢铁企业都是依托本地铁矿石资源建立的。

我国铁矿石生产与粗钢生产布局变化表现出较高的相关性。例如，华北地区粗钢产量占全国比重的持续增长与该地区铁矿石产量逐年快速增长密不可分。2020年，华北地区铁矿石产量占全国比重从2000年的40.5%上升至49.4%，提高8.9个百分点；粗钢产量占比从2000年的25.6%上升至34.7%，提高9.1个百分点。而东北地区粗钢产量占全国比重的下降在很大程度上是该地区铁矿石量占全国比重逐年降低的结果。2020年，东北地区铁矿石产量占全国比重由2000年的27.4%下降至16.4%，下降了11个百分点；粗钢产量占比从2000年的14.0%下降至9.5%，下降4.5个百分点。

我国铁矿石贫矿多富矿少、矿石类型复杂、伴生共生组分多，因此随着我国钢铁产业产能的不断扩张，国内铁矿石早已无法满足国内钢铁生产需要，进口铁矿石逐步成为主要原材料供应来源，我国铁矿石进口依存度日益提高。

自2000年以来，我国铁矿石进口量激增，铁矿石价格水涨船高，进口铁矿石转运成本也大幅增加，降低了传统资源依托型钢铁基地的比较优势。相对于本地资源的比较优势，在进口铁矿石作为主要原材料供给的情况下，运输成本成为区域比较优势的核心。

（二）市场导向

市场需求条件也是钢铁产业布局调整的重要影响因素。在我国钢铁产业发展初期，钢铁市场属于卖方市场，由于钢铁产品供不应求，钢铁品种结构相对简单，钢铁企业与下游产业衔接不紧密，无需贴近下游消费市场。

然而，随着钢铁产能不断扩张，我国钢铁市场已经转向买方市场，钢铁企业越来越需要了解下游产业实际需求，以便生产更能满足下游产业需要的产品。因此，临近消费市场不但能够了解下游需求并快速对接，而且能够降低产品运输成本。由于我国东部沿海地区是钢铁下游产业的主要消费市场，因此向东部沿海地区转移更具比较优势。

在未来铁矿石进口持续处于高位并主要依靠进口的背景下，我国钢铁产业布局正逐步向临近消费市场的东部、南部沿海地区转移，一方面可以降低原材料运输成本，另一方面可以降低钢铁产品抵达消费市场的成本，因此具有重大的现实意义。广东湛江钢铁基地项目于 2012 年获批，目前宝钢湛江钢铁已基本实现钢铁产能 900 万吨水平，广西也通过产能置换承接天津、河北、云南、河南等地约 800 万吨炼钢产能、1000 万吨炼铁产能，能够部分填补广东省巨大的供需缺口，有利于改善我国钢铁产业布局的不平衡境况，改变钢铁供给"北重南轻"的局面。

（三）环境导向

环境条件包括当地环境容量状况以及污染物处理能力。钢铁产业对当地水、大气、土壤环境造成污染，许多钢铁企业因排污达不到城市环境质量指标被迫迁移出市区。郊区空旷，有利于污染物扩散，排污标准较市区低，成为钢铁工业迁移的原因之一。我国钢铁企业大部分依托城市建设，随着城市化推进，土地、水、能源等资源及环境压力加大，被迫进行产业转移。

我国原有资源依托型钢铁基地大多依托城市布局，水、土地资源日益短缺，环境约束增加，排污成本上升，发展日益受限，而沿海港口地区拥有丰富的海水资源，这也使资源依托型钢铁企业逐渐丧失了原有的成本优势，压缩淘汰落后产能并向沿海港口地区转移成为必然选择。

河北、北京、上海、天津等省市都是我国人均水资源匮乏地区，这些地区钢铁产业发展越来越受制于资源环境约束。例如，河北和天津等省市明确提出压缩产能目标，到 2020 年底，河北省钢铁产能压减至 2 亿吨以内，钢铁产能要么关闭，要么转移到河北省沿海地区，要么转移到域外其他省市；天津市钢铁产能控制在 1500 万吨左右，一些钢铁产能或被关闭或搬迁调整到域外地区；宝钢持续压缩上海本地钢铁产能，或被关闭或转移到域外地区。

中国钢铁工业单纯以资源依托为特征的空间布局已经暴露出效率不高、污染环境、导致区域产业结构单一等问题，原有的比较优势逐步转换为比较劣势，而临海港地区由于临近东南沿海发达地区消费市场、原材料和产成品转运成本低、水和土地资源丰富，沿海港口城市作为大型钢铁基地更具比较优势。因此，产业比较优势的变化是我国钢铁产业由资源依托型向临海港口型布局调整的主要动因之一。

（四）物流导向

物流条件也是影响钢铁产业布局调整的重要因素。例如，主要依区域资源优势（如铁矿石、煤炭等）发展起来的华北地区粗钢产量全国占比的大幅度提升直接导致该区域净输出量和占比明显增加；而钢材主要消费地华东地区粗钢产量全国占比却不升反降，该区域净输入量和占比明显增加，由此使得区域之间运输量逐年扩大，钢铁工业物流压力逐年增加（图 12-5）。

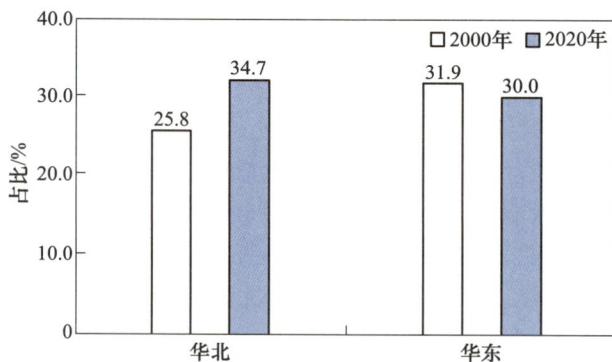

图 12-5　2000 年与 2020 年华北和华东地区粗钢产量全国占比变化

从主要物流方式来看，2020 年全国货运量为 463 亿吨，其中：铁路货运量 44.6 亿吨，占比 9.6%；公路货运量 343 亿吨，占比 73.9%；水路货运量 76 亿吨，占比 16.4%；民用航空货运量 677 万吨，占比 0.01%。而在铁路有限的货运能力中，煤炭占据约一半的货运量，钢铁工业的原燃料、产品运输则需要在夹缝中求生存。

在国家积极推动"公转铁"的背景下，我国钢铁企业本来就紧张的物流状况更加雪上加霜。当铁路运输无法满足各地区之间庞大的原燃料、钢材物流时，就进一步给公路、水路等运输方式增加了压力，同时也增加了企业物流成本和销售成本等费用。

（五）政策导向

中国钢铁工业所经历的三大转折期，都受到政府政策的影响。20 世纪 60 年代，我国钢铁工业布局充分考虑到当时特殊的国情，大部分工厂布局在中西部环境艰苦地区；90 年代受到改革开放政策影响，东部地区钢铁工业迅速兴起；1999 年"西部大开发"政策，为平衡区域经济协调发展，以西部原有的钢铁工业作为基础重新发展起来。

近年来，我国东部、南部沿海地区一些新建大型钢铁基地项目，如山东日照钢铁基地、广东湛江钢铁基地、广西防城港钢铁基地等，各地区钢铁产业整合项目与政府政策引导有很大关系。因此，政府政策导向是影响我国钢铁产业布局调整的一个重要因素。

此外，地方政府为实现地方经济发展目标，通常希望由本地企业控制当地资源和市场，通过本地龙头企业为主体率先完成省内重组，从而阻止省外优势企业通过跨省并购实现产业布局调整。不过目前各地政府态度都已经发生转变，宝武、建龙、沙钢、敬业等企业在跨省兼并重组方面均有建树。

三、中国钢铁工业产业布局调整中存在的问题

近年来，中国钢铁工业产业布局已经明显从内陆资源指向型转向沿海消费指向型布局。但是，产业空间结构仍存在较大问题，主要有三重错位：一是地区分布与资源分布错位；二是地区分布与市场需求错位；三是地区分布与国家发展错位。中国钢铁工业在产业布局调整中主要存在如下问题。

（一）产业区域布局不合理问题未得到根本改观

从历史产业布局看，我国大型钢铁企业如宝钢、首钢、武钢和太钢等，都主要分布在一些大城市，16 个直辖市和省会城市建有大型钢铁企业，已经越来越不适应城市总体发展要求。这种布局一方面导致钢铁产成品远离消费市场，需要经过长距离运输，增加了物流成本，降低了企业竞争力；另一方面环境污染、水资源紧张、资源浪费等问题日益突出，可持续发展受限。同时也导致布局分散、区域分割严重、产业集中度偏低。

从我国各地区钢产量占比变化看，相比 2000 年，2020 年经济最发达、钢铁供不应求的华东地区和中南地区粗钢产量占比却出现下降，仅严重供过于求的东北地区占比出现下降，但钢材净流出量仍高达 5000 万吨，而同样严重供过于求的华北地区占比却呈明显上升趋势，钢材净流出量超过 1.6 亿吨（图 12-6）。由此可见，我国钢铁产业布局不合理状况并未得到根本改观，钢铁产业"北重南轻"布局态势长期未能得到改善，部分地区钢铁工业布局不符合全国主体功能区规划和制造业转移的要求。

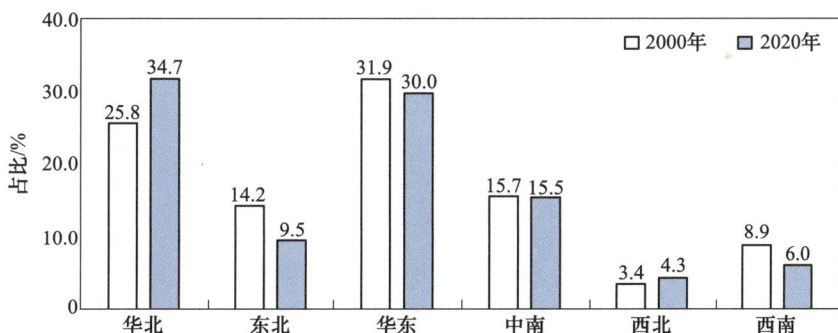

图 12-6　2000 年与 2020 年我国各地区粗钢产量全国占比变化

（二）实施跨区域钢铁产能转移可能带来新的产能过剩

我国钢铁企业的产业转移从全局来看缺少统一规划，各企业互不沟通、独立行

动，单个企业各自扩张趋势明显，往往造成合成谬误，这既不利于产能布局优化，也不利于产品结构调整，却可能带来产能过剩、同质化竞争问题。

从 2010 年开始，随着产业援疆和中央对新疆实施差别化政策，以及产业向西部转移政策的实施，先后有大小不一的十多个钢铁项目在新疆建成投产。包括首钢、宝钢、新兴铸管、山钢、新余钢铁等钢铁企业纷纷到新疆"跑马圈地"，通过收购或者建厂的方式布局新疆。新疆粗钢产能从 2010 年的 1000 万吨增至 2015 年的 2500 万吨，产能利用率从 2010 年的 80% 以上降至 2015 年的不足 50%，而钢消费量仅从 2010 年的 800 万吨增至 2015 年的 1100 万吨，导致严重的产能过剩问题，很多钢铁企业被迫破产关闭，造成极大的投资浪费。

当前，在国内钢铁产能过剩的背景下，大型钢铁企业在异地新建大型钢铁基地项目可能导致新的产能过剩问题。大型钢铁企业在异地新建项目的同时，本应以压缩、淘汰原有落后产能为先决条件，实行产能等量或减量置换。而且在现实操作中，一些早已停产或半停产的企业被用于产能置换，虽然有"等量置换"或"减量置换"的原则存在，但对于全国钢铁产量增长的抑制作用极为有限。

（三）钢厂就近搬迁不能从根本上解决环境容量问题

根据河北省工信厅公布的产能置换方案，河北省钢铁企业产能置换主要表现为装备升级改造和退城搬迁改造两种形式：即通过自有产能和/或购买河北省内其他钢铁企业产能进行减量置换的方式（1.25∶1），将原有规模较小的装备进行升级，并在现有厂区建设；通过自有产能和/或购买河北省内其他钢铁企业产能进行减量置换（1.25∶1），以退城搬迁的方式实现异地建设，搬迁到远离城区的郊区或沿海地区。

根据河北省 28 家钢铁企业公布的产能置换方案，其中 14 个项目建设地点位于唐山市，其中 6 个项目为退城搬迁，即将钢铁产能从唐山市区转移到唐山市下辖的曹妃甸区、乐亭县、海港开发区和丰南区等沿海地区。上述四个地区相互毗邻，虽然地处沿海，环境容量有所扩大，但并不能从根本上解决唐山市总体环境容量限制问题。

（四）企业在搬迁过程中需协调多方利益

城市钢厂迁往本市郊区通常不存在财税利益的转移问题，即使存在也发生在地方政府不同层级之间，容易自行协调。而企业跨地区转移，则必然存在原所在地政府与迁入地政府的财税利益转移问题，往往成为阻碍企业联合重组甚至企业正常经营的障碍。另外，降低污染物排放成为地方政府重要的考核指标，而钢厂搬迁涉及有关节能减排目标的再分配，处理好再分配也是件很复杂的事情。此外，产业转移过程中如涉及重组问题，还将涉及重组企业间的利益问题，如何协调好各方利益，是一项具有挑战性的系统工程。

企业很难筹措到充足资金。钢铁工业是资本密集型产业，基础设施、装备和环保设施等投资巨大。由于钢铁属于产能过剩行业，并且面临维持长期盈利压力，银行业对钢铁行业的贷款限制较多，企业融资难、融资贵问题比较突出。钢铁企业连正常生产经营所需的短期贷款都可能面临问题，用于项目建设的长期贷款更是难以为继，因此在实施搬迁过程中很难筹措到充足的资金支持产业转移。

职工安置存在较大困难。很多城市钢厂都处于省会城市或重要的二线城市，很多职工不愿意离开自己生活一辈子的城市到百公里之外的新厂去，职工子女就学、空巢老人就医、新区住宅安置等问题，也将考验地方政府和钢铁企业的应对能力。同时，城市钢厂搬迁带动装备大型化、现代化和生产高效化，对人员需求数量和层次会发生较大变化，新旧产能平衡中，涉及干部、职工培训上岗或其他安置，必然牵扯到安置富余人员和引进人才等。从实践看，企业搬迁过程中职工安置存在很大困难，且效果不佳。

目前，我国钢铁行业已经实施的城市钢厂搬迁改造项目，如首钢搬迁至曹妃甸、重钢搬迁至长寿新区等，基本都是在 2005-2010 年完成的。这段时间内市场形势相对较好，资金成本相对较低，但即便如此，搬迁调整所需的庞大资金需求对钢铁企业来说仍然是一笔巨大的开销。搬迁造成的巨额负债也让重钢背上了巨大的包袱，从 2010 年开始，就一直挣扎在亏损和微幅盈利之间，最终被迫走上破产重整的道路。

除了巨额资产负债，固定资产和生产经营所受到的损失也会给企业带来巨大的经济负担。大多数钢铁企业在搬迁调整时都会淘汰掉大部分原有的生产设备，转而新建更为先进的设备。被淘汰的这些设备大多数已经提完折旧，正处于可以发挥最大效益的时期，有的设备甚至连折旧都还没有提完，造成了巨大的固定资产损失，而新建设备投资巨大，折旧费用也很高。

四、推动钢铁行业产业转移有关政策建议

从世界钢铁产业布局调整的总趋势看，产业布局调整一定要与国家整体经济转型，以及国家整体工业布局调整相结合，要与国家经济转型升级相结合。要有长远的眼光和规划，不能为了解决眼前问题而给未来发展留下隐患。

（一）加强顶层设计和宏观政策指导

针对城市钢厂因环境负荷不足而面临搬迁，钢铁产能布局不合理导致供需不匹配，大量钢材"北钢南运"等问题，国家和地方应立足资源、区位、环境、市场需求等条件，依据《产业转移指导目录（2018 年本）》，因地制宜细化完善各区域钢铁产业转移政策措施，同时要完善事中事后监督管理机制，避免钢铁产业一窝蜂地向某一区域集中转移，造成区域新的产能过剩。既要充分发挥大型钢铁企业的骨干带头作用，也要积极支持中小钢铁企业发展，如在废钢资源相对丰富的内陆城市，鼓励中小型短流程电炉企业发展。

国家和省市地方统筹具有重大战略意义的钢铁产业布局和钢铁基地项目，积极探索区域合作和创新发展新体制；指导各地做好钢铁产业发展和承接转移的规划衔接、政策协调、信息共享、协同监管等，逐步建立分层管理协同治理的新机制；推进不同层级、不同功能的钢铁产业园区融合发展，共享政策红利，积极探索园区管理和建设主体市场化改革；支持中西部地区承接能够发挥地方特色、具有综合成本优势的钢铁产业。

（二）持续做好钢铁产业转移对接

提升地区"硬件""软件"实力，是提高钢铁产业发展吸引力、实现产业转移的根本保障。各地区要制定相关政策规划，提供用地、投资、税费和基础设施等方面的便利条件，其中包括综合性规划中的钢铁工业部分、钢铁工业专项政策以及针对重点钢铁企业的优惠政策等，持续做好钢铁产业转移对接。

一是持续推进减税降费、简政放权，切实降低钢铁企业转移和经营成本；二是加快中西部地区中心城市和城市群基础设施建设，催生创造新的钢材需求；三是进一步优化完善铁路、公路路网布局，提高运行效率，逐步建立运输服务一体高效的综合交通运输体系，着力降低物流成本；四是加大中西部电网建设和改造力度，继续强化完善电网网架结构，满足钢铁和下游相关用钢产业发展快速增长的用电需求；五是鼓励有条件的地区以投资建设钢铁下游工业加工基地为重点发展钢铁产业集群，特别是用钢量较大的工业，如机械、造船、汽车、家电等，不断发展壮大以钢铁为主体的产业集群；六是以合作共赢为宗旨，更好地满足本地产业集群和用户对钢材产品的专业化、个性化需求，构建协同、高效、创新的钢铁产业生态圈。

（三）充分发挥行业组织桥梁纽带作用

由钢协、科研机构等相关单位牵头，充分发挥行业组织的桥梁纽带作用，集成整合各类相关信息资源，统筹建立产业布局和转移基础数据库，加强信息资源积累与更新。加强基础评价、风险监测和信息共享服务，以国家主体功能区规划和重点污染区域中环境和区域发展重点为基点，建立数据库信息系统，发布钢铁产业转移区域的负面清单，搭建产业转移预警系统；建设和运行服务于产业转移的一站式政策咨询、支持和信息服务平台和钢铁产业转移的企业交流平台，为钢铁企业产业转移提供及时的信息支撑，实现互联互通、各方共享。同时，通过一站式平台对外做好政策沟通协调，对内强化统筹协调，发挥政府引导作用，尽可能避免企业各自扩张和恶性竞争，避免企业盲目转移。

（四）充分调动企业主观能动性

研究制定完善兼并重组相关金融、税收等政策，促进钢铁产业并购整合，进而带动钢铁产业合理布局、有序转移。鼓励有实力的大型国有钢铁企业积极参与行业兼并重组工作，在重组企业的考核、国有资产保值增值等方面给予适当放宽，特别是在兼并亏损企业时放宽兼并企业的利润考核指标，允许企业减值兼并，将亏损或低效设备淘汰。

（五）着眼国内国际双循环推动产业转移

以国内大循环为主体，我国钢铁工业布局调整必须结合地区实际情况和未来发展趋势，根据地区资源、人口、环境等诸多因素，充分发挥市场在配置资源中的决定性作用。一方面在市场需求大且钢材供应不足的地区适度发展钢铁工业；另一方面，应充分考虑我国现有钢铁工业布局的实际情况，在钢铁工业产能过剩地区适度发展下游用钢行业，特别是用钢量较大的工业，如机械、造船、汽车、家电等，充分发挥现有工业基础的作用，避免造成不必要的浪费。吸取德国鲁尔区的发展经验及教训，缓解未来资源型城市所面临的转型压力，避免出现大量失业工人给社会带来不稳定因素。

国内国际双循环相互促进，我国钢铁产业应实施"走出去"战略，研究目标国家钢铁产业发展前景，并综合考虑目标国家政府效率、基础设施、宏观经济环境、营商环境、资源禀赋、钢材需求潜力等因素，找到适宜我国钢铁产业国际化布局的国家或地区。

研究完善我国钢铁产业国际产能合作相关政策。在投资上，研究制定完善有关对外投资财税鼓励政策，放宽或取消外资控股政策；贸易上，研究完善有利于国际贸易的进出口政策，并逐步与钢铁发达国家接轨；技术上，研究完善改造建设中关键技术引进政策；人才上，研究完善国际化建设所需人才培养政策；国际合作上，研究搭建国际合作平台，促进国际间产能、技术、节能环保及人才、管理等合作鼓励政策。

（本章撰写人：王滨，余璐，中国钢铁工业协会）

第13章

2020年钢铁产业粗钢集中度指标分析

我国通用的钢铁工业集中度指标采用的是粗钢集中度指标，如前5家钢铁企业粗钢集中度指标就是粗钢产量排名前5家企业的粗钢合计产量与当年全国粗钢产量的比值。鉴于粗钢产量千万吨级钢铁企业的兼并重组会对粗钢集中度指标的子项产生影响，粗钢产量净增减情况将对粗钢集中度指标的增减幅度产生影响。因此，本章围绕上述两个方面对粗钢集中度指标的子项情况进行系统梳理，以期能够科学准确地评估2019年钢铁产业粗钢集中度指标的变化情况。

一、对2019年、2020年钢铁产业粗钢集中度指标的确定

（一）近2年粗钢集中度指标确定

据2020年12月《中国钢铁工业统计月报》，2020年全国粗钢产量10.53亿吨。粗钢产量前5家钢铁企业粗钢产量合计为27316.45万吨，占全国的比重为25.94%；前10家钢铁企业粗钢产量合计为41292.19万吨，占全国的比重为39.21%；前15家钢铁企业粗钢产量合计为49138.1万吨，占全国的比重为46.66%。

2019年粗钢集中度指标计算分为两种情况：一种情况是将2019年12月《中国钢铁工业统计月报》所发布的2019年全国粗钢产量（99634.17万吨）作为2019年粗钢集中度指标的"母项"，则2019年粗钢产量前5家钢铁企业粗钢产量占全国的比重为25.25%；前10家钢铁企业粗钢产量占全国的比重为36.6%；前15家钢铁企业粗钢产量占全国的比重为43.65%，本章将此种情况的粗钢集中度指标称为"2019年当期集中度指标"。据此推算出2020年前5家、前10家、前15钢铁企业粗钢集中度指标分别比上年当期集中度指标提高了0.69个百分点、2.61个百分点、3.02个百分点。

2019年粗钢集中度指标另一种情况是根据2020年12月《中国钢铁工业统计月报》所发布的去年同期（即2019年）全国粗钢产量作为2019年粗钢集中度指标的"母项"，去年同期（即2019年）粗钢统计产量与当年（2020年）粗钢统计产量在规模以上企业统计数量上具有一致性，也称为同口径统计。2020年12月《中国钢铁

工业统计月报》所公布的去年同期（即 2019 年）粗钢年产量为 100130.6 万吨，2019 年 12 月《中国钢铁工业统计月报》所发布的 2019 年当年粗钢产量为 99634.17 万吨，二者相差 496.41 万吨，即以 2020 年 12 月《中国钢铁工业统计月报》为依据所计算出的 2019 年粗钢集中度指标相对偏低一些。

以 2020 年 12 月《中国钢铁工业统计月报》所发布的 2019 年粗钢产量作为 2019 年粗钢集中度指标母项，则 2019 年前 5 家钢铁集团粗钢产量占全国总产量的比重为 25.13%；前 10 家钢铁企业集团粗钢产量占全国总产量的比重为 36.42%；前 15 家钢铁企业集团粗钢产量占全国总产量的比重为 43.43%，本章将此种情况的粗钢集中度指标称为 "2019 年同口径集中度指标"。据此推算 2020 年前 5 家、前 10 家、前 15 家钢铁企业粗钢集中度指标分别比上年同口径集中度指标提高了 0.81 个百分点、2.79 个百分点、3.23 个百分点。

通过对 2019 年、2020 年粗钢集中度指标的对比可知，无论 2019 年粗钢集中度指标以何种口径计算，2020 年前 5 家钢铁企业粗钢集中度指标至少提升了 0.6 个百分点。而前 10 家钢铁企业粗钢集中度指标最少提升了 2.6 个百分点，前 15 家最不提升了 3 个百分点，表明前 5 家、前 10 家、前 15 家钢铁企业粗钢产量提升幅度是不一致性的，揭示出 2020 年企业重组、企业粗钢净增产在不同规模的企业中进展情况是有差异的，进而对集中度指标影响程度各不相同。

（二）部分企业粗钢产量统计口径的调整

会员企业在报送 2020 年粗钢产量时，通常遵循同口径原则要同步报送 2019 年粗钢产量。中国宝武钢铁集团有限公司（简称 "中国宝武"）、方大钢铁集团有限公司受企业重组因素影响，在 2020 年 12 月《中国钢铁工业统计月报》中报送的 "去年（即 2019 年）同期粗钢产量"（本章统称为 "2019 年粗钢调整产量"）与其在 2019 年 12 月《中国钢铁工业统计月报》中报送的 "本年（即 2019 年）粗钢产量"（本章统称为 "2019 年粗钢初始产量"）存在差异。

中国宝武 2019 年粗钢调整产量高于 2019 年粗钢初始产量，主要源于以下两点：一是中国宝武 2020 年 6 月重组了太原钢铁（集团）有限公司，并于当年将太原钢铁（集团）有限公司产量进行合并统计；二是 2020 年底中国宝武将武钢集团昆明钢铁股份有限公司产量进行合并统计。中国宝武在扩大产量统计范围的同时，遵照同口径统计原则同步调整了 2019 年中国宝武粗钢产量统计范围。从而使中国宝武 2019 年粗钢调整产量较上年粗钢初始产量高出了 1855 万吨。

方大钢铁集团有限公司 2019 年粗钢调整产量高于 2019 年粗钢初始产量，主要源于方大钢铁集团有限公司于 2020 年 5 月重组了四川省达州钢铁集团有限责任公司（简称 "达州钢铁"），并于当年将达州钢铁产量进行合并统计。方大钢铁集团有限公司在扩大产量统计范围的同时，遵照同口径统计原则同步调整了 2019 年方大钢铁集团有限公司粗钢产量统计范围，从而使方大钢铁集团有限公司 2019 年粗钢调整产量较上年粗钢初始产量高出了 280 万吨。方大钢铁集团重组达州钢铁后，即与达州市政府签署了《战略合作协议》《达州钢铁异地搬迁转型发展合作协议》，明确将共同加快实施达州钢铁异地搬迁转型发展项目，分期建设，规划总投资 500 亿元，打造 1000 万吨优质钢，建成西南地区重要的现代钢铁基地。

北京建龙重工集团有限公司（以下简称"建龙集团"）增产 453.2 万吨，增产规模在所有会员企业中位居第 2 名。建龙集团 2020 年粗钢产量增产主要来自企业重组所获得的新产能释放。2019 年建龙集团先后重组了乌海市包钢万腾钢铁有限责任公司、宁夏申银特钢股份有限公司，这两家企业现有名称分别为内蒙古建龙包钢万腾特殊钢有限责任公司、宁夏建龙龙祥钢铁有限公司。建龙集团于 2020 年将这两家企业产量进行合并统计，但建龙集团未依照同口径统计原则，同步调整建龙集团 2019 年粗钢产量，即建龙集团在 2020 年产量统计当中，所报送的"去年（2019 年）同期产量"中未包含内蒙古建龙包钢万腾特殊钢有限责任公司、宁夏建龙龙祥钢铁有限公司 2019 年产量。这两家企业 2020 年粗钢产量合计约 460 万吨。

德龙钢铁有限公司（集团）于 2020 年作为新的产量统计单位参与钢协产量统计，并同步将天津市新天钢钢铁集团有限责任公司、唐山市德龙钢铁有限公司、德龙钢铁有限公司纳入该企业产量统计范围。2020 年德龙钢铁有限公司（集团）粗钢产量 2825.81 万吨，粗钢产量排名位居第 8 名。德龙钢铁有限公司（集团）得以进入粗钢产量前 10 家企业名单，主要源于该企业 2019 年参与了天津渤海钢铁集团的司法重整。通过司法重整，德龙钢铁有限公司（集团）与渤海钢铁集团 17 家钢铁实体企业于 2019 年 4 月混改组建天津市新天钢钢铁集团有限公司，其中德龙钢铁有限公司（集团）持有新天钢 59.45% 股权，各债权人共同持有新天钢 40.55% 股权。德龙钢铁有限公司（集团）由此新增了近 2000 万吨粗钢产能。

（三）近 2 年粗钢年产量前 15 家钢铁企业情况

根据 2020 年 12 月《中国钢铁工业统计月报》，2020 年粗钢产量前 15 家钢铁企业见表 13-1。

2020 年粗钢产量前 15 家的企业名单与上年相比略有变化。2020 年德龙钢铁有限公司（集团）、河北新华联合冶金控股集团有限公司是首次进入粗钢产量前 15 家的企业名单。其中德龙钢铁有限公司（集团）得以进入粗钢产量前 15 家企业名单，主要源于该企业 2019 年参与了天津渤海钢铁集团的司法重整；河北新华联合冶金控股集团有限公司得以进入粗钢产量前 15 家企业名单，主要源于该企业 2020 年粗钢产量增长了 385.36 万吨，增幅达 37.32%，粗钢产量规模达到了 1417.99 万吨。受上述 2 家企业的影响，中信泰富特钢集团有限公司、敬业集团有限公司在 2020 年粗钢产量排名中退出前 15 名行列。

表 13-1　2019 年、2020 年粗钢产量前 15 家钢铁企业名单　　　　万吨

2019 年粗钢产量前 15 家企业（据 2019 年 12 月月报）			2020 年粗钢产量前 15 家企业（据 2020 年 12 月月报）		
序号	单位名称	产量	序号	单位名称	产量
1	中国宝武钢铁集团有限公司	9547.27	1	中国宝武钢铁集团有限公司	11528.81
2	河钢集团有限公司	4465.93	2	河钢集团有限公司	4237.65
3	江苏沙钢集团	4110.19	3	江苏沙钢集团	4158.92
4	鞍钢集团有限公司	3920.44	4	鞍钢集团有限公司	3819.37
5	北京建龙重工集团有限公司	3118.5	5	北京建龙重工集团有限公司	3571.70
6	首钢集团	2934.32	6	首钢集团	3400.34
7	山东钢铁集团有限公司	2757.68	7	山东钢铁集团有限公司	3111.42
8	湖南华菱钢铁集团有限责任公司	2430.82	8	德龙钢铁有限公司（集团）	2825.81
9	本钢集团有限公司	1617.47	9	湖南华菱钢铁集团有限责任公司	2677.74
10	方大钢铁集团有限公司	1565.91	10	方大钢铁集团有限公司	1960.43
11	包头钢铁（集团）有限责任公司	1546.37	11	本钢集团有限公司	1735.83
12	广西柳州钢铁集团有限公司	1439.79	12	广西柳州钢铁集团有限公司	1690.63
13	日照钢铁控股集团有限公司	1420.39	13	包头钢铁（集团）有限责任公司	1561.06
14	中信泰富特钢集团有限公司	1355.38	14	日照钢铁控股集团有限公司	1440.40
15	敬业集团有限公司	1257.87	15	河北新华联合冶金控股集团有限公司	1417.99

二、影响 2019 年钢铁产业粗钢集中度指标变化因素的分析

本章在分析粗钢集中度指标年度变化时，均以各年度 12 月份《中国钢铁工业统计月报》的当年全国产量数据作为当年粗钢集中度指标的母项，如下文谈及的 2019 年度粗钢集中度指标的是以 2019 年 12 月《中国钢铁工业统计月报》数据为依据。

（一）关于粗钢增量指标的说明

1. 关于年度粗钢生产规模增量指标的说明

为了准确地分析钢铁企业不同条件下的粗钢产量变化对钢铁产业集中度的影响程度，将企业重组中居于主体地位的钢铁企业（也称为重组企业）年度粗钢产量的增量分为两种类型：一种类型为年度粗钢生产规模增量，另一种类型为年度粗钢净产量增量。

"年度粗钢生产规模增量"涵盖了重组企业因兼并重组其他企业所增加的粗钢产量，同时涵盖了重组企业因生产率提高、新增设备等因素所增加的粗钢产量。年度粗钢生产规模增量计算公式如下：

2020 年度粗钢生产规模增量＝2020 年重组企业粗钢产量（重组后）－2019 年重组企业粗钢产量（重组前）

如中国宝武 2020 年度粗钢生产规模增量 1981.54 万吨，其中重组太原钢铁（集团）有限公司增长了 1068.86 万吨，重组武钢集团昆明钢铁股份有限公司增长了 721.24 万吨，合计增长 1780.41 万吨。即通过企业重组，中国宝武 2020 年粗钢产量规模增长了 1780.41 万吨，产量规模增幅达 39.39%。

2. 关于年度粗钢净产量增量的说明

"年度粗钢净产量增量"只涵盖了重组集团、被重组企业因生产率提高、新增设备等因素所增加的粗钢产量。2020 年 12 月《中国钢铁工业统计月报》所反映的各钢铁企业粗钢产量增量多为年度粗钢净产量增量。年度粗钢净产量增量计算公式为：

2020 年度粗钢净产量增量 = 2020 年重组企业粗钢产量（重组后）- 2019 年重组
企业粗钢产量 - 2019 年被重组企业粗钢产量

中国宝武 2020 年度粗钢净产量增量为 126.43 万吨，但同比增幅仅为 1.11%，落后全国粗钢产量增幅 4.05 个百分点，表明中国宝武是难以通过净增产的方式实现产量规模的大幅增长。当前任何一个钢铁企业都难以通过增加钢铁固定资产投资的方式在一年内新建一个年产钢 1000 万吨的生产基地。中国宝武重组案例再一次表明企业重组是当前钢铁企业的粗钢产量规模实现大幅度增长的唯一途径。

（二）企业重组对粗钢集中度指标的影响

2020 年中国宝武、建龙集团、德龙钢铁有限公司（集团）、方大钢铁集团有限公司的产量统计口径较 2019 年有所扩大，源于这 4 家企业在 2019 年、2020 年均发生了企业重组。假设这 4 家企业没有发生企业重组事件，则 2020 年这 4 家企业的粗钢产量分别调整为 9738.71 万吨、3111.7 万吨、831.32 万吨、1652.63 万吨，据此对 2020 年粗钢产量前 15 家企业排名做出调整（表 13-2）。此时德龙钢铁有限公司（集团）退出粗钢产量前 15 家钢铁企业行列，建龙集团粗钢产量排名降为第 6 位，而首钢集团上升至第 5 位，敬业集团有限公司粗钢产量排名得以上升至第 15 位。

表 13-2　剔除重组因素后 2020 年粗钢产量前 15 家钢铁企业名单　　　万吨

序号	单位名称	产量	序号	单位名称	产量
1	中国宝武钢铁集团有限公司	9738.71	9	方大钢铁集团有限公司	1652.63
2	河钢集团有限公司	4237.65	10	本钢集团有限公司	1735.83
3	江苏沙钢集团	4158.92	11	广西柳州钢铁集团有限公司	1690.63
4	鞍钢集团有限公司	3819.37	12	包头钢铁（集团）有限责任公司	1561.06
5	首钢集团	3400.34	13	日照钢铁控股集团有限公司	1440.40
6	北京建龙重工集团有限公司	3111.70	14	河北新华联合冶金控股集团有限公司	1417.99
7	山东钢铁集团有限公司	3111.42	15	敬业集团有限公司	1412.29
8	湖南华菱钢铁集团有限责任公司	2677.74			

调整后（剔除重组因素）的前 5 家、前 10 家、前 15 家钢铁企业粗钢产量分别为 25354.99 万吨、37644.31 万吨、45166.68 万吨，占全国粗钢产量比重分别为 24.08%、35.75%、42.89%。未调整的前 5 家、前 10 家、前 15 家钢铁企业粗钢产量集中度（包含企业重组因素）较调整后（剔除企业重组因素）分别高出 1.86 个百分点、3.46 个百分点、3.77 个百分点，这意味着企业重组使 2020 年前 5 家、前 10 家、前 15 家钢铁企业粗钢产量集中度分别较重组前提升了 1.86 个百分点、3.46 个百分点、3.77 个百分点。

如果没有中国宝武、建龙集团、德龙钢铁有限公司（集团）、方大钢铁集团有限公司的企业重组，那么 2020 年粗钢集中度指标将低于上年，前 5 家低了 1.18 个百分点，前 10 家低了 0.85 个百分点，前 15 家低了 0.75 个百分点。前 5 家集中度指标下降幅度最大，表明中国宝武的企业重组对前 5 家集中度指标的提升意义重大，即中国宝武对太原钢铁（集团）有限公司、武钢集团昆明钢铁股份有限公司的重组是 2020 年前 5 家集中度指标高于上年的决定性因素。

（三）企业粗钢净产量增量对粗钢集中度指标的影响

对 2020 年前 15 家钢铁企业粗钢净产量增量进行比较，有 12 家企业为增产。产量排名前 5 家的钢铁企业中河钢集团有限公司、江苏沙钢集团、鞍钢集团有限公司出现减产，减产规模分别为 228.28 万吨、24.9 万吨、101.07 万吨。中国宝武增产 126.43 万吨，建龙集团增产 453.2 万吨，增产规模在所有会员企业中位居第 2 名；产量排名第 6 名至第 10 名的钢铁企业中首钢集团受新项目投产的影响增产 470.66 万吨，增产规模位居第 1 名。山东钢铁集团有限公司受新项目投产的影响增产 353.74 万吨，增产规模位居第 5 名。湖南华菱钢铁集团有限责任公司通过提高设备运行效率增产 246.92 万吨，增产规模位居第 7 名；产量排名第 11 名至第 15 名钢铁企业中河北新华联合冶金控股集团有限公司、广西柳州钢铁集团有限公司受新项目投产的影响，分别增产 385.36 万吨、250.85 万吨，增产规模分别位居第 4 名、第 6 名。包头钢铁（集团）有限责任公司、日照钢铁控股集团有限公司增产规模均未超过 20 万吨。

2020 年粗钢产量前 5 家钢铁企业合计净增产 225.38 万吨，占全国粗钢产量增量的比重为 4.36%。产量增速为 0.83%，低于全国产量增速 4.33 个百分点；前 10 家企业粗钢产量合计增产 1556.79 万吨，占全国粗钢产量增量的比重为 30.12%。产量增速为 3.92%，低于全国产量增速 1.24 个百分点；前 15 家企业粗钢产量合计增产 2346.06 万吨，占全国粗钢产量增量的比重为 45.38%。产量增速为 5.01%，低于全国产量增速 0.15 个百分点。总体看，排名第 6 名至第 15 名的钢铁企业粗钢增产情况好于前 5 家钢铁企业，这也是前 10 家、前 15 家钢铁企业粗钢集中度指标较上年提升幅度好于前 5 家的重要原因。

假设 24 家千万吨级钢铁企业 2020 年粗钢产量均没有增产，则 2020 年粗钢产量前 15 家企业名单将有所调整（表 13-3）。其中未增产的河北新华联合冶金控股集团有限公司将退出 2020 年粗钢产量前 15 家企业名单，而中信泰富特钢集团有限公司则进入前 15 家企业名单。此时，2020 年前 5 家钢铁集团粗钢产量调整为 27091.07 万吨，占全国总产量的比重为 25.73%；前 10 家钢铁企业粗钢产量调整为 39735.4 万吨，占全国比重为 37.74%；前 15 家钢铁企业粗钢产量调整为 47114.79 万吨，占全国比重为 44.74%。

表 13-3　千万级钢铁企业未增产前提下 2020 年粗钢产量前 15 家钢铁企业名单　万吨

排序	企业名称	未增产的粗钢产量	排序	企业名称	未增产的粗钢产量
1	中国宝武钢铁集团有限公司	11402.38	9	湖南华菱钢铁集团有限责任公司	2430.82
2	河钢集团有限公司	4465.93	10	方大钢铁集团有限公司	1845.68
3	江苏沙钢集团	4183.82	11	本钢集团有限公司	1617.47
4	鞍钢集团有限公司	3920.44	12	包头钢铁（集团）有限责任公司	1546.37
5	北京建龙重工集团有限公司	3118.50	13	广西柳州钢铁集团有限公司	1439.79
6	首钢集团	2929.68	14	日照钢铁控股集团有限公司	1420.39
7	山东钢铁集团有限公司	2757.68	15	中信泰富特钢集团有限公司	1355.38
8	德龙钢铁有限公司（集团）	2680.47			

基于未增产假设的 2020 年前 5 家、前 10 家、前 15 家钢铁企业粗钢集中度指标分别较增产后的前 5 家、前 10 家、前 15 家钢铁企业粗钢集中度指标低了 0.21 个百分点、1.48 个百分点、1.92 个百分点。也可理解为在全国粗钢产量增长的背景下，产量规模位居前列的钢铁企业未增产，则粗钢集中度指标必然出现下降。增产使 2020 年前 5 家、前 10 家、前 15 钢铁企业粗钢集中度指标分别提高了 0.21 个百分点、1.48 个百分点、1.92 个百分点。

如果千万级企业未增产，在考虑企业重组因素下，2020 年调整后的粗钢集中度指标依然高于上年，前 5 家高出 0.47 个百分点，前 10 家高出 1.13 个百分点，前 15 家高出 1.1 个百分点。表明 2020 年企业粗钢增产对 2020 年粗钢集中度指标的贡献要弱于企业重组的贡献，即 2020 年粗钢集中度指标得以高出上年，主要是企业重组发挥了决定性作用。企业粗钢增产对集中度指标的影响较弱，主要源于前 5 家、前 10 家、前 15 家企业的粗钢产量增幅低于全国粗钢产量增幅。

综上，大型企业粗钢净产量增速整体低于全国粗钢产量增速，要想大幅提高前 5 家、前 10 家粗钢集中度指标，只有推进企业重组，成立多家粗钢年产量规模在 5000 万吨左右的钢铁企业集团。因此，今后提高粗钢集中度指标的主要路径是：以多个大型钢铁企业作为企业重组的核心企业或重组方，同步推进多个大型企业集团的重组式扩张步伐。

（本章撰写人：李拥军，中国钢铁工业协会）

第 14 章

2020 年钢铁行业科技创新情况

2020 年面对新冠肺炎疫情的严重冲击，钢铁行业努力克服疫情影响，主动作为，总体呈现出相对良好的运行态势。这一年里，钢铁行业科技创新工作以促进产业链协同创新、加快产业转型发展为主线，强化科技创新自主能力，栉风沐雨、砥砺前行，为产业链迈向中高端奠定了坚实基础。

一、创新投入情况

2020 年钢铁行业创新能力得到显著增强，本章涉及的重点调研的 36 家钢铁企业（上市公司口径）研发经费总额较上年增加了 20.03%。总体研发投入强度达到 2.10%，较上年增长了 0.32 个百分点（图 14-1）。

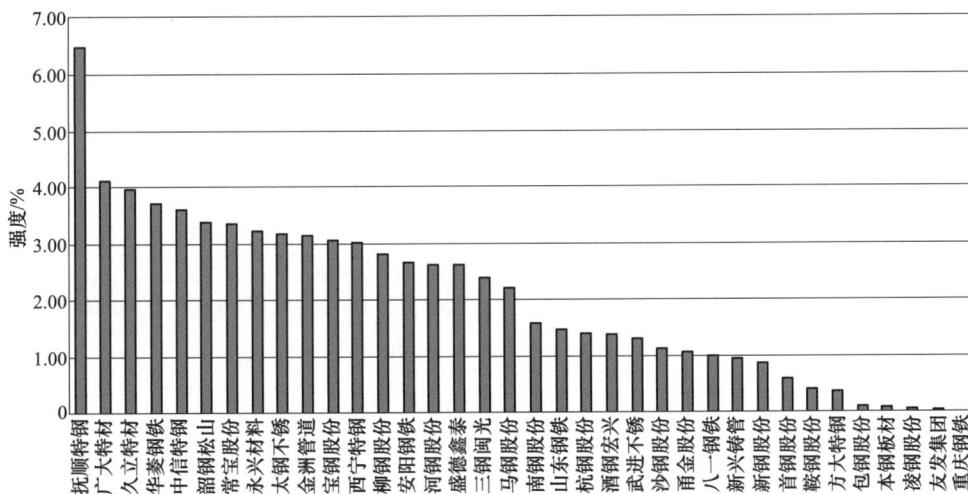

图 14-1　2020 年部分钢铁企业研发投入强度情况

（数据来源：Wind，上市公司年报）

二、重点生产工序技术指标变化情况

2020 年特别是二季度以后，随着国家复工复产、稳经济政策逐步发力，重大项目投资启动，机械、汽车、家电等下游行业快速复苏，与钢铁消费密切相关的经济指标持续好转，钢材消费创出新高，各钢铁企业效益持续恢复，关键核心工艺技术的研发和应用力度大幅增加，带动了行业关键工序技术经济指标的整体提升。

据国家统计局公布的数据，2020年全国生铁产量8.88亿吨，同比增长4.3%。钢铁会员企业生铁产量7.48亿吨，同比增长5.82%。从技术经济指标上看，高炉炼铁劳动生产率大幅提升，焦比和休风率进一步降低，利用系数、燃料比等有所升高（表14-1）。

表 14-1　2020 年会员企业炼铁工序主要指标

年份	系数/吨铁·（立方米·天）$^{-1}$	焦比/千克·吨铁$^{-1}$	煤比/千克·吨铁$^{-1}$	燃料比/千克·吨铁$^{-1}$	风温/℃	休风率/%	劳动生产率/吨铁·人$^{-1}$
2019	2.60	359.94	145.18	527.70	1147.44	2.35	7653.29
2020	2.63	355.19	147.50	529.11	1115.73	1.92	8366.69

数据来源：中国钢铁工业统计月报。

2020年，全国粗钢产量为10.65亿吨，比上年增长7.0%，钢协会员企业粗钢产量8.38亿吨，同比增长5.59%，其中转炉钢产量为80429.2万吨，较上年增加5.75%；电炉钢产量为3290.4万吨，较上年增加了1.89%。

近年来，随着环保政策和环境督查力度的不断加大，钢铁企业应用废钢的积极性以及废钢的应用比例越来越高。但由于各钢铁企业在原料配置、装备能力、产品结构、技术水平和工艺路线选择上特点各异，导致各企业的技术经济指标存在较大差异。从整体技术经济指标上看，转炉炼钢废钢料消耗、氧气消耗、利用系数指标均有所降低，由于出钢时间降低，劳动生产率得到提升。电炉炼钢钢铁料有所升高，但金属料消耗有所降低，电炉冶炼综合电耗、电极消耗都有所下降，但劳动生产率有所降低（表14-2和表14-3）。

表 14-2　2020 年会员企业转炉炼钢工序主要技术经济指标

年份	钢铁料消耗/千克·吨$^{-1}$	废钢消耗/千克·吨$^{-1}$	氧气消耗/立方米·吨$^{-1}$	实物劳动生产率/吨·人$^{-1}$	利用系数/吨·（吨·天）$^{-1}$	出钢时间/分
2019	1065.95	143.74	52.48	5248.41	31.58	31.76
2020	1062.63	139.65	52.13	5587.74	31.25	31.13

数据来源：中国钢铁工业统计月报。

表 14-3　2020 年会员企业电炉炼钢工序主要技术经济指标

年份	金属料消耗/千克·吨$^{-1}$	钢铁料消耗/千克·吨$^{-1}$	电极消耗/千克·吨$^{-1}$	综合电耗/千瓦时·吨$^{-1}$	实物劳动生产率/吨·人$^{-1}$	利用系数/吨·（吨·天）$^{-1}$	出钢时间/小时
2019	1112.61	1000.86	1.78	352.20	2224.53	26.41	0.98
2020	1111.91	1003.32	1.59	338.45	2169.36	25.71	1.00

数据来源：中国钢铁工业统计月报。

三、关键钢材品种研发和生产情况

2020 年，钢铁行业科技创新体系进一步完善，以企业为主体、"产学研用"相结合的技术创新体制机制得到发展。11 月 20 日，中国钢铁工业协会科技创新工作委员会的成立，更为行业组织协调内外部创新资源共同开展创新工作提供了有力平台。钢铁行业围绕产业转型升级，立足国民经济主战场，面向国家重大战略工程，在关键共性技术、前沿引领技术、现代工程技术、颠覆性技术方面继续加大产品创新力度，企业开发新产品销售占营业收入比例逐年增加，并在关键钢材品种研发和生产方面取得实质性突破。

中国宝武的高强度低屈强比耐候桥梁钢 Q690qENH、易成形高性能耐磨钢产品 BW400QP、高铁用耐蚀钢轨产品 U68CuCr 实现全球首发，翼缘厚度 50-80 毫米规格热轧 H 型钢，打破了国外对该领域的技术和市场垄断，建成全球首条宽幅超薄不锈精密带钢全流程智能化生产线并投产，实现产品和技术从依赖进口到世界领跑的跨越，保障了国家高科技领域关键材料供给安全。首钢研发的锌铝镁汽车板较纯锌镀层减薄 25% 基础上，耐蚀性能提高 1 倍以上，海上风电钢应用于亚洲装机容量最大的滨海北区风电场项目，并制造全球最大单体海上风电塔筒桩，磁屏蔽材料和装置应用于"北斗"卫星导航系统的核心部件卫星原子钟。河钢成功开发的 3.5Ni 超低温钢，填补我国 $-101\,℃$ 级低温压力装置生产技术的空白，4Cr13 高端模具钢宽度达到 2300 毫米，打破了该领域 2000 毫米以上宽度产品长期被国外垄断的局面。太钢、鞍钢开发出第 4 代核电 600 兆瓦示范快堆项目 316H 奥氏体不锈钢，解决了该产品从无到有的"卡脖子"难题。钢铁工业关键材料的突破，有力支撑了重点行业对钢铁材料的需求，为国民经济发展、国家安全和重大工程建设提供了坚实有力的材料保障。

四、加快绿色低碳发展步伐

2020 年，《钢铁企业超低排放改造技术指南》《重污染天气重点行业应急减排措施制定技术指南（2020 年修订版）》相继发布，《再生钢铁原料》国家标准也于 12 月 14 日正式批准，政策层面对钢铁工业低碳绿色发展提出了更新更高的要求。在全球低碳发展的背景下，2020 年 9 月 22 日，习近平主席在第七十五届联合国大会一般性辩论上的"碳达峰、碳中和"庄严承诺更为钢铁行业绿色发展明确了方向。

面对低碳绿色发展的时代命题，各大钢铁企业均从战略高度开始布局绿色低碳发展问题，主动提升节能环保技术装备水平，部分企业着手实施相关工序超低排放改造，并纷纷制定减排目标，加速"绿色转型"。在全行业的共同努力下，行业节能减排指标整体得到提升，首钢迁钢成为世界首家实现全流程超低排放的钢铁企业。中国宝武加快低碳冶金前沿技术开发，突破了原奥钢联 COREX 工艺技术理论，欧冶炉排放的废气中 SO_2，NO_x，粉尘大幅度减少，废水中酚、硫化物和氨可减少 35% 以上，环保效益显著。钢协会员企业节能环保指标情况见表14-4。

表 14-4　钢协会员企业节能环保指标情况

指　　标	2017 年	2018 年	2019 年	2020 年
吨钢综合能耗/千克标准煤·吨$^{-1}$	567.35	555.24	551.78	545.27
吨钢烟粉尘/千克	0.59	0.57	0.42	0.41
吨钢 SO_2/千克	0.55	0.54	0.39	0.38
吨钢 NO_x/千克	0.89	0.75	0.77	0.58
吨钢耗新水/立方米	3.12	2.75	2.56	2.45
钢渣利用率/%	96.69	97.92	98.11	99.09
高炉渣利用率/%	97.90	98.10	98.83	98.90
含铁尘泥利用率/%	99.88	99.65	99.12	99.78

数据来源：《中国钢铁工业环境保护统计》《中国钢铁工业节能环保统计月报》。

五、标准化工作情况

2020 年钢铁行业围绕国家新材料、质量提升等项目和下游用户用钢需求，积极开展标准制修订工作。全年共组织完成 613 项国家标准、396 项行业标准、57 项国家标准外文、10 项行业标准外文翻译项目的申报工作。2020 年共有 105 项钢铁标准获批发布，其中国家标准 89 项，行业标准 16 项。T/CISA 026—2020《钢筋混凝土用 HRB600E 抗震热轧带肋钢筋》、T/CISA 008《钢铁产品质量能力分级规范》系列团体标准共 4 项团体标准成功入选 2020 年工信部百项团体标准应用示范项目。

截至 2021 年 3 月 10 日，钢铁行业的现行标准（国标、行标、钢协团标）总数已达 3017 项，其中国家标准 1593 项，行业标准 1318 项，钢协团标 106 项，包括钢铁产品及方法、铁矿石与直接还原铁、生铁及铁合金、焦化、耐火材料、冶金机电工程建设、资源综合利用、节能、节水等领域标准。

六、科技奖励情况

2020 年共有 101 个项目获得冶金科学技术奖，其中："大型转炉洁净钢高效绿色冶炼关键技术"项目获特等奖，"迁钢钢铁生产全流程超低排放关键技术研究及集成创新"等 22 个项目获一等奖，"长距离铁精矿输送管道在线环保除垢关键技术与装备研究"等 25 个项目获二等奖，"大型近城露天矿清洁爆破关键技术研究与示范"等 53 个项目获三等奖。

（本章撰写人：李煜，程四华，葛军亮，毛明涛，中国钢铁工业协会）

第 15 章
2020 年钢铁行业绿色发展情况

钢铁行业作为传统支柱性产业之一,是构建国内国际双循环体系的重要基础,具有投资拉动作用大、吸纳就业能力强、产业关联程度高等特点,为我国经济社会发展做出了巨大的贡献。随着我国经济进入高质量发展阶段,钢铁行业同时面临着巨大的机遇和挑战。尤其是"十三五"以来,钢铁工业努力按照高质量发展要求,积极深化供给侧结构改革,持续推进钢铁工业转型升级,行业面貌发生了根本性变化。2020 年作为"十三五"收官之年,钢铁工业经受住了年初突然爆发的新冠肺炎疫情的考验,粗钢产量再创新高,有力支撑了我国经济的快速复苏。钢铁工业在增加产量的同时,进一步加强节能减排技术的全面升级和推广应用,在节能环保、资源综合利用,尤其是超低排放改造方面做了大量扎实有效的工作,并取得了非常好的效果。

一、2020 年重点钢铁企业能耗和环保指标情况

2020 年钢协重点能源统计钢铁企业吨钢综合能耗为 545.27 千克标准煤/吨钢,比上年降低了 6.51 千克标准煤/吨钢,降低幅度为 1.18%。作为钢铁流程耗能比例最大的炼铁工序能耗为 385.17 千克标准煤/吨铁,比上年减少了 2.8 千克标准煤/吨铁;但是由于粗钢产量的增加,2020 年钢协重点能源统计企业的总能耗为 31629.54 万吨标准煤,比上年增加了 2.89%(表 15-1)。

表 15-1 2020 年重点统计企业能耗指标变化情况

指标名称	单位	2020 年	2019 年	2020 年比 2019 年变化	
				数值	比例
一、综合能耗指标					
总能耗	万吨标准煤	31629.54	30740.92	888.62	2.89%
吨钢综合能耗	千克标准煤/吨钢	545.27	551.78	-6.51	-1.18%
吨钢电耗	千瓦时/吨钢	456.92	461.34	-4.42	-0.96%
二、工序能耗指标					
烧结工序	千克标准煤/吨矿	48.08	48.34	-0.26	-0.54%

续表 15-1

指标名称	单位	2020 年	2019 年	2020 年比 2019 年变化	
				数值	比例
球团工序	千克标准煤/吨矿	24.35	23.92	0.43	1.80%
炼焦工序	千克标准煤/吨焦	102.38	104.63	-2.25	-2.15%
炼铁工序	千克标准煤/吨铁	385.17	387.97	-2.8	-0.72%
转炉炼钢工序	千克标准煤/吨钢	-15.36	-14.01	-1.35	-9.64%
电炉炼钢工序	千克标准煤/吨钢	55.92	56.1	-0.18	-0.32%

2020 年，钢协重点统计的会员单位生产企业用水总量 886.31 亿立方米，同比增长 3.05%；水重复利用率 98.02%，同比提高 0.05 个百分点；吨钢耗新水 2.45 立方米/吨，同比下降 4.34%；外排废水总量同比减少 3.85%。外排废水中化学需氧量、氨氮、挥发酚、悬浮物和石油类排放量同比分别下降 10.11%、24.09%、44.42%、12.92% 和 6.78%。

废气排放总量同比增长 5.41%。外排废气中二氧化硫、烟尘和粉尘排放量同比分别下降 14.38%、17.68% 和 10.54%。吨钢二氧化硫、烟粉尘和氮氧化物排放量同比分别下降 18.11%、17.06% 和 17.31%。

钢渣产生量 8668.70 万吨，同比增长 3.38%。高炉渣产生量 23038.56 万吨，同比增长 4.15%；含铁尘泥产生量 3833.80 万吨，同比增长 3.49%。钢渣利用率 99.09%，比上年提高 0.98 个百分点；高炉渣利用率 98.90%，比上年提高 0.07 个百分点；含铁尘泥利用率 99.78%，比上年提高 0.66 个百分点。

高炉煤气产生量 10062.43 亿立方米，同比增长 4.4%；转炉煤气产生量 745.56 亿立方米，同比增长 6.50%；焦炉煤气产生量 471.86 亿立方米，同比增长 3.31%。高炉煤气利用率 98.03%，比上年提高 0.01 个百分点；转炉煤气利用率 98.33%，比上年提高 0.07 个百分点；焦炉煤气利用率 98.53%，比上年提高 0.08 个百分点。

二、钢铁行业超低排放改造和低碳发展现状

（一）钢铁行业超低排放改造情况

2018 年《政府工作报告》提出推进钢铁等行业超低排放要求，由此按下了钢铁等传统制造业绿色升级改造"快进键"，随后《钢铁企业超低排放改造工作方案（征求意见稿）》公布，2019 年 4 月生态环境部等 5 部委联合下发了《关于推进实施钢铁行业超低排放的意见》，对钢铁行业实现超低排放提出了明确的排放标准和完成时限。进入 2020 年，中国钢铁正在推行世界钢铁史上最为严苛的污染物排放标准，中国钢铁企业有组织排放治理加快，无组织排放有效控制，过程控制技术应用更加深入，环境治理成效显著。一批钢铁企业迎难而上，围绕焦化、烧结（球团）、炼铁、炼钢、轧钢等五大重点工序及智能制造，开展烟气多污染物超低排放技术、

高温烟气循环分级净化技术、副产物资源化技术等组合式系统集成节能减排技术基于炉料结构优化的硫硝源头减排技术、新型非高炉炼铁、小方坯免加热直接轧制技术、智能制造示范线建设等研究，并取得突破性的进展，污染排放总量不断减少，环境治理成效显著，为打赢"蓝天保卫战"做出了积极贡献。

据钢协统计，2015-2020 年，重点统计钢铁企业平均吨钢综合能耗由 574 千克标煤降至 545.27 千克标准煤，吨钢二氧化硫排放由 0.90 千克下降到 0.38 千克，削减幅度达到 58%；吨钢烟粉尘排放由 0.79 千克下降到 0.41 千克，削减幅度为 48%。一些钢铁企业在污染物治理设施应用和单位排放强度方面已达到世界先进水平，涌现了首钢、安钢、太钢、新兴铸管、建龙等一批绿色花园式工厂、清洁生产环境友好型工厂。

截至 2020 年底，全国约有 229 家钢铁企业、6.2 亿吨粗钢产能正在实施超低排放改造。截至目前，已有首钢迁钢、太钢集团、首钢京唐、德龙钢铁、山钢日照钢铁和安阳钢铁等 8 家钢铁企业完成超低排放改造和建设工作，并完成了全面的超低排放监测评估，在中国钢铁工业协会官网上进行了公示。还有近百家企业正在加紧开展监测评估工作。从进度来看，重点区域钢铁企业超低排放改造取得明显进展，基本实现 2020 年 60% 左右的产能改造目标。

（二）我国钢铁行业低碳发展现状

气候变化是当今人类面临的重大全球性挑战。习近平主席在联合国提出的"力争于 2030 年前达到峰值，争取在 2060 年前实现碳中和"的庄严承诺，体现了大国的担当，也为钢铁行业绿色低碳发展明确了方向。钢铁行业是我国碳排放较大的行业之一，全行业必须采取切实有力措施，全力推进碳减排工作，力争提前实现碳达峰，为国家总体实现碳达峰预定目标和碳中和愿景做出积极贡献，这也是钢铁行业必须履行的社会责任和应尽的义务。

碳排放主要来源于化石能源消耗，钢铁生产过程中碳不仅仅作为燃料，更是铁矿石转化为铁的还原剂，工艺特点决定了钢铁行业碳减排主要途径是减少化石能源消耗。近 20 年来，钢铁行业在经历了生产设备大型化，能源利用高效化、污染物排放减量化等措施推动后，钢铁企业面貌发生了翻天覆地的变化，世界上最先进的生产设备和节能环保技术在中国的钢铁企业几乎都能找得到。这些先进技术、设备的大规模普及极大地提高了钢铁行业节能环保水平。但从另一方面讲，钢铁行业大幅度节能也到了一个相对的瓶颈期。钢铁企业一旦生产规模、工艺流程、结构和装备水平确定下来，能耗的下降是有限度的，不可能"无限"降低。而高炉—转炉长流程仍是现阶段我国钢铁生产的绝对主流，我国总体电炉钢比例仅约为 10%。因此，需要寻求更为有效的变革性低碳工艺技术调整和改革来推动钢铁行业大幅度碳减排。

中国钢铁行业作为碳排放较大的行业之一，从早期踊跃参与 CDM 机制，到积极试水碳排放交易；从对非高炉炼铁的自主研发到氢冶金技术不断取得突破，是较早意识并主动承担碳减排责任的工业行业。中国宝武率先提出 2023 年力争实现"碳达峰"、2050 年力争实现"碳中和"的目标，也在推动成立全球绿色低碳冶金联盟并建立相应的基金。此外，河钢、建龙、日照等钢铁企业也在积极探索建立氢冶金示范项目。各科研院校也在采取各种措施进行低碳减排工作（表 15-2）。北京科技大学、东北大学也先后组建了二氧化碳科学研究中心和低碳钢铁前沿技术研究院。

表 15-2　我国钢铁企业氢冶金领域典型项目

序号	公司名称	项目内容	进展	氢源
1	宝武集团、中核集团、清华大学	开展超高温气冷堆核能制氢的研发，并与钢铁冶炼和煤化工工艺耦合，实现钢铁行业的 CO_2 超低排放和绿色制造	2019 年 1 月签订《核能-制氢-冶金耦合技术战略合作框架协议》	核能制氢
2	河钢集团、中国工程院战略咨询中心、中国钢研、东北大学	氢能应用研究和科技成果转化平台，成为京津冀地区最具代表性和示范性的绿色、环保、可持续能源的倡导者和实施者	2019 年 3 月组建"氢能技术与产业创新中心"	—
3	酒钢集团	创立了"煤基氢冶金理论""浅度氢冶金磁化焙烧理论"和"磁性物料风磁同步联选理论"，研发出对应的前沿创新成果	2019 年 9 月设立氢冶金研究院，预计 2020 年 10 月完成	煤制氢
4	河钢集团与特诺恩集团（Tenova）	分布式绿色能源、低成本制氢、焦炉煤气净化、气体自重整、氢冶金、成品热送、CO_2 脱除等全流程进行创新研发	2019 年 11 月签署谅解备忘录（MOU），双方将联手中冶京诚工程技术有限公司，在氢冶金技术方面开展深入合作，研发和建设全球首例 120 万吨规模的氢冶金示范工程	焦炉煤气
5	建龙集团内蒙古赛思普科技有限公司	30 万吨富氢熔融还原法高纯铸造生铁，项目运用富氢熔融还原新工艺，强化对焦炉煤气的综合利用，推动传统"碳冶金"向新型"氢冶金"转变。	总投资 10.9 亿元，2019 年 9 月开工建设，预计 2020 年 9 月试生产	焦炉煤气
6	京华日钢控股集团	氢能冶炼提升基材品质、减少污染排放	日钢集团与钢铁研究总院签订了《年产 50 万吨氢冶金及高端钢材制造项目合作协议》	—

序号	公司名称	项目内容	进展	氢源
7	天津荣程集团、陕鼓、西安翰海、韩城市政府	"西部氢都"项目覆盖氢气制造、常温常压储氢及加氢站建设运营、基于氢能的能源互联岛供应体系等多方面内容	2019 年 10 月签订西部氢都、时代记忆、能源互联岛项目战略合作协议	化工副产品
8	邢钢	低碳富氢炼铁技术改造项目，目标是焦炭消耗降低 40%以上，减少 CO_2、氮氧化物、SO_2 等排放 30%-50%	2017 年 5 月开始升级改造世界	焦炉煤气

（本章撰写人：陈丽云，中国钢铁工业协会；
周继成，中国钢研科技集团有限公司）

第16章

2019年钢铁行业人力资源状况分析

一、钢铁行业人力资源数据统计体系概述

自2008年调整《中国钢铁工业企业人事劳资统计年报》以来，在全行业人力资源工作者的努力下，经过12年磨砺，逐步建立了钢铁行业人力资源数据统计与分析系统，形成了行业人力资源数据体系，为掌握钢铁行业人力资源基本信息，了解和分析行业人力资源及劳动生产率、人工成本等基本情况及变化趋势，企业间对标挖潜等发挥了积极作用；也为各企业建立以时间为坐标轴的本企业人力资源纵向数据体系，进行对比分析，发现问题，解决问题发挥了积极作用。

2019年人事劳资重点统计（以下简称会员企业或行业）中，按规模划分，生产粗钢1000万吨以上的大型企业占18.09%，500-1000万吨的中型企业占25.53%，500万吨以下的中小型企业占56.38%。按所有制划分，国有或国有控股企业占52.13%，非国有企业占47.87%。这些企业基本涵盖了我国年产粗钢300万吨以上规模的钢铁企业，具有较广泛的代表性和覆盖性，其统计分析结果可以代表我国钢铁工业2019年人力资源管理现状（表16-1）。

表16-1　2017-2019年钢铁企业人力资源数据情况

年份	国有企业数	非国有企业数	大型企业数	中型企业数	中小型企业数
2019	52.13%	47.87%	18.09%	25.53%	56.38%
2018	55.21%	44.79%	17.71%	25.00%	57.29%
2017	52.53%	47.47%	17.17%	22.22%	60.61%

二、2019年中国钢铁行业人力资源基本情况

（一）职工结构人数

2019年职工总数、不在岗职工数比上年有所增加，职工总数创出历史第二低，不在岗职工比例较上年有所上涨，在岗职工比例、主业在岗职工比例较2018年有所

降低。企业在化解过剩产能职工分流安置的过程中，重心已经逐步向在岗职工结构调整转移，随着产能的释放，主业在岗职工比例趋于稳定，人员分流工作开始向非主业人员发展。2016 年、2017 年在岗职工比例、主业在岗职工比例连续两年下降，2018 年主业在岗职工占比上升，企业步入正常的、持续的人员结构优化通道，行业人力资源队伍进一步优化，2019 年主业在岗职工占比再次下降与企业混改与转制有一定关联。2017-2019 年钢铁工业企业职工结构情况见表 16-2。

表 16-2　2017-2019 年钢铁工业企业职工结构情况

年份	职工总数			不在岗职工	离退休职工与职工总数比例
		在岗职工			
			其中：主业在岗		
2019	100%	89.41%	62.09%	10.59%	81.14%
2018	100%	89.82%	65.40%	10.18%	66.79%
2017	100%	89.48%	64.18%	10.52%	63.08%

（二）主业在岗职工岗位分布

会员企业 2019 年主业在岗职工各类人员占比例结构为：高级经营管理人员占 1.16%，比上年提高了 0.07 个百分点；一般经营管理人员占 7.36%，比上年提高 0.44 个百分点；企业技术人员占 11.34%，比上年降低 0.55 个百分点；研发人在技术人员中占比 15.13%，比上年上升 1.30 个百分点；操作人员占 80.14%，比上年提高 0.04 个百分点。2017-2019 年钢铁企业主业在岗职工岗位分布情况见表 16-3。

表 16-3　2017-2019 年钢铁企业主业在岗职工岗位分布情况

年份	高级经营管理人员	一般经营管理人员	技术人员		操作人员
				其中：研发人员（占技术人员比例）	
2019	1.16%	7.36%	11.34%	15.13%	80.14%
2018	1.09%	6.92%	11.89%	13.83%	80.10%
2017	1.16%	6.87%	11.42%	13.20%	80.55%

2019 年高级管理人员和一般经营管理人员占比较上年小幅回落，其中高级经营管理人员比例较上年上升，回归到 2008 年水平，但是可以看到 2019 年主业在岗职工人数下降主要在操作人员岗位，管理岗人数变化不大，说明企业新一轮管理结构调整应继续推进。近些年由于化解过剩产能，部分落后产能淘汰，设备停产、拆除，相应生产岗位分流职工占比较高，表现出操作人员 2019 年占比比 2017 年以前降幅显著，但比上年有所提高。技术人员占比结束前几年大幅提高的态势，比上年有所

减少，研发人员占技术人员比例增幅明显，可见研发人员占总人数比例上升，企业在减员增效的同时更加强调技术队伍和研发队伍的发展与维护，自觉地谋求通过技术改进和创新驱动来提高产品附加值，降低生产成本，提高市场竞争力。

（三）主业在岗职工学历结构

2019 年会员企业主业在岗职工学历结构为：博士占 0.12%，占比与上年持平；硕士占 1.57%，占比比上年降低 0.06 个百分点；本科占 16.31%，占比比上年提高了 0.48 个百分点；专科占 25.90%，占比比上年提高 1.41 个百分点；中专占 15.53%，占比比上年降低 2.00 个百分点；高中及以下占 40.58%，占比比上年提高 0.18 个百分点（图 16-1）。

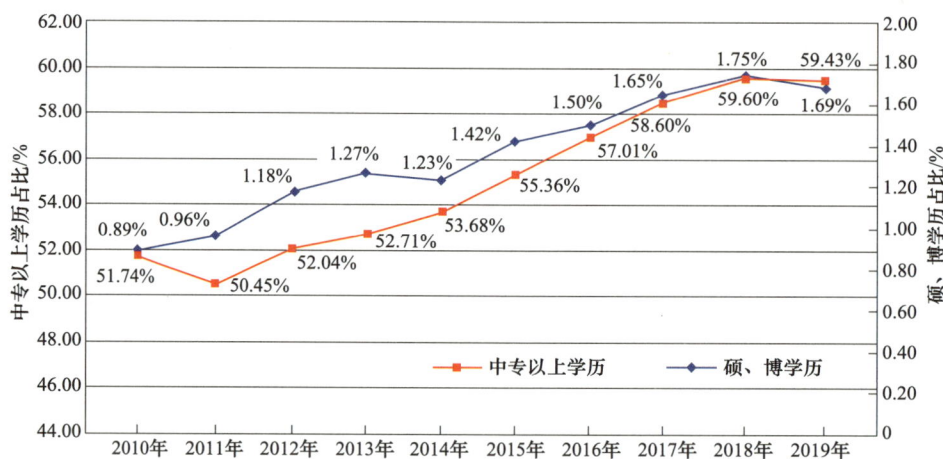

图 16-1　2010 年以来钢企主业在岗职工学历情况分布图

2019 年钢铁行业中专及以上学历人员比例 59.43%，同比降低 0.17 个百分点，从近 10 年数据来看，2019 年结束了占比持续提高的趋势，但占比仍在 10 年的次高位，这说明通过化解过剩产能，行业人力资源队伍学历结构优化速度增加，我国钢铁行业职工队伍学历结构整体上移（表 16-4）。

表 16-4　2017-2019 年钢铁行业职工学历结构变化情况

年份	硕士、博士学历占比	中专以上学历占比
2019	1.69%	59.43%
2018	1.75%	59.60%
2017	1.65%	58.60%

（四）主业在岗职工年龄结构

2019 年，会员企业主业在岗职工的平均年龄为 40.46 岁，比上年的 39.96 岁同比增长 0.50 岁，增幅 1.25%，增量、增幅较上年扩大，与 2008 年相比，主业在岗职工平均年龄 12 年间增长了 2.46 岁，体现出职工队伍年龄逐年提高，整体趋向老化的局面。从 2019 年数据看，高级管理人员、技术人员、操作人员平均年龄均同比有所增加，一般经营管理人员、研发人员的平均年龄下降，且研发人员的平均年龄最低、变化最小，说明近几年企业有意识地加大人才引进，注重人才队伍中新鲜血液的注入，一般经营管理人员年龄结构趋于稳定。可见，行业形势的持续向好，企业更有意愿招录作为技术、研发人员主要来源的高学历毕业生。总体看，随着行业形势好转，"十三五"的前四年，2016 年、2017 年、2018 年、2019 年，职工平均年龄增速显著放缓，4 年增加了 0.77 岁，明显低于 2008 年至 2015 年 7 年间增加 1.68 岁的增速，企业加大了新员工的引进，有意识地做好人才梯队建设，防止出现人才断档。行业形势的明显好转，也有利于企业吸引人才（表 16-5）。

表 16-5　3 年主业在岗职工年龄结构

年份	高级管理人员	一般经营管理人员	技术人员	其中：研发人员	操作人员	主业在岗平均
2019	46.58 岁	41.30 岁	39.27 岁	38.44 岁	40.47 岁	40.46 岁
2018	46.54 岁	41.38 岁	38.95 岁	38.45 岁	39.89 岁	39.96 岁
2017	45.38 岁	41.42 岁	38.83 岁	38.46 岁	39.66 岁	39.75 岁

（五）主业在岗职工工资及人工成本

2019 年会员企业主业在岗人员人均工资为 9.38 万元，与上年的人均工资 8.83 万元相比增加 6.23%。随着行业向好形势趋于稳定，工资增幅有所收窄，结束连续两年增幅超过 10% 的势头；人均社平工资系数为 1.25（社平工资采用 2018 年社会平均工资），即我国钢铁企业 2019 年人均工资高于上年社会平均工资水平 25.36%。近几年行业职工收入增速明显好于社会平均水平，表现在社平工资系数出现显著增长，这也有利于企业吸引人才，留住人才，降低人才流失率。供给侧结构性改革给行业人力资源工作带来显著变化，行业人力资源正朝着好的方向发展。钢铁行业化解产能过剩不仅带来行业形势好转，对行业带来的益处表现在诸多方面，实践证明其影响是长期的，是一项有深远意义的改革（表 16-6）。

表 16-6　2017-2019 年钢铁行业人均社平工资系数变化情况

年份	2019	2018	2017
人均社平工资系数	1.25	1.38	1.28
系数同比增减	-9%	7.8%	16%

2019 年单钢企业人均人工成本 14.43 万元，比上年单钢企业人均人工成本 13.02

万元增长 10.83%，2018 年比 2017 年人均人工成本 11.26 万元增长 15.63%。工资占人工成本中的比例从 2017 年的 66.77%，提高到 2018 年的 67.81%，提高了 1.04 个百分点；2019 年这一比例为 64.98%，比上年降低了 2.83 个百分点。2016 年、2017 年、2018 年连续三年工资占比提高，说明随着供给侧结构性改革的推进，行业形势逐步好转，企业加大了工资性投入，更重视激励因子的作用。2019 年福利费用、教育费用、住房费用及其他费用占比比上年有所提高。

（六）劳动生产率

2019 年，会员企业生产粗钢的劳动效率，如按职工总数计算，则人均年产钢约为 538.71 吨；如按在岗职工计算，则人均年产钢约为 595.07 吨；如按主业在岗职工计算，则人均年产钢约为 805.68 吨（表 16-7 和图 16-2）。

表 16-7　2017-2019 年钢铁企业实物劳动生产率情况统计表　吨/（人·年）

年份	按职工总数计算	按在岗职工总数计算	按主业在岗职工总数计算	同比增长（主业在岗）
2017	451	500	663	10.13%
2018	492	547	736	10.95%
2019	539	595	806	9.47%

图 16-2　2008 年以来钢铁主业在岗职工实物劳动生产率增长情况

钢铁企业近 12 年实物劳动生产率逐年提高，近 4 年年增速维持较高水平，增幅在 10% 左右。在 2016 年得益于化解过剩产能、人员分流安置后带来的劳动效率显著提高后，2017 年仍保持较高的增速。2018 年全行业劳动生产率仍继续两位数的较高增速，提高了 10.95%，主业在岗职工达到人均年产钢 736 吨，到 2019 年达到 806 吨，增速在放缓。同时，数据显示，2018 年以职工总数、在岗职工为基数的劳动生产率同比增幅高于主业在岗职工劳动生产率增幅。

从 12 年来的长期数据看，总体来讲，相对于以主业在岗职工总数为基数的实物劳动生产率，以在岗职工、职工总数为基数的实物劳动生产率增长幅度最大，行业的人员冗余，特别是二线、三线人员的冗余有效改观，12 年来行业人力资本竞争力显著提升。

2019 年按单钢口径会员企业工业总产值、实现利税和利润计算，与上年相比，人均产钢提高了 9.47%，人均产值比上年提高了 9.68%；人均利税、人均利润比上年降低了 30.22% 和 36.59%，行业效益明显下滑（表 16-8 和图 16-3）。

表 16-8　2017-2019 年钢铁企业人均效益统计表（单钢口径）

年份	人均产钢 /吨·（人·年）$^{-1}$	人均产值 /万元·（人·年）$^{-1}$	人均利税 /千元·（人·年）$^{-1}$	人均利润 /千元·（人·年）$^{-1}$
2019	806	343	257	175
2018	736	312.4	397.0	276.0
2017	663	274.5	301.6	194.5

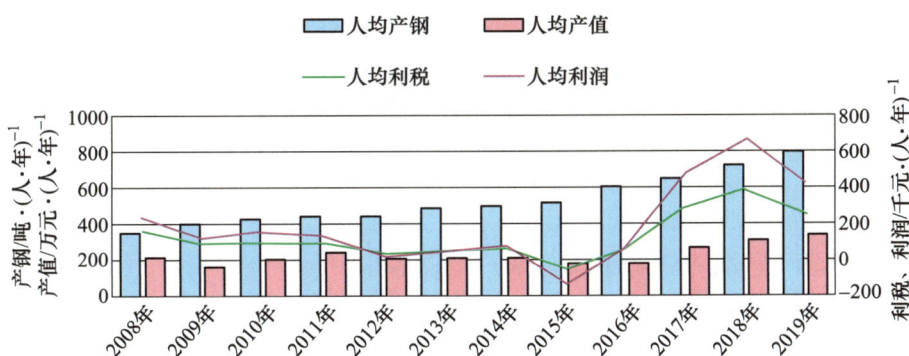

图 16-3　2008-2019 年钢铁企业主业人均效益变化

2019 年由于行业人力资源结构优化工作持续进展，实物劳动生产率提高显著，表现在人均产钢趋势线斜率加大，行业稳中向好，劳动生产率较高企业优势明显，但是人均利税、人均利润大幅降低。

对效益与劳动生产率相关性分析，我们把 2019 年人均利税、人均利润排序前 10 名的企业进行汇总分析。人均利税、人均利润排前 10 名企业的平均实物劳动生产率分别为 1102 吨/（人·年）和 1107 吨/（人·年），均是行业平均的 1.37 倍。而这 10 家企业人均利税、人均利润分别达到行业平均的 2.29 倍和 2.99 倍，大于实物劳动生产率的差距。统计分析得知，会员企业实物劳动生产率与人均利税、人均利润存在明显的正相关性（表 16-9 ~ 表 16-11）。

表 16-9　不同区间单钢企业人均产钢平均值的分布（按人均利税划分）

按人均利税划分 /万元	企业数	人均产钢/吨·人⁻¹	人均产值/万元·人⁻¹	吨钢人工成本/元·吨⁻¹	人均利税/万元	万元人工成本投入产出比		
						利润/万元	产钢/万吨	主营业务收入/万元
≥50.70（TOP10%）	9.68%	1082.75	501.04	126.93	63.81	8.55	131.46	61.00
37.64-50.70（10%-25%）	15.05%	938.80	416.62	184.00	42.30	2.23	66.53	28.58
21.42-37.64（25%-50%）	25.81%	866.49	316.55	147.29	29.78	2.12	80.75	33.44
3.04-21.42（50%-90%）	39.78%	688.73	258.02	186.42	11.68	0.63	66.15	26.99
≤3.04（BOT10%）	9.68%	494.25	210.05	201.41	−3.94	−0.70	58.41	23.22

表 16-10　不同区间单钢企业人均产钢平均值的分布（按人均利润划分）

按人均利润分组 /万元	企业数	人均产钢/吨·人⁻¹	人均产值/万元·人⁻¹	吨钢人工成本/元·吨⁻¹	人均利税/万元	万元人工成本投入产出比		
						利润/万元	产钢/万吨	主营业务收入/万元
≥41.04（TOP10%）	9.78%	1063.07	467.77	122.10	53.57	8.66	132.41	60.59
27.32-41.04（10%-25%）	15.22%	949.07	421.10	161.00	31.86	2.60	75.12	31.16
14.39-27.32（25%-50%）	25.00%	859.69	347.26	164.95	21.17	1.87	73.04	33.16
0.64-14.39（50%-90%）	40.22%	693.73	244.20	189.31	6.79	0.68	65.58	25.03
≤0.64（BOT10%）	9.78%	518.10	218.58	182.09	−7.31	−0.72	67.46	29.47

表 16-11　不同区间企业效益平均值的分布（按实物劳动生产率划分）

按实物劳动生产率分组/吨·人⁻¹	企业规模数	人均产钢/吨·人⁻¹	人均产值/万元·人⁻¹	吨钢人工成本/元·吨⁻¹	人均利税/万元	人均利润/万元	万元人工成本投入产出比		
							利润/万元	产钢/万吨	主营业务收入/万元
≥1189.06 TOP10	9.89%	1360.48	440.04	104.79	42.46	31.25	2.47	101.92	35.01
1022.00-1189.06（10%-25%）	14.29%	1082.43	461.92	155.61	38.85	28.21	1.80	69.31	31.31

按实物劳动生产率分组/吨·人⁻¹	企业规模数	人均产钢/吨·人⁻¹	人均产值/万元·人⁻¹	吨钢人工成本/元·吨⁻¹	人均利税/万元	人均利润/万元	万元人工成本投入产出比		
							利润/万元	产钢/万吨	主营业务收入/万元
747.03-1022.00（25%-50%）	26.37%	860.30	352.42	142.16	29.86	23.07	3.63	98.23	40.69
443.04-747.03（50%-90%）	39.56%	609.16	267.54	191.38	16.63	10.21	1.09	63.68	28.30
≤443.04（BOT10%）	9.89%	369.95	165.86	259.16	5.81	2.47	0.30	45.59	24.89

总体来看，人均利税、人均利润高的企业，其实物劳动生产率的平均值大于人均利税、人均利润低的企业的实物劳动生产率的平均值，充分说明实物劳动生产率与效益有明显的正相关性。

（七）2019 年钢铁企业人工成本投入产出情况

2019 年人均人工成本为 14.43 万元，上年人均人工成本为 13.07 万元，同比增长 10.41%，在工资大幅增长，职工获得感显著增强的情况下，企业有意识地控制了人工成本其他项目的增长率，所以人均工资增幅大于人均人工成本增幅，人均工资占比有所提高，职工得以直接分享企业盈利红利（图 16-4）。

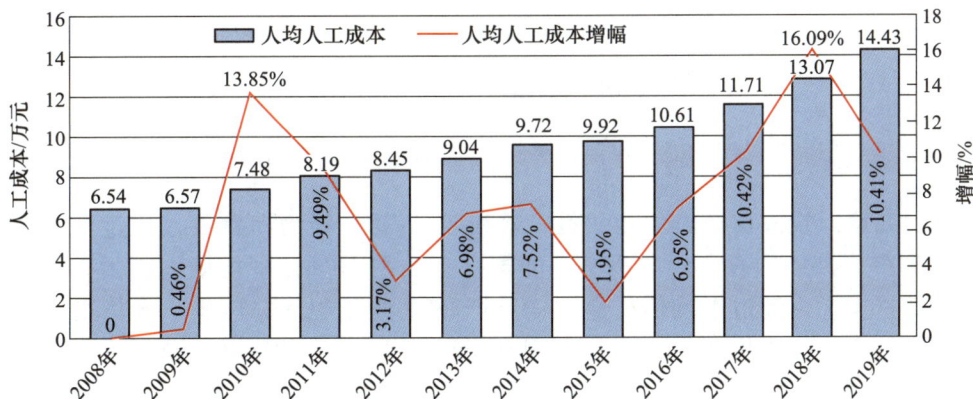

图 16-4　2008-2019 年钢铁企业人均人工成本变动情况

12 年来人工成本中人均工资、人均社保、人均福利、人均住房费用基本都维持了大幅上升态势（表 16-12）。

表 16-12　2017-2019 年钢铁企业人均人工成本结构统计表

年份	工资总额	社保费用	福利费用	教育经费	劳保费用	住房费用	其他人工费用
2019	64.98%	16.53%	4.93%	0.60%	0.59%	5.64%	6.73%
2018	67.82%	16.74%	4.53%	0.61%	0.69%	5.22%	4.45%
2017	66.77%	16.87%	4.86%	0.52%	0.67%	5.29%	5.00%

2019 年钢铁行业人均工资在各项费用占比最大，占人工成本的 64.98%，与上年相比有所降低，下降 2.84 个百分点；其次，社保费用占比明显下降，与上年相比，占比下降了 0.21 个百分点。数据清晰告诉我们，国家为企业减负，降低了社保征缴比例；劳保和教育费用占比最小，在职工收入上升的同时，企业应注重教育培训的投入。其他人工费用的大幅上升，与人员结构优化、职工安置得到国家奖补以及重点人群转移有关（图 16-5）。

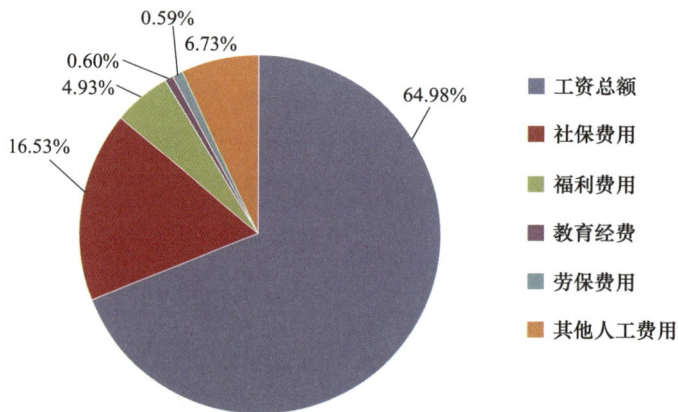

图 16-5　2019 年钢铁企业人均人工成本结构情况

为研究培训投入与产出的相关性，经统计，2019 年培训费投入超过平均值的企业占 31%，其中国有企业占 90%，非国有企业占 10%，平均培训费国有企业较高。培训费用投入超过平均值的企业中 96% 的企业盈利。总体看，人均培训费用相对较高的企业，人均产值、人均利润高于行业平均达 10% 以上或接近，特别是人均产值，高出行业平均达 15.39%。数据显示，培训投入高的企业，在劳动生产率上有一定优势，在行业形势严峻时，培训更多体现在降成本上，在行业形势整体稳定向好时，更多体现在高附加值上。多年数据显示，劳动生产率的优势，能保证企业的经营效益；培训的投入效果体现在产品附加值上，体现在降本增效上（表 16-13 和表 16-14）。

表 16-13　按培训费用分类统计表（单钢培训口径）

类　别	人均产钢 /吨·（人·年）⁻¹	人均产值 /万元·（人·年）⁻¹	人均利税 /千元	人均利润 /千元
培训费用高于平均值的企业	877.71	395.40	284.84	192.04
行业平均	805.68	342.65	257.12	175.02
高出行业平均的百分率	8.94%	15.39%	2.78%	9.72%

表 16-14　近 3 年钢铁企业人工成本投入产出情况统计表（单钢口径）

年份	吨钢人工成本 /元·吨⁻¹	吨钢利税 /元·吨⁻¹	吨钢利润 /元·吨⁻¹	劳动分配率/人工成本·工业增加值⁻¹	人事费用率/人工成本·主营业务收入⁻¹	万元人工成本投入产出比			
						产钢/吨	利润/万元	利税/万元	主营业务收入/万元
2019	180	321	219	25.15%	3.80%	55.67	1.22	1.79	26.31
2018	178	540	375	19.08%	3.70%	56.27	2.11	3.04	26.89
2017	170	455	293	20.33%	3.88%	58.65	1.69	2.68	26.30

　　2019 年行业主业在岗职工实物劳动生产率比上年增长了 9.53%，同时人均人工成本增长了 10.83%，相互抵消后，从表 16-14 可以看出，2019 年吨钢人工成本为 180 元/吨，比上年吨钢人工成本 178 元/吨增加了 2 元，提高了 0.91%。劳动生产率与职工收入同步提升，实现了企业与员工共同发展，企业效益较为稳定，职工待遇继续提高。

　　（本章撰写人：张怡翔，高海雄，刘景荣，钱璐，李磊磊，中国钢铁工业协会）

第17章
2020 年钢铁行业信息化、智能化发展概况

"十三五"期间，钢铁行业信息化、智能化蓬勃发展，助力钢铁企业有效缩短产品研制周期、降低运营成本、提高生产效率、提升产品质量、降低资源能源消耗、改善员工工作环境。2020 年，钢铁企业不断加快推进数字化、智能化业务，围绕智能制造、智慧服务、智慧运营三大领域探索转型实践，推进管理创新和技术创新，行业两化融合不断加深。

一、钢铁行业信息化基本情况

在国家大力倡导智能制造的大背景下，钢铁企业充分认识到智能制造对传统企业数字化转型升级的重要性，同时也在进行积极探索求发展。

（一）企业信息化组织管理及规划情况

钢铁企业对信息化规划始终非常重视，制定两化融合发展战略和总体规划的企业占比较高，且每隔一定周期对规划内容进行滚动调整和优化，在两化融合规划落实方面也有较强的执行力。统计显示，多数企业每 1 年、3 年或 5 年编制一次两化融合总体规划，其中 36.5% 的企业每 5 年编制一次总体规划，38.4% 的企业每 1 年和 3 年编制一次总体规划。企业两化融合规划落实情况如图 17-1 所示。

在信息化组织方面，大部分企业已充分认识到专职信息化组织是钢铁企业快速发展中不可或缺的重要部分。超过一半的企业已将信息化管理组织纳入企业管理变革与创新的体系中来，部分企业建立了数字化研究院等部门。在信息化管理制度方面，90% 以上的企业制定了信息系统运行维护管理制度和信息系统安全管理制度，尤其信息系统运行维护管理制度建立达到了全覆盖。企业信息化管理制度情况如图 17-2 所示。

（二）企业信息化资金投入及基础设施建设情况

统计显示，近三年，企业在信息化和自动化的建设及运维方面的资金投入总体呈上升趋势。企业越来越重视智能化、无人化工作，近三年在智能化建设的资金投

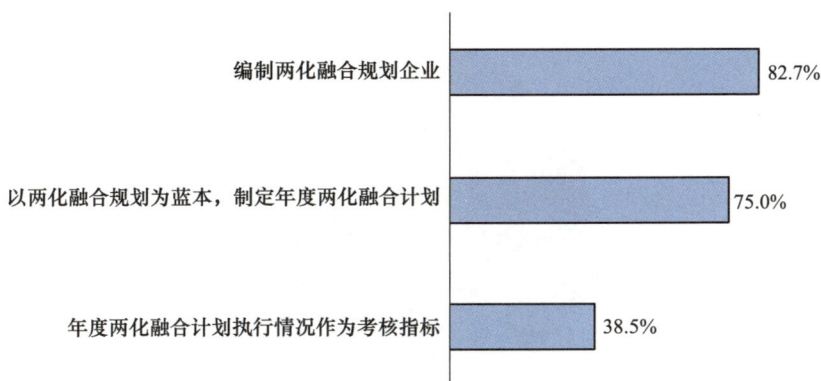

图 17-1　企业两化融合规划落实情况

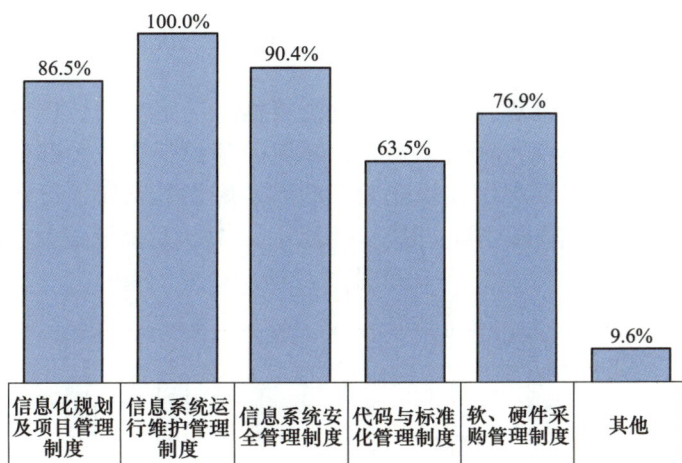

图 17-2　企业信息化管理制度情况

入逐年增加超 5%。

在 IT 基础设施架构方面，约 50%的企业开始将 IT 基础架构从传统物理架构向虚拟化、云计算架构迁移；基于物联网、4G 等无线传输技术在移动方面的应用较去年有所提高，但 5G 技术场景应用仍处于起步阶段，部分企业开始或已经部署了 5G 基站。在网络安全、信息安全、应急预案等方面，其相应机制和手段基本健全，超六成的企业建立并较好执行了信息安全管理机制。企业信息安全管理机制建立情况如图 17-3 所示。

（三）企业生产经营管理系统情况

统计显示，车间级制造执行管理信息系统（MES）已普及，近 90%的企业已建立 MES，但产线覆盖率及业务覆盖面不高。从业务覆盖面上看，仓库管理业务的覆

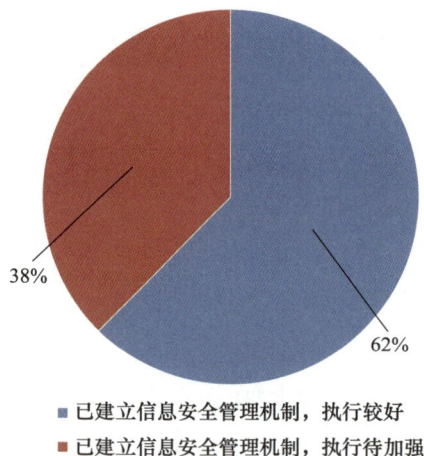

38%

62%

■ 已建立信息安全管理机制，执行较好
■ 已建立信息安全管理机制，执行待加强

图 17-3　企业信息安全管理机制建立情况

盖情况最好，达 94%。司磅称量数据、检化验数据自动采集的比例有显著提升，提高了数据的准确性和可信度，降低了人为和环境因素的干扰。大部分企业采用的工业机器人等智能设备，主要集中在检化验、精整、炼铁等工序，行业整体应用量明显上升。生产管理信息化覆盖情况如图 17-4 所示，MES 系统覆盖业务情况如图 17-5 所示，工业机器人应用情况如图 17-6 和图 17-7 所示。

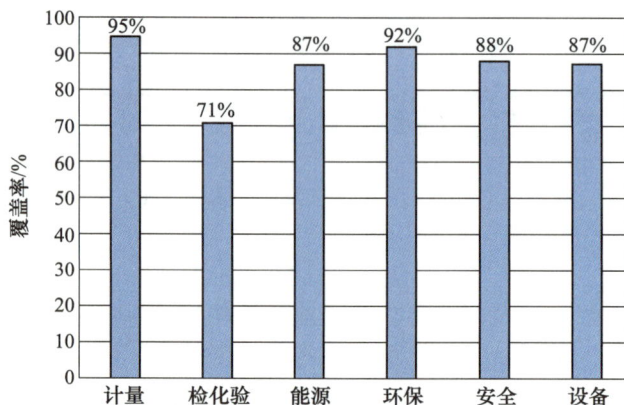

图 17-4　生产管理信息化覆盖情况

　　钢铁企业作为能源消耗大户，提高能源利用率降低能源成本始终是企业追求目标。统计显示，建设了能源管理系统的企业比例为 96%，比例有所提高；能源实时监控、生产/消耗实绩管理业务的覆盖面最好，能源质量管理业务的覆盖面最差（图 17-8）。所有企业已建设了环保监测管理系统，环保监视和数据采集业务的覆盖面最好，环保信息发布业务的覆盖面最差（图 17-9）。总体来看，企业对于能源管理越来

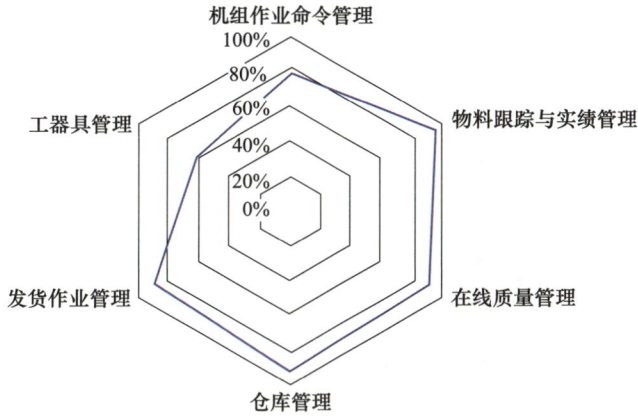

图 17-5　MES 系统覆盖业务情况

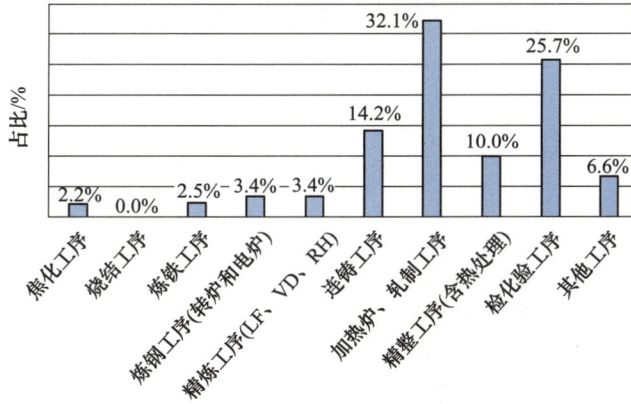

图 17-6　工业机器人在各工序应用占比情况

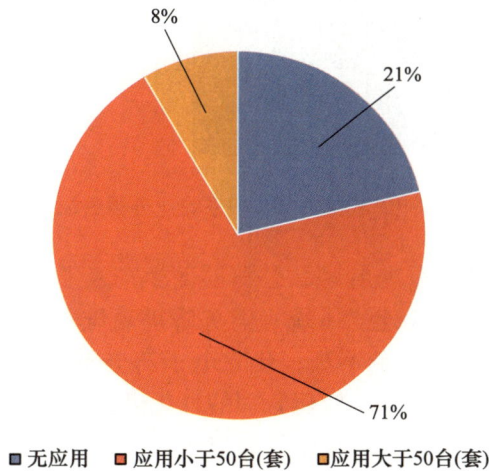

■ 无应用　■ 应用小于50台(套)　■ 应用大于50台(套)

图 17-7　企业应用工业机器人情况

越重视，能源管理信息化应用呈上升趋势，但能源质量方面的信息化管理还有较大欠缺，在环保信息发布方面还需进一步加强。

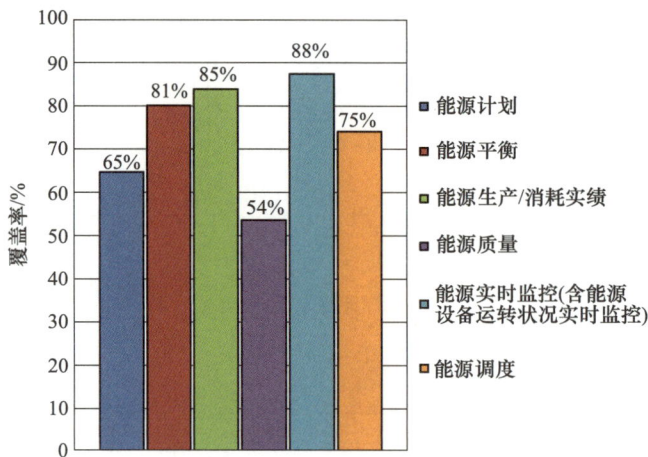

图 17-8　能源管理系统业务覆盖情况

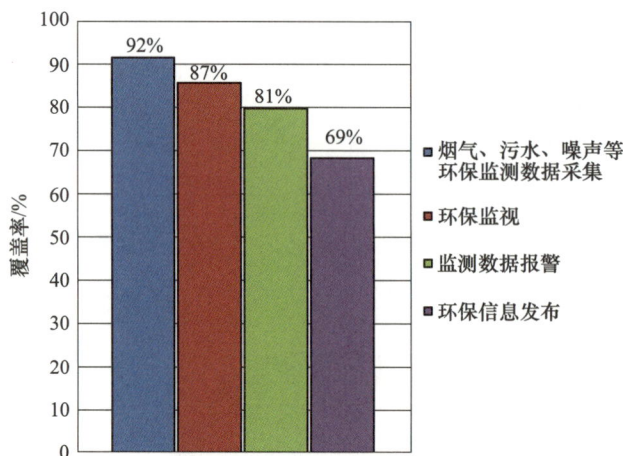

图 17-9　环保监测管理系统业务覆盖情况

经营管理方面，企业的采购管理、公司层面生产及质量管理、销售管理等信息系统已基本建成；大部分企业建立了统一财务管理系统，但预算管理比较薄弱；建设工程项目管理系统的企业比例不高；建立电子商务平台的企业较去年有所提升；大部分企业建设了数据分析系统。经营管理信息化覆盖情况如图 17-10 所示，企业财务系统覆盖情况如图 17-11 所示，财务系统与业务系统的衔接情况如图 17-12 所示，企业制造执行系统与企业资源计划系统集成度情况如图 17-13 所示。

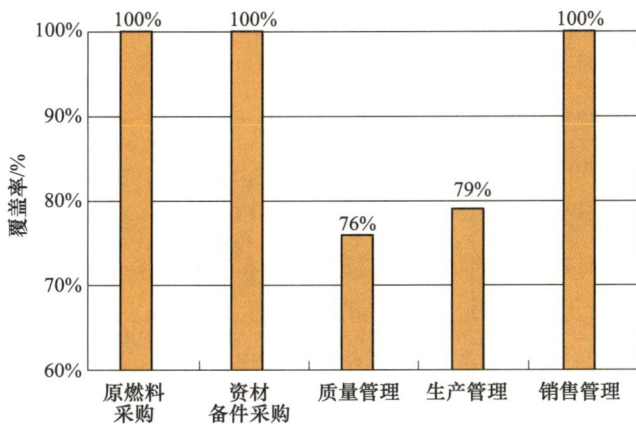

图 17-10　经营管理信息化覆盖情况

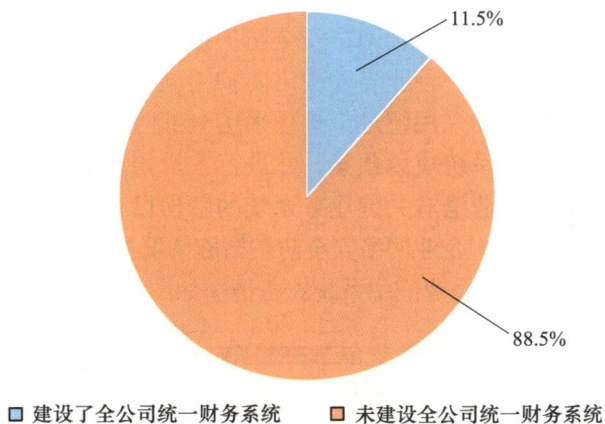

■ 建设了全公司统一财务系统　■ 未建设全公司统一财务系统

图 17-11　企业财务系统覆盖情况

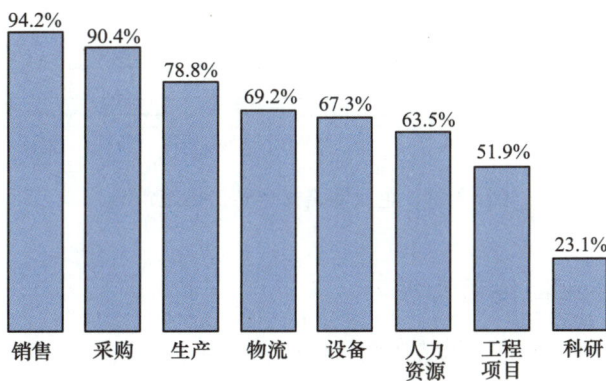

图 17-12　财务系统与业务系统的衔接情况

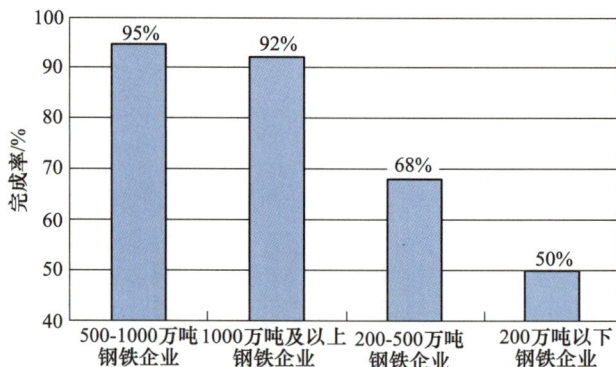

图 17-13　企业制造执行系统与企业资源计划系统集成度情况

（四）企业信息安全情况

网络安全方面，企业在采用多种网络安全防护措施方面均有不同程度的提高。统计企业中，所有企业均采取了一种或多种网络防护措施，除采用数据加密传输措施一项占比较低，其余防护措施均采用超过 70%，采用全部防护措施的企业占比达到了三分之一；企业中已制定信息系统应急预案，并进行人员培训和定期演练的占比超过九成。数据安全方面，钢铁行业里对关键业务系统的备份已普遍采用，尤其是生产管理系统的异地备份超过了 50%。企业网络安全防护措施情况如图 17-14 所示，企业应用系统备份情况如图 17-15 所示，企业应用系统灾备情况如图 17-16 所示。

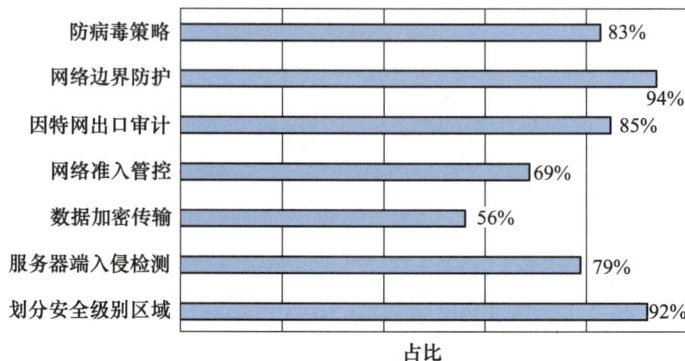

图 17-14　企业网络安全防护措施情况

（五）企业产业链协同情况

随着工业互联网的推广，以韶钢为代表，掀起了钢铁行业新一轮高效、智能集控中心的建设浪潮。统计显示，建设的企业级生产管控中心，大多集中在生产、能源、安全、环保等一体化监控与调度管理。有超过半数企业开展了客户协同信息化

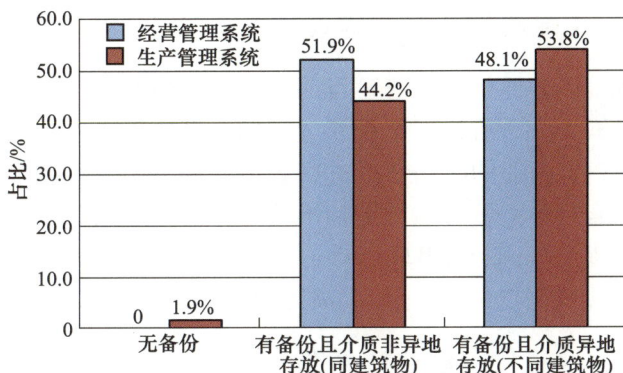

图 17-15　企业应用系统备份情况

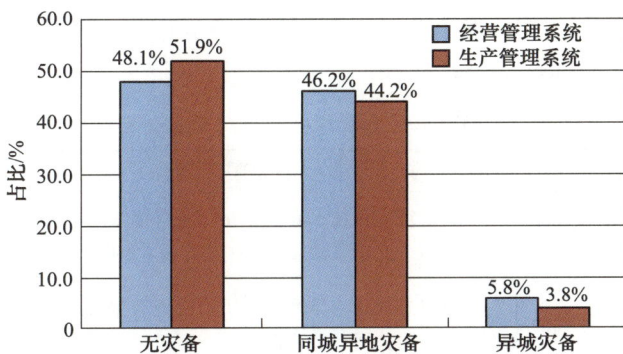

图 17-16　企业应用系统灾备情况

工作，主要在订货、生产计划和物流配送等方面。对于大数据及 AI 技术应用，目前主要集中在识别与跟踪、空间定位，制造模型应用、智能检测，以及智能排产、经营分析等方面，总体呈现上升趋势。生产管控中心建立与应用情况如图 17-17 所示。

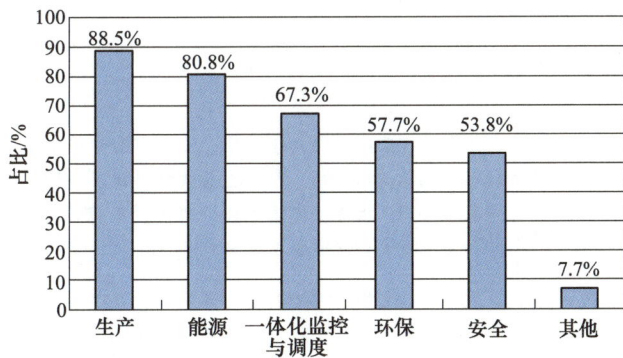

图 17-17　生产管控中心建立与应用情况

（六）行业智能制造标准体系建设情况

为充分发挥标准引导性作用，指导当前和未来一段时间钢铁行业智能制造标准化工作，解决标准缺失、滞后、交叉重复等问题，钢协牵头组织团队对智能制造相关政策、新技术在钢铁行业的应用情况进行了调研和分析，并相继成立了钢铁行业智能制造标准化专家组和钢铁智能制造标准化工作组，组织编制了《钢铁行业智能制造标准体系建设指南》。截至 2021 年 5 月底，钢协共发布钢铁行业智能制造标准编制计划项目 68 项，其中 66 项团标，2 项行标。

二、钢铁企业信息化自动化成果简介

2020 年，荣获中国钢铁工业协会、中国金属学会冶金科学技术奖、冶金企业管理现代化创新成果中信息化自动化项目共计 55 项，其中：冶金科学技术奖一等 4 项、二等 6 项、三等 11 项；冶金企业管理现代化创新成果一等 6 项、二等 11 项、三等 17 项，见表 17-1 和表 17-2。

表 17-1　2020 年冶金科学技术奖（信息化自动化）

项目名称	主要完成单位	等级
柔性化 45m/s 高速棒材关键技术与装备的开发及应用	中冶京诚工程技术有限公司、北京京诚瑞信长材工程技术有限公司、北京京诚瑞达电气工程技术有限公司	一等
面向多品规高精度轧制的 CSP 过程控制系统关键技术	北京科技大学、马钢（集团）控股有限公司、湖南华菱涟源钢铁有限公司、邯郸钢铁集团有限责任公司、内蒙古包钢钢联股份有限公司、北京科技大学设计研究院有限公司	一等
超低能耗长寿型点火保温技术及装备的研发与应用	中冶长天国际工程有限责任公司、中南大学、宝山钢铁股份有限公司	一等
基于深度学习的热轧带钢表面在线检测与质量评级	北京科技大学、山西太钢不锈钢股份有限公司、马钢（集团）控股有限公司、甘肃酒钢集团宏兴钢铁有限责任公司、北京科技大学设计研究院有限公司	一等
长距离铁精矿输送管道在线环保除垢关键技术与装备研究	包头钢铁（集团）有限责任公司	二等
新型绿色高效大容积焦炉装备技术研制及应用	山东钢铁集团日照有限公司、山东省冶金设计院股份有限公司、保尔沃特公司、安徽工业大学、武汉方特工业设备技术有限公司、大连华锐重工焦炉车辆设备有限公司、中唯炼焦技术国家工程研究中心有限责任公司	二等
新一代连铸二次冷却及可控压下关键技术	北京科技大学、鞍钢股份有限公司、五矿营口中板有限责任公司、柳州钢铁股份有限公司、唐山不锈钢有限公司	二等
大型高炉基于数字模型精准高效绿色建造成套技术	中冶天工集团有限公司	二等

项目名称	主要完成单位	等级
新一代钢铁流程智能制造研究与应用	山东钢铁集团日照有限公司、山东钢铁集团有限公司、山信软件股份有限公司、上海宝信软件股份有限公司	二等
3500mm 炉卷轧机高精度轧制过程控制技术研究及应用	安阳钢铁股份有限公司、上海优控科技有限公司	二等
攀西地区露天矿山边坡安全监测与云平台远程预警关键技术研究	攀钢集团有限公司、中国安全生产科学研究院	三等
基于智能化的炼钢关键工艺精细控制技术开发与应用	邯郸钢铁集团有限责任公司	三等
高质量连铸坯生产装备及工艺技术研究	武汉钢铁有限公司、中冶南方连铸技术工程有限责任公司、武汉科技大学	三等
连铸大包自动浇钢技术开发与应用	广东韶钢松山股份有限公司、湖南镭目科技有限公司	三等
炼钢-连铸全流程智能制造技术开发与应用	莱芜钢铁集团银山型钢有限公司	三等
基于 5G 的机器视觉带钢表面检测平台研发与应用	鞍钢集团自动化有限公司、鞍钢集团北京研究院有限公司、中国移动通信集团辽宁有限公司	三等
基于数据流式计算的钢铁企业智能协同调度执行系统	昆明钢铁控股有限公司、云南昆钢电子信息科技有限公司、武钢集团昆明钢铁股份有限公司	三等
钢铁冶金质量大数据分析云服务平台	飞马智科信息技术股份有限公司、安徽工业大学、安徽祥云科技有限公司	三等
首钢股份公司—冷轧磨辊间智能化系统研究与应用	北京首钢自动化信息技术有限公司、北京首钢股份有限公司	三等
高炉大修三电快速施工方法	上海宝冶集团有限公司	三等
LOMAS 自动炼钢系统工艺优化研究	唐山钢铁集团有限责任公司	三等

表 17-2　2020 年冶金企业管理现代化创新成果（信息化自动化）

项目名称	完成单位	等级
基于工业互联网的数字化运营体系建设	南京钢铁股份有限公司	一等
热轧智能车间的决策与运维管理	宝山钢铁股份有限公司	一等
物联云商平台构建与实施	福建三钢闽光股份有限公司	一等
大型露天矿山智能运营的探索与实践	包头钢铁（集团）有限责任公司	一等
钢铁企业电工钢智能工厂管理探索与实践	北京首钢股份有限公司	一等

续表 17-2

项 目 名 称	完成单位	等级
基于全寿命周期的运营改善项目的系统设计与推进	山东钢铁股份有限公司	一等
企业集团基于战略转型的信息化项目群管理体系构建与实施	首钢集团有限公司	二等
基于工业互联网的钢铁产业链协同发展体系的构建与实施	河钢集团有限公司	二等
构建高效、协同、平安、智慧城市工厂的实践与探索	内蒙古包钢金属制造有限责任公司	二等
基于大数据的特钢质量全流程管理应用实践	大冶特殊钢有限公司	二等
基于"5G+大数据"技术的钢铁企业智慧工厂建设	湖南华菱湘潭钢铁有限公司	二等
安全数字地图精细化管理工具建设与应用	抚顺新钢铁有限责任公司	二等
"互联网+"实现水泥进出厂物流智慧管理的创新实践	云南水泥建材集团有限公司、云南昆钢电子信息科技有限公司	二等
大数据智能化系统在国有企业领导班子和领导人员差异化多维度考核评价体系中运用	鞍钢集团矿业有限公司	二等
基于人工智能的钢铁业一体化供应链管理新模式探索与实践	长春宝钢钢材贸易有限公司	二等
基于用户个性化需求的智慧仓配一体化管理	南京钢铁股份有限公司	二等
钢铁企业"互联网+廉政交易"的固体资源增值销售管理	北京首钢股份有限公司	二等
创新体制机制，助推企业智能制造转型升级	昆明钢铁控股有限公司	三等
利用数字化技术提升生产协调管控能力	（河钢集团）唐山钢铁集团有限责任公司	三等
自动化、信息化、智能化在球团生产中的研发与应用	扬州泰富特种材料有限公司	三等
铁水预处理一体化智能集控项目开发与应用	上海梅山钢铁股份有限公司	三等
钢铁行业基于射频识别（RFID）技术的计量大数据集中控制与管理	山东泰山钢铁集团有限公司	三等
基于工业互联网的钢铁深加工生产管理实践	大冶特殊钢有限公司	三等
钢结构生产智能化工厂智云平台	鞍钢钢结构有限公司	三等
基于集中管控的钢企自动化专业管理平台的实施与应用	（河钢集团）唐山钢铁集团有限责任公司	三等
特钢企业炉温测试大数据在质量管理中的应用实践	大冶特殊钢有限公司	三等
钢铁企业以智能制造为目标的三化融合管理创新与实践	（河钢集团）唐山钢铁集团有限责任公司	三等
基于北斗卫星定位技术的物流运输管理系统（TMS）系统（产业）应用与推广	广西柳钢物流有限责任公司	三等

项　目　名　称	完成单位	等级
依托能源管控中心平台实现节能降耗	首钢长治钢铁有限公司	三等
以电子地图为载体的岗位可视化创新管理	凌源钢铁集团有限责任公司	三等
虚拟移动（Tri-C）教育培训网络平台的构建与实施	太原钢铁（集团）有限公司	三等
传统钢铁企业职称评审信息化管理模型的构建与实施	鞍钢集团人力资源服务有限公司	三等
大型钢铁企业电商平台的设计与应用	江苏沙钢集团有限公司	三等
积微物联大数据应用分析平台的构建与运营	成都西部物联集团有限公司	三等

（本章撰写人：符鑫峰，中国钢铁工业协会）

钢铁行业 2020 年大事记

　　1月2日，中国金属学会对钢铁行业绿色制造标准《钢铁行业绿色生产管理评价标准—通则》《绿色园区（工厂）标准》《炼钢绿色生产管理评价团体标准》《炼铁绿色生产管理评价团体标准》《烧结、球团绿色生产管理评价团体标准》向全行业进行了公开征求意见。制订这些标准，有助于更加科学合理地评价不同钢铁企业绿色生产管理水平和企业绿色制造分级，引导钢铁企业有序开展深度治理、节能减排。

　　1月8日，自然资源部发布全国绿色矿山名录的公告（以下简称《公告》），共有953家矿山企业入选。其中，冶金矿山企业100家（含铁矿93家、锰矿1家、钒矿1家、钛矿1家、冶金辅料石灰石矿4家）；辽宁省23家、河北省21家、安徽省11家，3个省共计55家，占55%。《公告》指出，为推动矿业绿色发展，加快绿色矿山建设，按照《自然资源部办公厅关于做好2019年度绿色矿山遴选工作的通知》（自然资办函〔2019〕965号）要求，在企业自评、第三方评估、省级推荐基础上，经实地抽查、材料审核和社会公示，共有555家矿山通过遴选。

　　1月8日，中国钢铁工业协会副会长骆铁军会见到访的必和必拓铁矿全球销售副总裁董立文先生一行。在会见中骆铁军听取了必和必拓新矿区的项目进展情况，并就铁矿石供应及市场趋势、维护公平公正透明的定价机制等方面展开交流。

　　1月10日，中国钢铁工业协会在北京友谊宾馆召开第六次会员大会和六届一次理事会议，进行换届选举。会议选举产生第六届理事会。轮值会长为沈彬、陈德荣、谭成旭、张功焰、于勇，执行会长（常务副会长）兼秘书长何文波，副会长为高祥明、曹志强、侯军、魏栓师、陈继壮、李利剑、丁立国、张兆祥、徐思伟、张少明、张志祥、钱刚、李新创、迟京东、屈秀丽、骆铁军。

　　1月17日，为贯彻落实国家审计署2019年度预算执行审计工作，中国钢铁工业协会组织召开系统内代管单位2019年度审计布置会。钢协副会长屈秀丽出席会议，钢协各代管单位主管财务领导和财务部门负责人，以及钢协财务资产部有关人员共50余人参加。

　　1月17日，中国钢铁工业协会执行会长何文波会见日本铁钢联盟专务理事内山俊一，双方就中日经济形势、中日钢铁行业运行及市场情况、双方协会将来的合作交流以及行业共同关注的问题等方面进行了交流。

1 月 23 日，国家发改委、工信部发布《关于完善钢铁产能置换和项目备案工作的通知》，《通知》称自 2020 年 1 月 24 日起暂停钢铁产能置换和项目备案，开展现有钢铁产能置换项目自查，并计划研究制定钢铁项目备案指导意见，各地区要加强贯彻落实和督促检查。

1 月 26 日，钢铁行业广大企业坚决贯彻落实党中央、国务院重大部署，积极投身到全国抗击新冠肺炎疫情工作当中，踊跃向疫情严重的武汉市、湖北省及企业所在地区捐款捐物。中国宝武最先向武汉市捐款 3000 万元，鞍钢、中国五矿、新兴际华也在第一时间迅速反应，广大民营钢铁企业慷慨解囊，天津荣钢、辽宁方大集团捐款超过亿元。据不完全统计，钢铁企业捐款超过 7 亿元，为共同打赢疫情防控阻击战贡献了力量。

2 月 3 日，中国钢铁工业协会向全行业发出《勠力同心 坚决打赢疫情防控阻击战 倡议书》。2 月 6 日，中国钢铁工业协会向全行业呼吁：凝心聚力 共克时艰 共同维护钢铁行业平稳健康发展。

2 月 21 日，中共中央政治局召开会议，研究新冠肺炎疫情防控工作，部署统筹做好疫情防控和经济社会发展工作。中共中央总书记习近平主持会议。这次会议后，中国钢铁工业协会提出钢铁行业要"两线作战"，成立了以党委书记、执行会长何文波为组长的应对疫情稳定生产工作组，工作组下设行业运行监测小组等 3 个。

2 月 22 日，中国钢铁工业协会通过视频会议召开信息发布会，介绍当前我国钢铁行业运行情况和面临的问题，回应市场关切，呼吁相关各方客观分析市场供需变化，在做好疫情应对工作的同时，采取各种措施，维护钢铁市场稳定。钢协副会长、疫情应对领导小组成员、稳市场工作组组长骆铁军主持会议，介绍钢铁行业运行情况并回答记者提问。中国宝武钢铁集团副总经理张锦刚和沙钢集团常务副总裁陈少慧分别介绍了各自企业在疫情防控期间采取的主要措施和生产经营情况。

2 月 23 日，统筹推进新冠肺炎疫情防控和经济社会发展工作部署会议在北京召开。中共中央总书记、国家主席、中央军委主席习近平出席会议并发表重要讲话。他强调，中华民族历史上经历过很多磨难，但从来没有被压垮过，而是愈挫愈勇，不断在磨难中成长、从磨难中奋起。当前疫情形势依然严峻复杂，防控正处在最吃劲的关键阶段，各级党委和政府要坚定必胜信念，咬紧牙关，继续毫不放松抓紧抓实抓细各项防控工作。要变压力为动力、善于化危为机，有序恢复生产生活秩序，强化"六稳"举措，加大政策调节力度，把我国发展的巨大潜力和强大动能充分释放出来，努力实现今年经济社会发展目标任务。

2 月 25 日，中国钢铁工业协会党委中心组（扩大）组织集中学习，深入学习贯彻习近平总书记的重要讲话精神。钢协党委书记、应对疫情防控工作领导小组组长何文波主持会议，钢协党委中心组全体成员参加学习，机关部门副主任以上党员干部列席学习。

3 月 13 日，中国钢铁工业协会相关负责人与淡水河谷上海办事处通过电话会议就淡水河谷生产运营情况、钢铁和铁矿石市场及新冠肺炎疫情影响等进行了交流。据淡水河谷介绍，目前全公司未出现新冠肺炎病例，疫情未对其运营、物流、销售或财务状况造成任何实质性影响。

3 月 26 日，昆明市东川区对查处的 62.65 吨"地条钢"在昆钢三炼钢厂进行集中销毁。按照国家"地条钢"回收处理的有关规定，这次由昆明市东川区市场监管局牵头，对 2017 年没收的云南龙辉特种钢铸造有限公司和东川区废铁铸造加工厂生产的"地条钢"在昆钢公司进行集中回炉销毁。

3 月 29 日，印尼德信钢铁公司的全面投产。16 点 58 分 1 号高炉流出第一炉铁水；3 月 31 日 9 点 18 分转炉炼出第一炉钢水。这标志着印尼德信钢铁实现了工厂烧结、炼铁、炼钢、轧钢全流程打通和投产。印尼德信钢铁公司是德龙集团在印度尼西亚投资建设的钢铁生产企业。

3 月 29 日，广东省工业和信息化厅印发 2020 年推动落后产能退出工作方案。这是广东省为贯彻落实工业和信息化部等 16 部委《关于利用综合标准依法依规推动落后产能退出的指导意见》（工信部联产业〔2017〕30 号）的要求，依法依规推动广东省落后产能关停退出。工作方案要求，以钢铁、水泥、电解铝、平板玻璃等行业为重点（广东省煤炭行业已整体退出，不再列入），通过完善综合标准体系，严格常态化执法和强制性标准实施，落实部门联动和地方责任，深入推进市场化、法治化、常态化工作机制，促使一批能耗、环保、安全、技术达不到标准和生产不合格产品或淘汰类产能，依法依规关停退出。

3 月 29 日，河北、山西等省份发布相关文件，提出将加强对钢铁等高耗水行业的管理。河北省工信厅、河北省水利厅联合印发的《河北省工业领域节水型企业创建工作实施方案》；山西省水利厅印发《2020 年山西省水利系统节约用水工作要点》。最大限度地节约水资源，提升水资源利用效率，对经济社会发展具有重要的意义。

3 月，广东某钢厂疑因生产"地条钢"被举报。国家有关部委对其进行了查处。

3 月，财政部和税务总局就提高部分产品出口退税率有关事项发布公告，将 1084 项产品出口退税率提高至 13%。公告自 2020 年 3 月 20 日起实施。其中包括钢铁及其钢铁制品产品 122 项。

4 月 10 日，山西省在太原市召开新闻发布会，对外公布改善空气质量的思路：减焦、治钢、控车、禁煤。

5 月 4 日，根据 2019 年的营业收入排名，东方财富网发布了中国上市公司 500 强榜单。数据显示，中国上市公司 500 强（营收）2019 年营收合计达到 52.1 万亿元，占上市公司总营收比例近 80%。在钢铁行业中，共有 23 家上市公司进入 2019 年中国上市公司营收 500 强榜单。

5 月，中国宝武钢铁集团下属宝钢股份与澳大利亚力拓集团完成了首单利用区块链技术实现的人民币跨境结算，总金额为 1 亿多元。这是宝钢股份继 2019 年 1 月和 4 月分别与巴西淡水河谷、澳大利亚必和必拓完成首单人民币跨境结算后的又一新进展。至此，中国宝武与全球三大铁矿石供应商之间都已经实现了铁矿石交易的人民币跨境结算。

5 月 12 日，中共中央总书记习近平考察太钢不锈钢精密带钢有限公司。他走进生产车间了解企业防疫抗疫和生产运行情况，同工人们亲切交谈，叮嘱他们不要麻痹松懈，切实抓好各项防控措施，保持零感染。习近平指出，全国防疫工作进入新阶段，要在继续抓好各项防控措施的前提下，更好复工复产，做到安全生产、健康生产，力争把损失降到最低，努力完成今年的目标任务，为实现"两个一百年"奋斗目标作出贡献。太钢党委书记、董事长高祥明等陪同。

注：太钢不锈钢精密带钢有限公司成立于 2008 年 8 月，位于山西转型综合改革示范区。其主要产品是厚度 0.02 毫米至 0.5 毫米、宽度 3 毫米至 650 毫米的高强度不锈钢精密带钢，年产量 2 万吨。其中，宽幅精密带钢箔材（厚度 0.02 毫米，宽 640 毫米）在 2018 年研制成功，成为世界首创。因其厚度不到头发直径的 1/3、比 A4 纸还要薄、可以用手轻易撕开，被形象地称为"手撕钢"。此前，同类产品只有少数国家可以生产，且宽度不足 400 毫米。"手撕钢"具有极高的产品附加值，被广泛应用于折叠屏手机、柔性显示屏、储能电池等项目。

5 月 15 日，生态环境部在例行发布会上宣布："2019 年推动全国 222 家钢铁企业启动超低排放改造。2020 年是打赢蓝天保卫战决胜之年。将会同各地、各有关部门，深入贯彻落实党中央关于打赢蓝天保卫战的决策部署，坚持方向不变、力度不减。"并表示要全力推动钢企超低排放改造等工程。同时"十四五"大气污染防治专项规划的编制工作已启动。

5 月 18 日，根据《钢铁行业规范条件（2015 年修订）》和《钢铁行业规范企业管理办法》，工业和信息化部持续开展钢铁规范企业动态调整工作。经企业自查、地方工业主管部门初审、专家核实和网上公示等程序，对符合《钢铁行业规范条件》企业名单（第五批）、撤销钢铁行业规范公告的企业名单、需整改的钢铁行业规范企业名单、变更钢铁行业规范公告装备的企业名单、变更钢铁行业规范公告名称的企业名单予以公告。

5 月 20 日，海关总署发布《关于调整进口铁矿检验监管方式的公告》（2020 年第 69 号）。《公告》决定对进口铁矿品质检验监管方式进行优化。主要是将现行由海关对进口铁矿逐批实施抽样品质检验调整为依企业申请实施；必要时，海关实施监督检验、开展有毒有害元素含量监测。《公告》自 2020 年 6 月 1 日起施行。

5 月，在全国"两会"上，全国政协委员、中国钢铁工业协会执行会长何文波建议，将钢铁行业移出"两高一资"目录。该建议得到社会的广泛认同。

注：2005 年在《国民经济和社会发展第十一个五年规划纲要》中提出："控制高耗能、高污染和资源性产品出口⋯⋯促进国内产业升级。"自此开始，"高耗能、

高污染和资源性"被称为"两高一资"，具有这三种特点的行业被称为"两高一资"行业，在生产过程中具有这三种特点的产品被称为"两高一资"产品。钢铁行业及钢铁产品就这样被归为"两高一资"行业及产品。

5月31日-6月1日，中国钢铁工业协会党委书记、执行会长何文波赴包钢集团考察调研，同期出席纪念乌兰夫副总理为包钢出钢剪彩60周年座谈会。在包钢稀土研究院，包钢集团公司党委书记、董事长魏栓师向何文波介绍了稀土产业发展历程，重点就包钢稀土资源的开发利用、生产工艺、科技创新、产业延伸、市场前景以及稀土产品成果应用等进行了交流。

6月2日，中国钢铁工业协会召开副秘书长以上人员会议，研究近期协会重点工作。轮值会长、沙钢集团党委书记沈彬到会并讲话，在肯定协会近期工作的同时，对下一步工作提出了要求。钢协党委书记、执行会长何文波主持会议，副会长迟京东、屈秀丽、骆铁军等分别就各自主管工作进行了汇报。

6月8日，国家审计署企业审计一局局长朱登云一行到中国钢铁工业协会进行工作座谈。钢协党委书记、执行会长何文波介绍了钢协的基本情况，并就钢铁行业运行情况及面临的困难和问题进行交流。钢协副会长屈秀丽、副秘书长苏长永等参加座谈。

6月9日，中国钢铁工业协会党委书记、执行会长何文波同力拓集团首席执行官夏杰思等举行视频会议，并就当前经济形势、钢铁行业运行情况、铁矿石定价机制改进等进行了亲切、坦诚、深入的交流。据介绍，力拓集团采取了积极有效措施应对疫情和恶劣天气等，确保西澳铁矿生产保持平稳运行，预计全年发运量3.24亿-3.34亿吨，同比略有提高。钢协副会长骆铁军，副秘书长王颖生、苏长永，专务理事鲁兆明等参加会谈。

6月9日，中国钢铁工业协会副会长骆铁军会见必和必拓集团中国区总裁王跃奎一行。双方就铁矿石钢铁市场供需情况、改进铁矿石定价机制、支持铁矿石现货交易平台发展等进行了亲切、友好的交流。据介绍，必和必拓采取积极有效措施应对疫情等影响，本财年铁矿石发运量将超过2.8亿吨，创历史最好水平。钢协副秘书长王颖生、苏长永等参加了会谈。

6月11日，中国钢铁工业协会党委书记、执行会长何文波同FMG集团首席执行官伊丽莎白·甘恩丝等举行视频会议，并就当前经济形势、钢铁行业运行情况、铁矿石定价机制改进等进行了亲切、坦诚的交流。据介绍，FMG集团积极采取措施应对疫情确保员工健康和生产平稳进行，预计全年发运量将达到1.75亿-1.77亿吨，高于上一财年的1.67亿吨。

6月11日，工信部制定《焦化行业规范条件》并予以公告。这为进一步加快焦化行业转型升级，促进焦化行业技术进步，提升资源综合利用率和节能环保水平，推动焦化行业高质量发展发挥了作用。

6月12日，国家发展改革委、工业和信息化部、国家能源局、财政部、人力资源社会保障部、国务院国资委联合发布《关于做好 2020 年重点领域化解过剩产能工作的通知》，再度对煤炭、煤电、钢铁等领域提出化解产能过剩的新要求。《通知》指出，尚未完成"十三五"去产能目标的地区和中央企业，要确保去产能任务在 2020 年底前全面完成。

6 月 14 日，新华社电讯，山西深入推进产业结构调整，2020 年全面实现钢铁行业超低排放。山西省工信厅和山西省生态环境厅印发《山西省钢铁行业超低排放 2020 年决战计划》，要求全省各有关部门要精准对标钢铁行业超低排放目标任务，以京津冀及周边地区 4 市、汾渭平原 4 市和太原及周边重点区域为主战场，深入推进产业结构调整，全面实现钢铁行业超低排放。

6 月 30 日，中国钢铁工业协会党委书记、执行会长何文波同淡水河谷公司首席执行官柏安铎、黑色金属业务执行官司马盛等举行视频会议。就当前经济形势、钢铁行业运行情况、铁矿石定价机制改进、进一步加强钢厂与矿山企业合作等进行了亲切、坦诚的交流。钢协副会长骆铁军等参加会谈。

据介绍，淡水河谷为疫情防控采取了各种必要措施保障正常生产经营和职工健康安全，全年产量 3.1 亿-3.3 亿吨的目标不变，2022 年具备 4 亿吨生产能力目标不变。

6 月，根据工信部公布，1-5 月份，钢铁行业逐渐摆脱疫情影响，生产销售基本恢复正常，整体保持平稳运行态势。受钢材价格下跌和进口铁矿石价格上涨双重挤压影响，全行业经济效益出现较大滑坡。

6 月，发改委、工信部、财政部等部门联合印发通知，强调进一步做好重点领域去产能工作，全面巩固去产能成果。对尚未完成"十三五"去产能目标的地区和中央企业，要确保去产能任务在 2020 年底前全面完成。国家有关部门将继续开展巩固钢铁煤炭去产能成果专项督查抽查，坚决防止已经退出的项目死灰复燃。

7 月 1 日，在中国共产党成立 99 周年之际，中国钢铁工业协会党委隆重召开创先争优暨抗击疫情表彰大会，对最近两年来在创先争优活动和疫情防控工作中涌现出的先进集体和先进个人进行表彰。

钢协党委书记、执行会长何文波，党委委员、副会长迟京东，党委委员、副会长屈秀丽，副会长骆铁军出席会议。按照疫情防控要求，大会采取现场会议和视频会议相结合的形式举行。迟京东主持会议。钢协党委对 6 个先进基层党组织、8 个抗疫先进集体、22 名优秀共产党员、11 名优秀党务工作者和 22 名抗疫先进个人进行了表彰。5 名获奖代表作交流发言。会议还举行了新党员宣誓仪式。钢协党委号召各级党组织、广大党员干部职工，向受到表彰的先进集体和先进个人学习，把创先争优推向更广的范围、更深的领域，在创先争优中不断取得新的更大的成绩。

7 月 2 日，中国钢铁工业协会党委书记、执行会长何文波同世界钢协总干事巴松，市场研究部部长、首席经济学家韩来希等举行视频会议。双方就疫情对当前经济和钢铁行业的中长期影响、全球钢铁行业面临的共同问题、绿色发展与智能制造、两协会今后重点合作领域等议题进行了交流。

7月9-14日，由中国钢铁工业协会、中国就业培训技术指导中心、中国机械建材冶金工会、共青团中央青年发展部联合举办，河钢集团承办的国家级二类竞赛"河钢杯"第十届全国钢铁行业职业技能竞赛举办《竞赛大纲》审定会。会议的召开，为下一步制订《竞赛规程和实操细则》，指导各参赛企业选手备战练习提供了重要的指导和依据。

7月10日，中国钢铁工业协会召开上半年部分钢铁企业经营座谈视频会议。钢协党委书记、执行会长何文波主持会议，副会长屈秀丽，相关业务部门负责人，以及22家重点会员企业主管经营工作的负责人参加会议。会议分析了钢铁企业上半年生产经营情况和行业运行遇到的困难和问题，研讨后期市场走势并提出对策建议。屈秀丽介绍了上半年钢铁行业运行情况，首钢、鞍钢、沙钢、中国宝武、中信泰富特钢、福建三钢、酒钢、中天钢铁等8家钢铁企业领导介绍了上半年生产经营情况和面临的主要问题，分析判断了下半年市场走势，并有针对性地提出了对策建议。

何文波作会议总结。他强调，新冠肺炎疫情发生以来，钢铁行业运行主要分为三个阶段：一是"保安全"阶段，全面开展疫情防控工作。针对物流受阻、人员流动受限等困难，钢协提出"控疫情、强保障、保安全、稳经营"12字工作方针，呼吁全行业坚定信心，共克时艰，全力以赴打赢疫情防控阻击战。二是"稳经营"阶段，集中精力推动复工复产。全行业关注的重点从生产端转向需求端，全面跟踪下游产业复产进度和产业链的变化，满足国民经济恢复对钢铁的需求。三是"谋发展"阶段，坚定不移推动高质量发展。在国内疫情防控常态化和境外疫情形势严峻复杂的背景下，面对国家对冲疫情影响的政策措施显现成效、钢材消费逐步恢复，我们要用辩证长远的眼光看问题，保持战略定力，持续推动行业高质量发展。

7月14日，财政部资产管理司副司长黄秉华、国资委管理局一级巡视员张丽，以及财政部资产管理司、国资委管理局、中国工业经济联合会等有关人员，到中国钢铁工业协会进行调研座谈。钢协副会长屈秀丽、副秘书长苏长永等参加座谈会。屈秀丽就钢协开展的主要工作、政府购买服务、国有企业布局与结构调整等有关调研内容做了工作汇报。黄秉华充分肯定了钢协在行业中的地位和取得的成绩，是协助政府开展行业工作的重要参谋和助手，他希望钢协能进一步加强与政府部门的沟通交流和合作，在钢铁行业国有企业布局和结构调整方面提出意见和建议。张丽表示，国资委管理局会继续支持行业协会的相关工作，将在政府购买服务等方面进一步加强研究，为行业协会开展工作做好财务保障。同时也希望财政部能继续支持行业协会开展经济运行分析、国有企业布局研究等工作。

7月15日，中国钢铁工业协会党委书记、执行会长何文波同安赛乐米塔尔集团董事长兼首席执行官拉克什米·米塔尔，集团执行副总裁布莱恩·艾雷诺，集团副总裁戴维·克拉克，集团副总裁、中国及印度区总经理桑杰·夏玛等举行视频会议。双方就疫情对当前经济和钢铁行业的影响、钢铁产能、低碳绿色发展、铁矿石原料保障、兼并重组等议题交换了意见，并就如何加强合作应对全球共同问题和挑战进行了交流。钢协副会长骆铁军等参加了会谈。

7 月 16 日，工信部和自然资源部公布 2020 年度稀土开采、冶炼分离总量控制指标，分别为 140000 吨、135000 吨，上述指标均含已下达的第一批指标。

7 月 16 日，中国钢铁工业协会党委书记、执行会长何文波同日本制铁社长、日本铁钢联盟会长桥本英二举行视频会议，就当前经济形势、钢铁行业运行情况、疫情对钢铁行业的影响、低碳绿色发展、产能问题、原料保障、低碳冶金技术开发等议题进行了亲切、坦诚的交流。钢协副会长骆铁军等参加会谈。

7 月 20 日下午，工信部原材料工业司一级巡视员吕桂新一行就铁矿石专题到中国钢铁工业协会进行调研。副会长骆铁军就钢协在保障铁矿石供给、促进铁矿石市场稳定和优化定价机制等方面开展的工作做了汇报。吕桂新巡视员充分肯定了钢协所做的工作。他指出，近期铁矿石价格走势已偏离基本面，需要综合施策，标本兼治，从短期和中长期出发，谋划铁矿石资源保障。

7 月 29 日，全国政协委员，中国钢铁工业协会党委书记、执行会长何文波到南京钢铁集团公司调研。南钢党委书记、董事长黄一新介绍南钢的情况，并陪同参观了生产现场。

7 月 31 日，中国钢铁工业协会六届二次理事（扩大）会议在江苏省张家港市召开。会议提出，在"十三五"和"十四五"交替的重要时间节点上，要继续坚持创新引领发展第一动力不动摇，坚持深化供给侧结构性改革，通过实施科技创新驱动发展战略，全面推进钢铁工业高质量发展。全行业要聚焦一个根本任务，全面提升产业基础和产业链水平；坚持两大发展主题，加速推进绿色发展和智能制造；着重解决行业三大痛点，控产能扩张、促产业集中、保资源安全；持续推进中国钢铁国际化进程。中国钢铁工业协会会长沈彬，党委书记、执行会长何文波，副会长侯军、李利剑、丁立国、徐思伟、张少明、钱刚、屈秀丽、李新创、骆铁军出席此次会议。会议由骆铁军主持。会议通过选举屈秀丽副会长兼任秘书长。

8 月 5 日，国家发展改革委、工业和信息化部联合召开 2020 年全国化解钢铁过剩产能工作视频会议。会议就 2020 年钢铁行业深入推进供给侧结构性改革、化解过剩产能工作进行了部署。会议强调，各有关地方要按照《2020 年钢铁化解过剩产能工作要点》工作部署，抓好任务落实，切实巩固化解钢铁过剩产能成果。要进一步提高思想认识，切实落实主体责任，坚决完成各项任务，认真做好相关工作。

8 月 5 日，工信部印发《工业企业节能诊断服务指南（2020 年版）》。为落实《工业节能诊断服务行动计划》，加快推进工业节能诊断服务工作，进一步规范工业节能诊断服务标准和提升服务质量，工信部节能与综合利用司组织修订了《工业企业节能诊断服务指南》，编制了钢铁、水泥、电子、纺织、食品、造纸等 6 个重点行业节能诊断服务指南。

8 月 6 日，据路透社消息，欧盟执委会表示，已扩大对进口中国耐腐蚀钢产品征收反倾销税的范围，以阻止钢铁生产商通过略微修改出口材料来逃避现行关税。

8月7日，中国钢铁工业协会和大连商品交易所组织部分钢铁企业召开铁矿石期货交割便利化专题会，就进一步扩大交割资源进行交流。专题会指出，大连商品交易所在已有品牌交割制度的基础上，计划分批增加符合交割标准、市场普遍接受的部分矿种交割品牌，同时鼓励和支持现有国产矿品牌参与交割，进一步增加交割厂库数，推动国内龙头钢铁企业成为铁矿石贸易商厂库，深度参与铁矿石期货交易交割；中国钢铁工业协会将充分征求钢铁企业和铁矿石期货市场参与者的意见，向大连商品交易所提出要适时调升贴水，以便铁矿石期货价格贴近市场变化。专题会强调，要通过上述系列举措，提高交割便利化，使铁矿石期货市场进一步贴近现货市场，让期货充分发挥功能，更好地服务钢铁产业。

8月13日，中国钢铁工业协会党委书记、执行会长何文波同罗伊山公司首席执行官巴瑞·菲茨杰拉德等举行视频会议，就当前经济形势、钢铁行业运行情况、铁矿石定价机制改进、进一步加强钢厂与矿山企业合作等进行了亲切、友好的交流。

8月13日，中国钢铁工业协会党委书记、执行会长何文波在钢协会见了浦项中国董事长兼总经理吴亨洙，就当前经济形势、钢铁行业运行情况、疫情对钢铁行业的影响及加强节能环保、原料保障、低碳冶金技术开发合作和钢铁产品贸易问题磋商等进行了亲切、坦诚、友好的交流。

8月14日，大连商品交易所发布《关于增加铁矿石期货可交割品牌等有关事项的通知》。通知指出，根据《大连商品交易所铁矿石期货业务细则》，经研究决定，增加杨迪粉和卡拉拉精粉为可交割矿种，杨迪粉和卡拉拉精粉品牌升贴水分别为25元/吨和85元/吨。以上自发布之日起，在L2009及以后合约实施。

8月18日，河北省生态环境厅表示，2018-2020年7月，河北省共退出钢铁产能4757.4万吨、水泥产能647.4万吨、关停平板玻璃产能2310万重量箱。同时表示2020年10月底前，河北省钢铁、水泥、平板玻璃、陶瓷等行业具备改造条件的企业将全部完成超低排放改造，年底前基本淘汰无治理设施或不能稳定达标排放的工业炉窑，并加强臭氧前体物排放控制。

8月19日，中共中央总书记习近平考察中国宝武马钢集团优质合金棒材车间。习近平总书记冒着高温察看生产运行情况，并同劳动模范、工人代表亲切交流。他指出，在抗击新冠肺炎疫情过程中，马钢较早复工复产，实现了产量、营销收入同比双升，展现了国有经济的强大韧性。他勉励马钢在长三角一体化发展中把握机遇、顺势而上，特别是要把自身改革发展同长三角一体化发展有机结合衔接，力争在长三角一体化发展中不断发展壮大自己，也为长三角一体化发展作出自己的贡献。马钢集团党委书记、董事长魏尧等陪同。

8月21日，以"创新驱动不锈钢产业高质量发展"为主题的"中国·宁德不锈钢新材料研讨会"在福建省宁德市召开。中国钢铁工业协会副会长兼秘书长屈秀丽出席会议并致辞。她强调，钢铁新材料是国家发展战略新兴产业的重要内容。加快培育和发展钢铁新材料产业，对于促进传统产业转型升级、构建国际竞争新优势具有重要战略意义。屈秀丽还作了题为《中国钢铁工业发展形势与展望》的主题报告。

本次会议由福建省宁德市人民政府、福建省工业和信息化厅、中国钢铁工业协会共同主办。宁德市委书记郭锡文、福建省工业和信息化厅副厅长吴添富、青山实业董事局主席项光达等出席会议并致辞。宁德市市长梁伟新主持大会开幕式。来自政府部门、科研院所、行业协会、相关企业等领域 100 余名代表参加会议。会议发布了中国钢铁工业协会 QN 系列不锈钢团体标准。

8 月 25 日，由中国钢铁工业协会主办，中国一重集团有限公司承办，中国冶金报社协办的"2020 年高质量发展·装备与钢铁同行——冶金先进技术装备创新推进会"在齐齐哈尔召开。此次会议以"强化自主能力，赋能钢铁强国"为主题，旨在通过聚焦钢铁冶金先进技术装备发展与需求，厘清钢铁冶金先进技术装备的短板和制约，梳理出钢铁行业技术与装备的短板和关键技术的关键问题所在，探讨钢铁与装备制造业协同创新突破的重点方向与模式，形成技术装备协同创新共识，促进钢铁行业和装备制造业高质量协同发展。

黑龙江省人大常委会副主任、齐齐哈尔市市委书记孙珅，工业和信息化部装备二司二级巡视员梅祖保，中国一重集团有限公司董事长、党委书记刘明忠出席会议并致辞，中国工程院院士王国栋，中国工程院院士毛新平等出席会议并作报告。来自各主要钢铁企业、技术装备企业、科研机构、新闻媒体单位近 200 名嘉宾参加会议。会议分别由中国钢铁工业协会副会长兼秘书长屈秀丽和中国冶金报社党委书记、副社长陈洪飞主持。

8 月 25 日，淡水河谷与宁波舟山港集团在宁波舟山港集团总部举行鼠浪湖磨矿中心建成投产仪式。这也是淡水河谷在中国建成的首个创新磨矿中心。

8 月 25 日，欧盟委员会发布公告，应欧洲钢铁协会（the European Steel Association）于 2020 年 5 月 27 日提交的申请，对原产于中国和中国台湾地区的冷轧不锈钢板启动第一次反倾销日落复审立案调查。

8 月 27 日，中国钢铁工业协会党委书记、执行会长何文波同日本铁钢联盟专务理事内山俊一举行视频会议，就中日经济形势、钢铁行业运行情况、钢铁市场与国际贸易，以及节能环保、智能制造、原料保障等共同关心的话题进行了亲切、友好的交流。

8 月 28 日，中国钢铁工业协会钢铁企业对标挖潜工作交流座谈会在湖南长沙召开。会议强调：深入开展对标挖潜，全面提高企业竞争力。中国宝武、沙钢集团、华菱集团、方大钢铁、普阳钢铁、中天钢铁、中信泰富等 7 家钢铁企业代表对各自企业在对标挖潜工作中的典型经验进行了分享。鞍钢集团、山钢集团、首钢集团、安阳钢铁、河钢、建龙、南钢等 7 家企业代表围绕钢铁行业面临的新形势和新任务，结合典型经验和各自实际情况，对下一步对标挖潜工作如何开展，对标挖潜工作的重点、难点问题如何破局，如何发挥对标挖潜工作的作用提出自己的建议。

同时，会议发布了 2019 年度"对标挖潜"15 项指标最佳企业评选结果，酒钢、太钢、八钢、石横特钢、包钢、萍钢、沙钢等企业入选。

8 月 31 日，中国钢铁工业协会党委书记、执行会长何文波赴国家节能中心，就推进钢铁行业绿色低碳工作开展交流。

9 月 1 日，美国商务部发布公告，对进口自中国的无螺栓钢制货架启动第一次反倾销一次反补贴日落复审立案调查。与此同时，美国国际贸易委员会（ITC）对此案启动第一次反倾销和反补贴日落复审产业损害调查，审查若取消现行反倾销和反补贴措施，在合理可预见期间内，涉案产品的进口对美国国内产业构成的实质性损害是否将继续续或再度发生。

9 月 1 日，美国商务部发布公告，对进口自中国的预应力混凝土结构用钢绞线启动第二次反倾销和反补贴日落复审立案调查。与此同时，美国国际贸易委员会（ITC）对此案第二次反倾销和反补贴日落复审产业损害调查，审查若取消现行反倾销和反补贴措施，在合理可预见期间内，涉案产品的进口对美国国内产业构成的实质性损害是否将继续或再度发生。

9 月 2 日，中国钢铁工业协会副会长骆铁军会见了中国船舶工业行业协会秘书长李彦庆、副秘书长谭乃芬一行，双方就钢铁、船舶行业运行情况，当前船舶行业面临的修船废钢处理问题等进行了交流，并讨论了促进钢铁和船舶行业共同高质量发展的合作方向。

9 月 3 日，江苏省发展和改革委员会公布《江苏省发展改革委关于中央环保督察组反馈意见钢铁产能工作相关问题整改情况的公示》。整改目标：到 2020 年，江苏全省钢铁产能 1750 万吨。整改措施：（1）组织产能核查；（2）开展专项整治；（3）建立长效制；（4）推进产能置换。

9 月 4 日，中国钢铁工业协会召开党委中心组（扩大）学习会议。中国钢铁工业协会党委书记何文波主持会议，会议学习了《习近平谈治国理政》中的"坚持和加强党的全面领导"一文和习总书记 7 月 21 日在企业家座谈会上的讲话、8 月 24 日在经济社会领域专家座谈会上的讲话、8 月 19 日在中国宝武马钢集团调研时的讲话精神。

9 月 4 日，中国钢铁工业协会副会长兼秘书长屈秀丽会见了鞍钢集团有限公司党委常委、总会计师谢峰，就加强企业财务管理有关问题进行了交流。鞍钢集团财务部和中钢协财务资产部有关人员参加了会见。

9 月 4 日，国家市场监管总局在国务院政策例行会上表示，我国将第四次对生产许可证制度进行改革，目前由国家市场监管总局审批发证的五类产品，包括建筑用钢筋、水泥，广播电视传输设备，人民币鉴别仪，预应力混凝土铁路桥简支梁全部下放到省级市场监管部门实施，国家市场监管总局不再审批任何工业产品生产许可证。

9 月 8 日，"河钢杯"第十届全国钢铁行业职业技能竞赛裁判员及监审员工作会议在河钢邯钢召开。会前，中钢协竞赛筹备组全体人员与东道主河钢集团工会主席齐跃章及河钢、河钢邯钢竞赛筹备组相关领导进行了交流座谈，双方就前期筹备工作进行了交流，针对疫情情况，对本届大赛的举办日期、选手现场考察及后续各项筹备工作深入研究讨论，并形成了最终方案。

9 月 9 日，中国钢铁工业协会召开国内钢材及进出口市场研讨会。中国钢铁工业协会党委书记、执行会长何文波在会上指出："对新发展格局下的钢铁进出口要有新思路，钢企应结合'加快形成以国内大循环为主体、国内国际双循环相互促进的新发展格局'要求做出新安排。"商务部外贸司副司长朱咏出席会议并提出指导性意见。会议听取了《国内钢材市场运行情况及趋势》《中国钢铁进出口情况变化及研判》《国际钢铁市场回顾与展望》《我国海外钢铁投资情况及影响》的专题报告；首钢、宝武、鞍钢等 9 家企业负责人就钢材进出口及相关问题提出意见，商务部外贸司有关人员就企业关注的问题进行了回应。会议由钢协副会长骆铁军主持。

9 月 9 日，国家发展改革委、工业和信息化部等 14 部委联合印发《推动物流业制造业深度融合创新发展实施方案》。《方案》提出到 2025 年，物流业在实体经济降本增效、供应链协同、制造业高质量发展等方面作用显著增强；探索建立符合我国国情的物流业制造业融合发展模式，制造业供应链协同发展水平大幅提升，精细化、高品质物流服务供给能力明显增强，主要制造业领域物流费用率不断下降；培育形成一批物流业制造业融合发展标杆企业，引领带动物流业制造业融合水平显著提升；初步建立制造业物流成本核算统计体系，对制造业物流成本水平变化的评估监测更加及时准确。

9 月 10 日，中国钢铁工业协会副会长兼秘书长屈秀丽会见了中国工商银行总行公司金融业务部副总经理蔡谦，就金融如何支持钢铁行业发展有关问题进行了交流。工行总行公司金融业务部和中钢协财务资产部有关人员参加了会见。

9 月 14 日，中国钢铁工业协会副会长骆铁军会见大连商品交易所党委书记、理事长冉华。双方就铁矿石市场和钢铁行业运行、共同推动期货工具更好服务钢铁行业等交换了意见。冉华表示，铁矿石期货已进入新的发展阶段，要更面向产业、更面向实体、更便利钢铁行业参与，希望与钢协加强交流和合作，更好为钢铁产业服务。大连商品交易所副总经理王玉飞、中钢协副秘书长王颖生等参加了会见。

9 月 15 日，中国钢铁工业协会党委召开钢协系统干部大会。钢协党委书记、执行会长何文波受国资委委托，宣布了关于中钢协党委常委领导班子调整补充的决定，并对钢协党委常委领导班子工作分工进行了介绍。姜维同志任中国钢铁工业协会党委副书记，屈秀丽、骆铁军同志任中国钢铁工业协会党委常委，陈洪飞同志任中国钢铁工业协会党委常委、纪委书记，陈小甫同志不再担任中国钢铁工业协会党委副书记、党委常委、纪委书记。

9 月 23 日，中国耐火材料行业协会八届四次常务理事（扩大）会议在河北唐山召开，中国钢铁工业协会副会长兼秘书长屈秀丽到会致辞并做了题为《2020 年钢铁行业运行状况及后期展望》的报告。

9 月 23-25 日，中国钢铁工业协会副会长骆铁军一行赴包钢集团调研，重点考察了包钢白云鄂博矿山。包钢集团公司党委书记、董事长魏栓师向骆铁军介绍了包钢生产经营现状，并就原燃料资源保障、稀土资源开发利用等问题进行了交流。

9 月 23-25 日，由中国钢铁工业协会主办、首钢集团人才开发院承办的"2020年钢铁行业班组长能力提升培训班"在北京首钢园成功举办。

9 月 26 日，2020（第十一届）中国钢铁节能减排论坛举办。中国钢铁工业协会党委书记、执行会长何文波作开幕致辞。他强调，未来，钢铁行业不仅要面临从碳排放强度的"相对约束"到碳排放总量的"绝对约束"，同时还要面临"碳经济"的挑战，加快绿色低碳发展势在必行。钢铁行业应加快做好低碳转型发展的顶层设计，完善碳排放管理支撑体系建设，以碳排放管理为抓手，有效推动化解过剩产能、电炉短流程炼钢、先进低碳技术研发等工作开展，让低碳转型成为钢铁行业实现高质量发展的重要引擎。

9 月 28 日，生态环境部印发了《京津冀及周边地区、汾渭平原 2020-2021 年秋冬季大气污染综合治理攻坚行动方案（征求意见稿）》。10 月 30 日，《京津冀及周边地区、汾渭平原 2020-2021 年秋冬季大气污染综合治理攻坚行动方案》正式印发。方案明确要求，对各类污染物不能稳定达标排放或未达到排污许可管理要求的企业，不纳入绩效分级管理范畴（但应纳入应急减排清单），在重污染天气应急响应期间采取停产或最严级别限产措施，以生产线计。同时要求全面实施绩效分级差异化减排，有序实施钢铁行业超低排放改造，推进"公转铁"重点工程，落实产业结构调整要求，深入开展锅炉、炉窑综合整治，持续推进挥发性有机物（VOCs）治理攻坚。

10 月 13 日，中国钢铁工业协会党委书记、执行会长何文波同力拓集团首席执行官夏杰思、首席商务官乔德、业务发展总裁陶斯等举行视频会议。双方就铁矿石原料保障、低碳绿色发展、铁矿石定价机制改进、支持铁矿石现货交易平台发展、进一步加强钢厂与矿山企业合作等议题交换了意见。双方都表达了推动进一步合作的意愿。

10 月 13 日，中国钢铁工业协会副会长骆铁军会见中国铸造协会会长张立波。双方就协会自身建设、行业规范管理、产能置换、团体标准、展会等工作进行了充分交流，并重点探讨了两协会在共同维护行业健康发展等方面进一步深入合作事宜。

10 月 14 日，江苏省发改委、生态环境厅印发《关于对钢铁企业实施超低排放差别化电价政策的通知》，自 2021 年 1 月 1 日起执行。

10 月 15 日，由中国钢铁工业协会、中国炼焦行业协会、中国贸促会冶金行业分会共同主办的"第十八届中国炼焦技术及焦炭市场国际大会"在贵州省贵阳市举办。出席本次大会的有中国钢铁工业协会、中国炼焦行业协会、蒙古国驻华大使馆、冶金贸促会、钢铁和焦化生产企业、相关科研设计单位及优秀技术服务供应商、煤焦贸易企业、焦煤供应商、咨询机构，以及国外驻华企业的领导和专家共计 200 余人。

大会就国际煤焦情况、煤焦期货、焦炉环保节能一体化解决方案、炼焦工艺技术创新、智能制造在焦化行业的应用等议题进行探讨。

10 月 16 日，中国钢铁工业协会在北京召开三季度部分钢铁企业经济运行座谈会，分析 1-3 季度行业和企业生产经营情况，研究企业运行中遇到的问题，研判 4 季度和 2021 年钢铁行业运行趋势，并提出相关政策建议。钢协副会长兼秘书长屈秀丽主持会议，副会长骆铁军出席会议并做会议总结。19 家主要钢铁企业代表参加会议并发言。

10 月，全国政协委员开展废钢循环利用专题调研。全国政协委员、中国钢铁工业协会党委书记、执行会长何文波强调：要从资源战略角度重视废钢资源回收利用。

10 月 18 日，第四届中国绿化博览会在贵州省黔南州都匀市隆重开幕。由中国钢铁工业协会组织建设的"钢铁风情园"作为此届绿博会的 56 个展园之一也在此刻亮相。

注：第四届绿博会规划的绿博园总面积 1959 公顷，森林覆盖率 69%，核心区面积 399 公顷，为历届最大。绿博园由一心、两带、两环、五区、四大风貌区和十个主题区构成，构建"家、国、天下"展示体系，共建设 56 个参展展园。

10 月 18 日，2020 世界青年科学家峰会在浙江温州开幕，来自 125 个国家、地区和国际组织的近 800 名科学家、企业家、青年科技人才代表参加开幕式及相关论坛。中国钢铁工业协会党委副书记姜维出席会议，并在大会国际金属杯 2020 金色赛季总决赛暨金属绿色制造国际论坛上做《立鲲鹏之志、扬科技之帆，共创钢铁美好未来》主题报告。

10 月 19 日，中国钢铁工业协会党委书记、执行会长何文波会见东北大学党委书记熊晓梅、校长赵继，双方就钢铁行业技术研发，校企加强合作等进行了深入交流。钢协党委副书记姜维等参加了会见。

10 月 21 日，生态环境部副部长赵英民在国新办举行的"十三五"生态环境保护工作有关情况发布会上称，"十三五"期间产业结构绿色转型升级取得实质成效。化解钢铁产能约 2 亿吨，1.4 亿吨"地条钢"全部清零。

10 月 21 日，福建省发改委发布《关于完善钢铁、水泥和电解铝行业差别（阶梯）电价政策提高加价标准的通知》。提高加价标准，水泥、电解铝行业阶梯电价、钢铁行业淘汰类差别电价加价标准在现行标准基础上提高 50%。

10 月 21 日，由中国钢铁工业协会主办，东北大学继续教育学院协办的钢铁生产全流程智能制造培训班在东北大学国际学术交流中心成功举办。来自首钢、河钢、包钢、太钢、攀钢、中信泰富、南钢、山钢、陕钢等全国重点钢铁企业及相关信息技术服务公司共计 111 名学员参加了培训。

10 月 22 日，工信部印发《对十三届全国人大三次会议第 2906 号建议的答复》《关于政协十三届全国委员会第三次会议第 2996 号（工交邮电类 313 号）提案答复的函》，分别对全国人大代表朱小坤提出的关于支持高合金钢使用中频炉生产的建议、全国政协委员李利剑提出的《关于深化供给侧改革完善钢铁行业产能置换办法的提案》进行了答复：发改委、工信部将会同部际联席会议成员单位，继续巩固化解钢铁过剩产能成果，严厉打击违法违规生产销售"地条钢"行为，对使用中频炉生产但不属于"地条钢"产能或其他落后生产工艺的，支持企业依法依规生产。

10 月 22 日，2020 中国国际矿业大会在天津市举行。全国政协委员，中国钢铁工业协会党委书记、执行会长何文波在大会发言中指出，中国钢铁工业不仅受益于中国经济特有的制度优势、市场优势和改革优势，以强大且丰富的产能强力支撑了国内经济的快速复苏；而且在世界钢铁行业中具有支撑性和引领性地位，有力促进了世界钢铁和相关矿业行业的可持续发展和世界经济的复苏。

本届矿业大会由中华人民共和国自然资源部、天津市人民政府指导，中国矿业联合会主办、天津矿博国际会展有限公司承办，旨在进一步推进矿业领域贯彻落实党的十九大精神和"一带一路"峰会精神，推动矿业国际合作，助力构建人类命运共同体的行业载体。

10 月 23 日，2020 中国不锈钢行业年会在浙江湖州召开。中国钢铁工业协会副会长骆铁军出席会议，并在大会上作《新形势 新格局 加快推动不锈钢行业高质量发展》主题报告。来自太钢、青山、宝武德盛、鞍钢联众、张家港浦项等 116 家企业的 260 名代表参加了本次会议。

10 月 23 日，中国钢铁工业协会在河南省郑州市组织召开了 2020 年钢铁行业统计工作会议暨统计与信息工作委员会换届会议。会议围绕如何服务好钢铁行业在新的发展阶段、新发展格局中实现高质量发展，为了共商改进和提升钢铁统计工作，总结 2020 年钢铁工业统计工作，研讨 2021 年钢铁工业统计工作任务，布置钢铁工业统计报表制度，对中国钢铁工业协会统计与信息工作委员会换届改选。

10 月 24 日，河北省冶金行业协会第五次会员代表大会在石家庄召开。中国钢铁工业协会副会长骆铁军出席会议并致辞。

10 月 24 日，以"品种提升和绿色发展"为主题的 2020（第二届）中国钢铁高质量发展标准化论坛召开。中国钢铁工业协会党委副书记姜维出席会议，并在开幕式上致辞。

10 月 26 日，中国冶金职工思想政治工作研究会举办《习近平谈治国理政》党委书记读书班会。本次读书班由中国宝武承办。全国政协委员，中国钢铁工业协会党委书记、执行会长何文波做专题辅导报告，中国宝武集团党委常委魏尧致辞，太钢集团党委副书记、副董事长韩瑞平做开班动员。读书班由中国冶金职工思想政治研究会会长姜兴宏主持。

10 月 26 日，中国钢铁工业协会召开三季度信息发布会，会议主旨：立足优势 抢抓机遇 努力推动钢铁行业高质量发展。副会长兼秘书长屈秀丽、骆铁军出席发布会，并回答记者的提问。

10 月 26 日，由中国金属学会、山东省科协共同主办的品牌化不锈钢产业与城市生态融合发展高端论坛在山东济南举办。中国工程院院士、钢铁研究总院名誉院长殷瑞钰出席会议并作题为《关于钢铁工业产品品牌化的思考》的报告，中国钢铁工业协会副会长骆铁军出席会议并作题为《聚焦发展痛点 着力解决钢铁行业高质量发展面临的问题》的报告。中国金属学会常务副理事长赵沛主持会议。

10 月 29 日，中国钢铁工业协会副会长兼秘书长屈秀丽会见宁夏冶金行业协会马爱庆秘书长。屈秀丽介绍了当前中国钢铁行业情况及协会重点工作。马爱庆介绍了宁夏冶金行业协会成立的相关情况。屈秀丽对宁夏冶金行业协会的成立表示祝贺并强调了行业协会工作的重要性。

10 月 30 日，生态环境部、国家发改委、工信部等 10 部委与上海、江苏、浙江、安徽等 4 省（市）政府联合印发《长三角地区 2020-2021 年秋冬季大气污染综合治理攻坚行动方案》，开展 23 项具体行动，开展长三角地区 2020-2021 年秋冬季大气污染综合治理攻坚行动。

10 月 30 日，由国家节能中心和中国钢铁工业协会、中国节能协会节能环保金融联盟、中国宝武钢铁集团有限公司主办的"钢铁行业超低排放与节能技改、绿色金融供需对接服务活动"在京举办，国家发展改革委环资司、工信部节能司、生态环境部大气司、中国银保监会政策研究局，钢铁企业、节能环保技术企业、金融机构、新闻媒体等共 200 余人参加了对接服务活动。本次对接服务活动以钢铁企业绿色发展需求为导向，集聚节能环保技术产品和绿色金融等优质资源，帮助企业对接节能环保技术和金融资本，推动节能环保项目落地，助力绿色高质量发展。

10 月 30 日，中国钢铁工业协会环保节能工作委员会工作会召开。会议就钢铁行业超低排放与节能技改等问题进行了研讨，并参加了"钢铁行业超低排放与节能技改、绿色金融供需对接服务活动"。钢协党委副书记姜维出席会议。

11 月 3 日，"中国国际高品质特殊钢发展论坛——推进冶金装备制造业高质量发展研讨会"在上海召开。此次会议由中国特钢企业协会（以下简称特钢协）主办、特钢协冶金装备分会承办。中国钢铁工业协会党委副书记姜维在会上致辞，他表示特殊钢一直是钢铁行业一颗璀璨明珠，能否提供高品质的特殊钢，是衡量一个国家是否成为钢铁强国的一个重要标志，在我国高质量发展过程中起到的作用愈发关键。这次会议与中国国际特殊钢工业展览会同期召开。

11 月 5 日，2020 中国·攀西钒钛论坛在攀枝花召开，中国钢铁工业协会副会长骆铁军出席会议并作了《构建钒钛资源生态圈 推动行业高质量发展》主题报告。

11 月 6 日，商务部贸易救济调查局到中国钢铁工业协会进行工作交流。中钢协副秘书长王颖生接待了客人。商务部介绍了行业性贸易救济工作站的管理规定，并对钢协在贸易救济工作站项下开展的相关工作予以肯定，提出希望中钢协继续立足自身优势，在组织案件应对和产业损害预警等领域进一步发挥作用。

11 月 9 日，中国钢铁工业协会副秘书长王颖生在参加第三届中国国际进口博览会期间，出席了淡水河谷与北京铁矿石交易中心（以下简称北铁中心）谅解备忘录签署仪式，并与双方就相关问题进行了交流和研讨。

根据谅解备忘录，北铁中心和淡水河谷将加强合作，发挥各自优势更好地服务钢铁行业。双方深化线上交易业务协同，将于2021年初推出以人民币计价的铁矿石现货交易微信小程序。该微信小程序旨在进一步优化用户体验，提高铁矿石现货交易的透明性和流动性。

11月10日，中国钢铁工业协会副会长兼秘书长屈秀丽与冶金机关服务中心党委书记、主任唐永利、冶金离退休干部局局长张晓群等代表国资委脱贫攻坚第五协作组成员单位专程到河北省平乡县开展脱贫攻坚定点帮扶调研。

中国钢铁工业协会高度重视脱贫攻坚工作，认真完成国资委提出的脱贫攻坚任务，2020年钢协就向平乡镇提供扶贫资金20多万元。

11月12日，由冶金工业经济发展研究中心主办的以"数字化下的成本管控与对标"为主题的2020年钢铁企业成本信息网年会和交流会在福建厦门召开。中国钢铁工业协会副会长兼秘书长屈秀丽应邀出席会议并作专题报告。

11月12日，由中国钢铁工业协会冶金设备分会主办，泰尔重工、福建三钢（集团）有限公司承办，中国冶金报社协办的中国钢铁工业协会冶金设备分会第二次会员大会于福建厦门召开。

11月15日，中国钢铁工业协会企业改革与管理工作委员会年会暨济源钢铁改制20年研讨会在河南省济源市召开。河南省政协原主席范钦臣，全联冶金商会名誉会长赵喜子，全国政协常委、河南省总商会会长梁静，中国钢铁工业协会副会长兼秘书长屈秀丽，中国企业联合会、中国企业家协会副理事长李建明，济源示范区党工委书记、市委书记张战伟，济源钢铁（集团）有限公司董事长李玉田等领导出席会议，张战伟、梁静、屈秀丽、李玉田等先后在会上致辞。

11月16日，中国钢铁工业协会十九届五中全会精神学习班暨2020年度党建工作培训班在京举办。中钢协领导骆铁军、姜维、陈洪飞及部门副主任以上领导、代管单位党政主要负责同志，各党支部书记、纪委委员参加了培训班。

11月17日，钢铁企业财务结算价格监测工作座谈会在南宁召开。中国钢铁工业协会副会长兼秘书长屈秀丽出席会议并讲话。会议总结了2019年度钢铁企业财务结算价格监测系统工作情况，对2019年度财务结算价格监测工作先进单位和优秀信息员进行了表扬；就钢种分类问题做了培训讲解；与会代表还就钢材价格对标工作交流了经验，并就进一步完善钢材结算价格监测系统提出了建议意见。

11月20日，中国钢铁工业协会科技创新工作委员会成立大会暨第一次全体委员会议在首钢召开。科技创新委员会成立，主要推动钢铁工业科技创新工作迈向更高水平。中国钢铁工业协会党委副书记姜维出席会议。

11月20日，第21次中韩钢铁官民对话以视频方式在北京举行。中韩钢铁官民对话是由双方政府、协会和企业共同参与的对话和沟通机制，曾在解决双边钢铁贸易问题中发挥重要作用。中方代表团由商务部外贸司、贸易救济调查局，会同中国钢铁工业协会、中国五矿化工进出口商会及国内主要钢铁企业代表组成，商务部外贸司有关同志担任代表团团长，中国钢铁工业协会副会长骆铁军与韩国钢铁协会副会长李昡澈分别就当前全球钢铁市场及中韩两国钢铁贸易情况进行了介绍。与会双方就部分钢材品种贸易、行业环保政策、贸易摩擦应对、未来技术发展及第三方市场合作等问题充分交换了意见，认为作为中韩两国钢铁产业间充分交流与沟通的重要平台，钢铁官民对话积极务实、富有成效，两国钢铁行业的合作空间广阔、前景光明。中韩双方均期待对话可以在未来发挥更大作用。

11 月 24 日，中国钢铁工业协会副会长骆铁军接受了新华社记者专访，就社会各界关心的钢铁行业应对疫情、产业发展趋势、钢铁去产能、城市钢厂搬迁、布局优化、兼并重组、上下游产业链合作、国际产能合作等热点问题介绍了有关情况。

11 月 25 日，由中国煤炭工业协会、中国钢铁工业协会、中国炼焦行业协会和中国煤炭运销协会共同举办的 2021 年煤钢焦中长期合同洽谈衔接会在山西太原召开。此次会议得到了山西省和太原市人民政府的高度重视和大力支持，山西省省长林武在会议开幕式前会见了中国煤炭工业协会会长梁嘉琨、中国钢铁工业协会副会长骆铁军以及煤炭、钢铁、焦化企业参会的主要负责人。河钢集团、沙钢集团、太钢集团、华菱集团、首钢集团、包钢集团、宝钢股份和鞍钢股份等企业的主要领导和部分钢铁企业分管采购的副总经理参加了本次会议。

11 月 24-25 日，中国钢铁工业协会人力资源与劳动保障工作委员会（以下简称"委员会"）换届会议在柳州召开，会议对委员会进行了换届，对 4 年来的主要工作进行了总结和回顾，对下一阶段钢铁行业人力资源重点工作进行了展望和部署，号召推动钢铁行业人力资源工作迈向高质量发展。

本次会议表决通过了委员会换届暨委员调整的议案。中信泰富特钢集团党委书记、董事长钱刚当选为委员会主任委员。

11 月 27 日，由中国冶金报社主办的 2020（第三届）全国钢铁行业绿色发展大会在福建漳州召开。中国钢铁工业协会副会长骆铁军出席会议并做题为《以新发展理念为引领 深入推进绿色低碳发展》的讲话。

11 月 28 日，中国钢铁工业协会副会长兼秘书长屈秀丽出席第十六届中国钢铁产业链市场峰会暨兰格钢铁网 2020 年年会召开。针对钢铁行业当前面临的难题及未来发展的方向，她表示，钢铁行业要凝心聚力走好高质量发展之路。

11 月 29 日，《再生钢铁原料》国家标准通过审定。12 月 30 日，生态环境部、国家发展改革委、海关总署、商务部、工业和信息化部联合发布《关于规范再生钢铁原料进口管理有关事项的公告》。公告称，符合《再生钢铁原料》（GB/T 39733—2020）国家标准的再生钢铁原料，不属于固体废物，可自由进口。该公告自 2021 年 1 月 1 日起实施。

注：再生钢铁原料是废钢铁经过分类回收及加工处理，可以作为铁素资源直接入炉使用的炉料产品。与使用铁矿石相比，用再生钢铁原料炼钢可以大幅度降低污

染物排放。因此再生钢铁原料不仅是一种可再生资源，而且是唯一可以替代铁矿石的铁素资源，是钢铁工业实现绿色发展的一种重要原料。《再生钢铁原料》标准实施后，国家从限制到鼓励进口再生钢铁原料。

11 月 30 日，中国钢铁工业协会副秘书长黄导通过云讲堂作了题为《推进钢铁超低排放、助力污染防治攻坚战、促进行业绿色高质量发展》专题报告。疫情期间，中国钢铁工业协会利用网络技术，通过"云讲堂"为企业服务，受到政府、行业、企业的高度关注和一致好评。

注：受国家生态环境部委托，中国钢铁工业协会对完成超低排放改造和评估监测的钢铁企业在中钢协网上进行公示，本次报告主要围绕网上公示以来，发现的一些共性问题和疑惑进行了专题讲解，重点介绍了钢铁超低排放实施背景、政策文件解读、公示流程要点及评估监测过程中企业常见的问题。

12 月 1 日，中国钢铁工业协会副会长骆铁军与淡水河谷公司黑色金属业务执行官司马盛、全球铁矿石销售总监麦礼仕等举行视频会议，就中国钢铁行业运行情况、淡水河谷铁矿石生产情况和共同促进绿色低碳生产等进行了亲切、坦诚的交流。

据介绍，淡水河谷今年前三季度销往中国的铁矿石量占全球销量的比例高于上年，达到近 70%，计划到 2022 年底实现年产铁矿石 4 亿吨，还将进行投资扩大年产能到 4.5 亿吨，以应对突发事件确保年产 4 亿吨，或满足更为强劲的需求。

12 月 2 日，中国钢铁工业协会党委副书记姜维到石家庄与河钢集团董事长、党委书记于勇会面。就"河钢杯"第十届钢铁行业职业技能竞赛有关筹备工作、钢铁行业重点工作进行了沟通交流。

12 月 6 日，中国钢铁工业协会副会长骆铁军接受记者采访。他表示，近期进口铁矿石价格大幅上涨超出了行业预期，使得行业运行风险进一步加大，不利于产业链供应链稳定，并呼吁相关监管部门尽快介入。过去一周，进口铁矿石价格连续 3 天大幅上涨。12 月 4 日铁矿石普氏指数单日上涨 7.5 美元/吨，一举突破 145 美元/吨，涨幅较年初超过 50%，创近 8 年新高。与此同时，铁矿石期货价格盘中也创上市以来历史新高。大连商品交易所 4 日发布风险提示函，提醒各方加强风险管控。

12 月 9 日，全国钢铁企业纪检监察工作研究会第十六次年会在安阳钢铁集团公司召开。会议旨在贯彻落实党的十九届五中全会精神，更好地交流和研讨钢铁企业纪检监察工作理论创新和实践创新成果，团结和引领钢铁企业纪检监察业务开创新局面。中国钢铁工业协会党委常委、纪委书记陈洪飞，安阳钢铁集团公司党委书记、董事长李利剑出席会议。来自中钢协 31 家会员单位的纪委、监察部门负责人及业务骨干共 90 余人参加了会议。

12 月 10 日，据监测数据显示，铁矿石价格指数达 158.3 美元/吨，创 2013 年 2 月 21 日以来新高。

12 月 10 日，中国钢铁工业协会副会长骆铁军与必和必拓铁矿全球营销副总裁 Rod Dukino（董立文）、铁矿全球营销高级经理 Rohan Roberts、中国区总裁王跃奎等举行视频会议，就必和必拓铁矿石生产和销售情况、定价机制、近期矿价大幅上涨等议题进行了坦诚的交流。骆铁军就 12 月 4 日铁矿石价格单日上涨 7.5 美元/吨的情况进行了询问，必和必拓进行了解释和说明，并表示愿意与钢协加强沟通与交流，共同促进铁矿石市场的公开、透明。

必和必拓介绍，预计自 7 月份开始的新财年的生产将保持强劲，产量将达到指导产量（2.76 亿-2.86 亿吨）的上限水平。就近期市场比较关注西澳气候对发运的影响问题，必和必拓表示，对全月的发运量没有影响，将保持原计划水平。

12 月 10 日，中国钢铁工业协会组织中国宝武、沙钢、鞍钢、首钢、河钢、华菱钢铁和建龙等钢铁企业召开铁矿石市场座谈会，就近期市场运行等问题进行了研讨。与会企业一致认为，当前铁矿石价格上涨已偏离供需基本面，大幅超出钢厂预期，资本炒作迹象明显。

12 月 10-11 日，2020 年钢铁行业智能制造专家工作组扩大会议暨"走进 ICT 企业"交流会在深圳顺利召开。

12 月 12 日，中国钢铁工业协会在北京组织专家对攀钢集团有限公司等单位完成的《红格南矿资源综合利用关键技术研究》《攀西钒资源绿色高效利用关键技术与应用》项目进行了科技成果评价。

12 月 15 日，中国钢铁工业协会副会长骆铁军与力拓（Rio Tinto）铁矿市场营销副总裁方睿思（Simon Farry）和铁矿中国总经理陈胜等举行视频会议，就近期铁矿石市场快速上涨、完善定价机制和力拓的生产与销售情况等进行了交流。

力拓介绍了市场关注的有关"澳大利亚议会委员会出于保护土著居民遗产遗址，建议西澳州加强铁矿石开采管理"的新闻情况，力拓强调，该建议并不会对当前的在建项目产生影响，如建议获批或将增加未来新建项目的审批流程，但并不是有些媒体解读的"暂停所有铁矿石开采项目"。另外在建的库戴德利项目（Gudai-Darri）和罗布河项目（Robe River）正在按计划推进，预计将于 2022 年初和 2021 年下半年投产。

12 月 16 日，中国钢铁工业协会组织召开《钢铁工业"十四五"发展思路研究》课题推进会。冶金规划院、冶金信息标准院、冶金经研中心、冶金矿山协会、炼焦协会、铁合金协会、废钢协会、中国宝武、中国钢研、中钢金信、北科大、京诚嘉宇等单位参加了会议。

12 月 16 日，为继续深化钢铁行业供给侧结构性改革，促进钢铁行业转型升级和高质量发展，工业和信息化部对《钢铁行业产能置换实施办法》（工信部原〔2017〕337 号）进行了修订，形成《钢铁行业产能置换实施办法（征求意见稿）》，公开征求行业各界意见。

12 月 19 日，中国钢铁工业协会宣传交流工作委员会成立大会暨《钢铁脊梁》纪录片拍摄启动仪式在"金色炉台"中国宝武钢铁会博中心举行。来自宝武、鞍钢、首钢、河钢等近 50 家钢协会员单位的代表和媒体记者参加此次盛会。中国宝武集团董事长陈德荣、中国钢铁工业协会党委副书记姜维出席会议并讲话。

为纪念建党 100 周年拍摄的《钢铁脊梁》纪录片正式开机。

12 月 23 日，中国宝武 130 年纪念大会举办。当日 19 时 40 分，93 岁的原冶金部副部长、宝钢第一任董事长黎明通过远程"一键炼钢"，下达了中国宝武 2020 年第一亿吨钢的炼钢指令。25 分钟后，中国宝武党委书记、董事长陈德荣宣布："中国宝武钢铁集团有限公司年钢产量首次突破 1 亿吨，跃居全球第一，亿吨宝武今日梦圆！"这标志着中国宝武实现了"亿吨宝武"梦想，成为中国首家实现亿吨年产量的钢铁集团，问鼎全球钢企粗钢产量之冠。中国钢铁工业协会党委书记、执行会长何文波参加纪念大会并致辞。

12 月 29 日，工信部部长肖亚庆在全国工业和信息化工作会议上说，2021 年要围绕碳达峰、碳中和目标节点，实施工业低碳行动和绿色制造工程。钢铁行业作为能源消耗高密集型行业，要坚决压缩粗钢产量，确保粗钢产量同比下降。

12 月 30 日，国家发改委产业司、工信部原材料司、生态环境部大气司、国家统计局工业司与中国钢铁工业协会共同召开协商会议，研讨 2021 年钢材市场需求、生产运行、低碳绿色发展和环境保护以及"十四五"行业发展规划等相关工作。

12 月 31 日，工业和信息化部印发《关于征求"关于推动钢铁工业高质量发展的指导意见（征求意见稿）"的意见》。意见提出，力争到 2025 年，我国钢铁工业基本形成产业布局合理、技术装备先进、质量品牌突出、智能化水平高、全球竞争力强、绿色低碳可持续的发展格局。增强行业创新能力，严禁新增钢铁产能，优化调整产业布局，加快推进兼并重组，大力发展智能制造，提高资源保障能力。为此，研究制定支持钢铁工业高质量发展的节能、环保、安全、财政、金融、土地、资源综合利用等政策措施，强化政策间的配合，形成政策合力，做到因地制宜、有保有压、精准施策。

（撰写人：王晶，中国钢铁工业协会）